李刚 ◎ 编著

公文写作
从新手到高手
兼用ChatGPT

北京理工大学出版社
BEIJING INSTITUTE OF TECHNOLOGY PRESS

版权专有　侵权必究

图书在版编目(CIP)数据

公文写作从新手到高手：兼用 ChatGPT / 李刚编著. -- 北京：北京理工大学出版社，2023.12
ISBN 978-7-5763-3202-5

Ⅰ.①公… Ⅱ.①李… Ⅲ.①人工智能－应用－公文－写作 Ⅳ.① H152.3-39

中国国家版本馆 CIP 数据核字 (2023) 第 236453 号

责任编辑：王晓莉	文案编辑：王晓莉
责任校对：周瑞红	责任印制：施胜娟

出版发行	/ 北京理工大学出版社有限责任公司
社　　址	/ 北京市丰台区四合庄路 6 号
邮　　编	/ 100070
电　　话	/ （010）68944451（大众售后服务热线）
	（010）68912824（大众售后服务热线）
网　　址	/ http：//www.bitpress.com.cn

版 印 次	/ 2023 年 12 月第 1 版第 1 次印刷
印　　刷	/ 三河市中晟雅豪印务有限公司
开　　本	/ 880 mm × 1230 mm　1/32
印　　张	/ 13.75
字　　数	/ 357 千字
定　　价	/ 89.00 元

图书出现印装质量问题，请拨打售后服务热线，负责调换

前言

公文写作是相关工作人员在职场中的一项重要工作技能，也是一个人综合素质和能力的体现。提高公文写作水平能引领文字工作者不断地突破自我，促使其迈向职业生涯的新高度。

一些刚刚走上文字工作岗位的新人常去寻找公文写作的速成之法，从而催生了网络售卖公文资料库的生意。当资料收集得越来越多，我们却发现自己反而不会用，也不会写了。还有一部分文字工作者不断追求公文写作的模板、套路和秘诀，这虽然能够快速应付一些公文写作需求，但当遇到新情况、新问题时却常常发挥不了任何作用。本书的写作目的便是帮助广大公文写作人员解决这些问题。

市面上关于公文写作的图书可谓汗牛充栋，但真正聚焦在职业生涯成长尺度上的却较为鲜见。本书从公文写作的基础知识讲起，结合作者本人和身边热爱公文写作的朋友的经历与心得逐步展开，呈现一条完整的公文写作水平提升路径，使读者通其术，懂其法，知其然，更知其所以然，从而建立一套完整的公文写作知识体系。本书能够使读者面对层出不穷的新情况和新问题时举一反三，渐入佳境，从而创造性地解决问题。

我的感悟

在我近 20 年的职业生涯中，写作能力成为我提高职业素养的关键。2015 年，我成为所在公司分公司唯一一名"80 后"的中层管理干部。我在市级机构做负责人期间，一些相熟的企业和事业单位经常会邀请我给其员工义务做一些公文写作方面的辅导，我也因此发现不少职场人士在公文写作方面存在的问题，这也使我产生了写一本关于公文写作方面的图书的想法。

在金庸的武侠世界里，独孤求败是我最喜欢的一个人物，不仅是因为他充满神秘色彩，而且更因为他在不同的阶段会对自身的武学境界乃至人生境界进行跃升。在这位传奇人物的剑冢里埋藏着五柄剑，代表着其剑法的五重境界。而在我看来，公文写作也有五重境界，其恰好与独孤求败剑法的五重境界暗合。

弱冠之前，独孤求败年少轻狂，用一柄无名利剑争锋河朔群雄。在这一阶段，独孤求败像金庸笔下的大部分武林中人一样，在能力不足又想称霸天下之时，拼命寻找类似于倚天剑和屠龙刀这样的神兵利刃。利剑取胜靠的是锋利，这像极了我们刚刚学习公文写作时想方设法搜集公文写作资料和模板的情形。

三十岁前，独孤求败将兵刃换成了紫薇软剑，而要想把软剑驾驭好并不是一件易事，需要修炼剑术、招法和攻速，此时的他不再过多关注外界的资源，而是回望内心，精心修炼剑招。在这一时期，独孤求败的剑法讲究一个"速"字，迅捷无形，有很强的杀伤力。这恰似公文写作的第二重境界，即熟练掌握了主要的公文写作逻辑和方法，能够快速成文。但这柄剑最终也因误伤义士被弃之深谷。

四十岁前,独孤求败启用了玄铁重剑,俾倪天下。在这一阶段,独孤求败的生活哲学发生了重大转变,他开始关注内在的成长和内功的修炼。独孤求败认为,光有"速"远远不够,只有全方位对"质"进行升华,才能走向全新的境界。靠着这柄处处透着原始、本能、朴素的重剑和自身深厚的内功,独孤求败横行天下。但可惜的是,在公文写作中,很多人止步于"速",并没有完成"质"的跃升。而要实现"质"的跃升,唯有沉下心来探寻更深层的写作逻辑,除此之外别无他法。

四十岁后,独孤求败持有的是已腐朽的木剑,其内功修为已达到一定的高度。外物不但不会对他造成困扰,反而都会为他所用。剑的"形"已然不重要了,万物皆可被他赋予剑"魂",可谓"拈花摘叶皆为利器,一柄木剑亦可独步天下"。对于公文写作而言,到了这一阶段,写作技巧本身已经不是最重要的,而写作习惯、对世事和人性的洞察、对跨学科知识的理解和运用等在写作中起到越来越重要的作用。

再后来,独孤求败渐入"无剑胜有剑"之佳境,此时,独孤求败已经无敌于天下,手中无剑,心中亦无剑了。"无敌"不是没有对手,独孤求败胸中装载的满是深厚的涵养和对生命的悲悯。到了这一境界,公文写作人的目光从关注文章转向关注自身,审视内里,升华自我,人生变得越发通透。

我在给员工的写作辅导中讲过"道、法、术、器、势"的概念,当我们把一项技能放在人生成长或者职业发展的"大势"中时,这项技能便不再是一个孤立的存在,也不再只是一个换取微薄薪水的工具,它能够逐渐对我们的人生带来积极的影响,让我们享受到如"升级打怪"般的快乐。

本书特色

- **一看就懂**：采用"知识点 + 范例 + 相似公文辨析"的模式写作，帮助读者高效、直观地学习重要内容。
- **举一反三**：总结不同公文的写作规律、流程、习惯和避坑要点等，方便读者在工作中复用。
- **实用性强**：分析不同公文的写作特点、结构和要素，列举多个实用性很强的写作范例，并总结大量的实际工作经验，对职场工作人员有很好的借鉴意义。
- **对比辨析**：对高频使用且容易混淆的公文有针对性地进行辨析，并列举范例，帮助读者理解和掌握。
- **紧跟热点**：对ChatGPT的相关知识和用法进行介绍，帮助读者利用AI工具提升写作效率。
- **查询方便**：对公文写作的知识点进行科学分类，并给出详细的目录，帮助读者快速定位，随用随查。

本书内容

本书共12章，分为5篇。下面分别对各篇内容进行简单的介绍。

第1篇　公文写作基础

本篇涵盖第1~3章，主要介绍公文写作的基本概念、格式、成文要素等，使读者能提纲挈领地了解公文写作的全貌。

第2篇　公文写作提升

本篇涵盖第4~5章，主要结合范例对17种较为高频使用的法定公文和27种常用公文的写作方法进行剖析，并加入易混文体的辨析，大大增强了内容的实用性，方便读者将本书作为工具书使用。

第 3 篇　公文写作进阶

本篇涵盖第 6 ~ 7 章，系统介绍写作一篇公文的底层逻辑，并介绍公文写作的完整流程。

第 4 篇　公文写作高手养成

本篇涵盖第 8 ~ 9 章，举例说明公文写作高手在时间安排、写作环境和素材管理等方面的方法与技巧，并系统说明盲点、糟点、重点、难点和亮点等影响公文写作质量提升的重要问题。

第 5 篇　公文写作大师之路

本篇涵盖第 10 ~ 12 章，主要对公文写作的站位、高度、深度，以及写作人员对机会的把握、情绪的处理、关系的应对和知识的拓展等内容做进一步的延伸。

读者对象

- 想从事文字工作的人员；
- 正在从事文职工作的职场人士；
- 从事基层单位材料文书工作的人员；
- 对公文写作有畏难情绪的人员；
- 在文字工作领域寻求突破的人员；
- 对文字工作感兴趣的人员；
- 有志于从事文秘工作的人员；
- 行政和品宣等岗位的从业人员。

精品模板与范例获取

本书随赠 60 个公文写作模板与范例，这些资料需要读者自行下载。请关注微信公众号"方大卓越",然后回复数字"20",即可获取下载链接。

致谢

感谢我的父母,感谢默默支持我的朋友们,感谢我的历任领导和帮助过我的同事。还要感谢一群和我同样热爱写作的伙伴——刘玉花、柯蒂斯、武雪、佘臻博、淡堰丽、李晶静、馨月,以及西京学院的贺岩君,他们为我提供了很多实用的写作素材和建议,进而加快了我的写作进度。感谢出版社各位编辑的耐心指导——让我第一次写书就能顺利上手写作,而不必自己从头摸索。尤其要感谢我的爱人——阿猫的全力支持,让我能够没有任何羁绊地专注写作并加快写作进度。

因我的能力所限,加之用业余时间撰写书稿,书中难免会有疏漏,希望各位读者批评和指正。您在阅读本书的过程中如果有疑问,可以发送电子邮件到 world222@163.com 或 bookservice2008@163.com。

李刚

目 录

第1篇 公文写作基础（利剑青锋，凌厉刚猛）

第1章 公文入门 // 002
- 1.1 公文的特点和作用 // 002
  - 1.1.1 公文的特点 // 002
  - 1.1.2 公文的作用 // 003
- 1.2 公文的结构和类别 // 004
  - 1.2.1 公文的结构 // 004
  - 1.2.2 公文的类别 // 005
- 1.3 公文的表达 // 006
  - 1.3.1 叙述 // 007
  - 1.3.2 说明 // 008
  - 1.3.3 议论 // 008
- 1.4 公文的规范 // 009
  - 1.4.1 行文 // 009
  - 1.4.2 用语 // 011

第2章 公文的格式 // 012
- 2.1 公文的排版 // 012
  - 2.1.1 版面 // 013

          2.1.2 版头 // 013
          2.1.3 主体 // 015
          2.1.4 版记 // 018
          2.1.5 页码 // 018
     2.2 公文的办理 // 019
          2.2.1 公文拟定程序 // 019
          2.2.2 公文发文程序 // 020
          2.2.3 公文收文程序 // 020
     2.3 公文的印制 // 021
          2.3.1 印制要求 // 021
          2.3.2 印制流程 // 022
     2.4 公文的要素 // 023
          2.4.1 成文日期 // 023
          2.4.2 校稿、核稿、把关 // 023
          2.4.3 签发、封发、归档 // 024
          2.4.4 修正与修订 // 025

第3章 公文的成文要素 // 026

     3.1 总体要求 // 026
          3.1.1 两个逻辑 // 027
          3.1.2 四个方法 // 029
     3.2 公文的布局 // 032
          3.2.1 字、词、句 // 032
          3.2.2 段、行、空 // 033
     3.3 写作元素 // 035
          3.3.1 模糊词语 // 035
          3.3.2 模态词语 // 037

3.3.3 数字点睛 // 039
3.3.4 熟语的运用 // 043
3.3.5 简称的应用 // 044
3.3.6 事例的使用 // 046

第2篇 公文写作提升
（软剑无形，迅捷如风）
049

第4章 法定公文的格式、范例和辨析 // 050

4.1 基本写作逻辑 // 051
4.1.1 法定公文文稿定位 // 051
4.1.2 法定公文文稿呈现 // 051

4.2 会议记录 // 051
4.2.1 会议记录的基本要求 // 052
4.2.2 会议记录的注意事项 // 053
4.2.3 会议记录应突出的重点内容 // 054
4.2.4 会议记录的现场速记技巧 // 054

4.3 会议纪要 // 055
4.3.1 高水准会议纪要的三个关键 // 056
4.3.2 六种表述性和引导性提示语的用法 // 058

4.4 会议决议 // 059
4.4.1 决议的特点 // 059
4.4.2 决议的格式 // 059
4.4.3 决议的三种类型 // 061

4.5 会议记录、会议纪要和会议决议的区别 // 062
4.5.1 三者的特点和侧重点 // 062
4.5.2 会议记录和会议纪要的区别 // 063

4.6 议案 // 064
4.6.1 议案的特点 // 064
4.6.2 议案的类型 // 065

4.6.3　议案的格式 // 065
　4.7　决定 // 070
　　　4.7.1　决定的特点 // 071
　　　4.7.2　决定的类型 // 071
　　　4.7.3　决定的格式 // 072
　4.8　命令（令）// 074
　　　4.8.1　命令（令）的特点 // 074
　　　4.8.2　命令（令）的类型 // 075
　　　4.8.3　命令（令）的格式 // 075
　4.9　议案、决定和命令（令）的区别 // 077
　　　4.9.1　三者的辨析 // 078
　　　4.9.2　场景举例 // 078
　4.10　公报 // 079
　　　4.10.1　公报的特点 // 080
　　　4.10.2　公报的类型 // 080
　　　4.10.3　公报的格式 // 081
　4.11　公告 // 084
　　　4.11.1　公告的特点 // 084
　　　4.11.2　公告的类型 // 085
　　　4.11.3　公告的格式 // 086
　4.12　报告 // 088
　　　4.12.1　报告的特点 // 088
　　　4.12.2　报告的类型 // 089
　　　4.12.3　报告的格式 // 090
　4.13　公报、公告和报告的区别 // 092
　　　4.13.1　始于场景 // 092
　　　4.13.2　终于效力 // 092

目录

4.14 通告 // 093
  4.14.1 通告的特点 // 093
  4.14.2 通告的类型 // 093
  4.14.3 通告的格式 // 093

4.15 通知 // 095
  4.15.1 通知的特点 // 096
  4.15.2 通知的类型 // 096
  4.15.3 通知的格式 // 097

4.16 通报书信 // 100
  4.16.1 通报的特点 // 100
  4.16.2 通报的类型 // 101
  4.16.3 通报的格式 // 101

4.17 通告、通知和通报的区别 // 103

4.18 意见 // 104
  4.18.1 意见的特点 // 105
  4.18.2 意见的类型 // 105
  4.18.3 意见的格式 // 106

4.19 请示 // 109
  4.19.1 请示的特点 // 109
  4.19.2 请示的类型 // 109
  4.19.3 请示的格式 // 110

4.20 批复 // 112
  4.20.1 批复的特点 // 112
  4.20.2 批复的类型 // 113
  4.20.3 批复的格式与注意事项 // 113

4.21 意见、请示和批复的区别 // 116
  4.21.1 看下行还是上行 // 116

4.21.2 看互动的正式程度 // 116

4.22 函 // 117

 4.22.1 函的特点 // 117

 4.22.2 函的类型 // 118

 4.22.3 函的格式 // 118

4.23 专用书信 // 120

 4.23.1 专用书信的特点 // 120

 4.23.2 专用书信的类型 // 121

 4.23.3 专用书信的格式 // 121

第5章 常用公文的格式、范例和辨析 // 126

5.1 基本写作逻辑 // 127

 5.1.1 常用公文的定位 // 127

 5.1.2 常用公文的呈现 // 127

5.2 工作计划 // 128

 5.2.1 工作计划的类型 // 128

 5.2.2 工作计划的要素 // 128

 5.2.3 工作计划的格式 // 129

 5.2.4 工作计划的注意事项 // 130

 5.2.5 工作计划范例 // 131

5.3 工作规划 // 135

 5.3.1 工作规划的格式 // 135

 5.3.2 工作规划的注意事项 // 135

 5.3.3 工作规划范例 // 136

5.4 工作要点 // 139

 5.4.1 工作要点的类型 // 140

 5.4.2 工作要点的格式 // 140

5.4.3　工作要点的注意事项 // 140
　　　5.4.4　工作要点范例 // 141
5.5　规划、计划和要点的区别 // 142
　　　5.5.1　时间长度从长到短 // 142
　　　5.5.2　事务颗粒度由大到小 // 142
　　　5.5.3　三者的衔接关系 // 142
　　　5.5.4　可操作性依次增强 // 143
5.6　工作总结 // 143
　　　5.6.1　工作总结的类型 // 143
　　　5.6.2　工作总结的写作要点 // 143
　　　5.6.3　工作总结的格式 // 144
　　　5.6.4　工作总结的注意事项 // 145
　　　5.6.5　工作总结的三个逻辑 // 146
　　　5.6.6　个人总结的万能框架 // 146
　　　5.6.7　工作总结范例 // 147
5.7　工作计划和工作总结互为参照 // 152
　　　5.7.1　化"做什么"为"做了什么" // 153
　　　5.7.2　化"怎么做"为"怎么做的" // 153
　　　5.7.3　以"做得怎样"为基础写"做什么" // 154
　　　5.7.4　以"为何这样做"为基础写"做什么" // 154
5.8　述职报告 // 154
　　　5.8.1　述职报告的类型 // 154
　　　5.8.2　述职报告的写作要点 // 155
　　　5.8.3　述职报告的格式 // 155
　　　5.8.4　述职报告的注意事项 // 156
　　　5.8.5　领导班子和班子主要负责人述职报告的
　　　　　　区别 // 157

       5.8.6　述职报告范例 // 161
       5.8.7　工作总结和述职报告的区别 // 166
　5.9　工作汇报 // 167
       5.9.1　工作汇报的类型 // 168
       5.9.2　工作汇报的写作要点 // 168
       5.9.3　工作汇报的注意事项 // 169
　5.10　比赛演讲稿 // 169
       5.10.1　比赛演讲稿的特点 // 169
       5.10.2　比赛演讲稿的结构 // 171
       5.10.3　比赛演讲稿的写作要点 // 174
       5.10.4　比赛演讲稿的注意事项 // 177
　5.11　竞聘演讲稿 // 179
       5.11.1　竞聘演讲稿的特点 // 179
       5.11.2　竞聘演讲稿的结构 // 180
       5.11.3　竞聘演讲稿的写作要点 // 183
       5.11.4　竞聘演讲稿的注意事项 // 185
　5.12　宣讲稿 // 187
       5.12.1　宣讲稿的特点 // 187
       5.12.2　宣讲稿的结构 // 190
       5.12.3　宣讲稿的写作要点 // 191
       5.12.4　宣讲稿和演讲稿的区别 // 193
　5.13　发言稿 // 195
       5.13.1　发言稿的核心要点 // 195
       5.13.2　发言稿的类型 // 196
       5.13.3　发言稿的结构 // 198
　5.14　领导讲话稿 // 199
       5.14.1　领导讲话稿的核心要点 // 199

5.14.2　领导讲话稿的类型 // 200
　　　5.14.3　领导讲话稿的结构 // 201
5.15　主持词 // 203
　　　5.15.1　主持词的特点 // 203
　　　5.15.2　撰写主持词的注意事项 // 203
　　　5.15.3　主持词的写作要点 // 204
5.16　简报 // 205
　　　5.16.1　简报的特点 // 205
　　　5.16.2　简报的结构 // 206
　　　5.16.3　简报的写作要点 // 207
5.17　简讯 // 207
　　　5.17.1　简讯的特点 // 208
　　　5.17.2　简讯的写作要点 // 208
5.18　评论 // 209
　　　5.18.1　评论的特点 // 209
　　　5.18.2　评论的结构 // 209
　　　5.18.3　评论的写作要点 // 210
5.19　心得体会 // 210
　　　5.19.1　心得体会的特点 // 211
　　　5.19.2　心得体会的结构 // 211
　　　5.19.3　心得体会的写作要点 // 212
5.20　读后感 // 213
　　　5.20.1　读后感的选题 // 213
　　　5.20.2　读后感的结构 // 214
　　　5.20.3　读后感的写作要点 // 215
　　　5.20.4　观后感是视觉化的读后感 // 216
5.21　调研报告 // 217

- 5.21.1 调研报告的特点 // 217
- 5.21.2 调研报告的类型 // 218
- 5.21.3 调研报告的结构 // 219

5.22 课题研究 // 220
- 5.22.1 课题研究的特点 // 220
- 5.22.2 课题研究的类型 // 221
- 5.22.3 课题研究的结构 // 222

5.23 公约 // 224
- 5.23.1 公约的定义 // 224
- 5.23.2 公约的结构 // 224
- 5.23.3 公约的写作要点 // 225

5.24 组织章程 // 233
- 5.24.1 组织章程的定义 // 233
- 5.24.2 组织章程的结构 // 233
- 5.24.3 组织章程的写作要点 // 234

5.25 办法 // 240
- 5.25.1 办法的定义 // 241
- 5.25.2 办法的结构 // 241
- 5.25.3 办法的写作注意事项 // 243

5.26 细则 // 250
- 5.26.1 细则的定义 // 250
- 5.26.2 细则的结构 // 250
- 5.26.3 细则的写作要点 // 251

5.27 剖析 // 258
- 5.27.1 剖析的分类 // 259
- 5.27.2 案件剖析报告的写法 // 259

5.27.3　个人剖析材料的结构 // 260

5.27.4　个人剖析材料的写作要点 // 261

5.28　自查报告 // 264

5.28.1　自查报告的定义 // 265

5.28.2　自查报告的结构 // 265

5.28.3　自查报告的写作要点 // 265

5.29　整改 // 267

5.29.1　整改的定义 // 268

5.29.2　整改方案的结构 // 268

5.29.3　整改方案的写作要点 // 269

5.29.4　整改报告的结构 // 271

5.29.5　整改报告的写作要点 // 272

5.30　合理化建议 // 274

5.30.1　合理化建议的定义 // 275

5.30.2　合理化建议的可选范围 // 275

5.30.3　合理化建议的步骤 // 276

5.30.4　合理化建议的审核要点 // 276

第 3 篇　公文写作进阶（重剑无锋，大巧不工）

第 6 章　酝酿一篇公文 // 280

6.1　定人：写给谁看（听）// 281

6.1.1　分清上行文、下行文和平行文 // 281

6.1.2　细分读者、听众和观众的特质 // 287

6.1.3　换位思考，占据"人和"的先机 // 290

6.2　定调：替谁执笔 // 291

6.2.1　明确文稿使用部门或人的身份 // 292

6.2.2　摸底文稿使用人的语言习惯 // 293

6.3 定时：用于何时 // 294
    6.3.1 需充分考虑时间因素 // 295
    6.3.2 了解时间背景，借好"天时" // 295

6.4 定地：用于何地 // 298
    6.4.1 文风需和场景、场合匹配 // 298
    6.4.2 避免风俗和文化上的冲突 // 299
    6.4.3 了解风土人情，借好"地利" // 299

6.5 定点：目的是什么 // 300
    6.5.1 目的对应的结果 // 300
    6.5.2 明确解决什么问题和取得什么结果 // 301

6.6 定度：字数和时长 // 303
    6.6.1 谁来决定公文的篇幅 // 303
    6.6.2 字数和时长的换算关系 // 304

第 7 章 公文写作的完整流程 // 306

7.1 确定文种 // 306
    7.1.1 根据文种定基调 // 309
    7.1.2 确定基本写作逻辑和初步结构 // 309

7.2 明确核心 // 311
    7.2.1 明准界定写作目的 // 311
    7.2.2 确定主题与主线 // 312

7.3 搭建框架 // 313
    7.3.1 根据初步结构设定段落层次 // 313
    7.3.2 根据字数要求预估行文的先后和详略 // 315
    7.3.3 初拟小标题，把"大问题"拆分成"小问题" // 315

7.4 收集素材 // 316
    7.4.1 博收广取，避免遗漏 // 316
    7.4.2 分类整理，验看时效 // 316
    7.4.3 去粗取精，去伪存真 // 317

7.5 炼词造句 // 318
    7.5.1 表达主题，充实语句，完成草稿 // 318
    7.5.2 先写成，再写好 // 318

7.6 打磨完善 // 319
    7.6.1 对照目的，订正观点 // 319
    7.6.2 取舍材料，打磨文字 // 320
    7.6.3 调整格式，审核校对 // 320

第 4 篇 公文写作高手养成
（摘叶拈花，皆为利器）

第 8 章 公文写作习惯的培养 // 324

8.1 写作时间 // 324
    8.1.1 合理安排时间的重要性 // 325
    8.1.2 合理安排时间的建议 // 326

8.2 写作环境 // 327
    8.2.1 恰当的硬件环境，提升时间效益 // 327
    8.2.2 顺畅的软件环境，提升成文质量 // 329

8.3 素材管理 // 330
    8.3.1 素材的积累 // 330
    8.3.2 素材的取舍 // 332
    8.3.3 素材的使用 // 332

第 9 章 公文写作风格的提升 // 334

9.1 消除盲点 // 334

9.1.1 违法违规，违背原则 // 335
9.1.2 观点片面，语言偏激 // 336
9.1.3 过时过气，旧言旧语 // 336

9.2 避免槽点 // 337
9.2.1 公文写作中的字词错用 // 337
9.2.2 公文写作中的字词误用 // 337
9.2.3 公文写作中的不美观版式 // 338
9.2.4 公文写作中的自相矛盾 // 340
9.2.5 公文写作中的不当引用 // 340
9.2.6 公文写作中的"穿靴戴帽" // 341
9.2.7 口语和书面语混用 // 341

9.3 把握重点 // 342
9.3.1 谨记行文目的 // 342
9.3.2 把握主题的主线 // 343
9.3.3 内容详略得当 // 343
9.3.4 语言简洁清晰 // 344

9.4 直面难点 // 345
9.4.1 分析问题要直击要害 // 345
9.4.2 点评问题要一针见血 // 345
9.4.3 方法措施要切实有效 // 346

9.5 点燃亮点 // 346
9.5.1 亮点从哪里来 // 347
9.5.2 亮点的识别 // 347
9.5.3 亮点的呈现 // 348
9.5.4 亮点意识 // 349

第 5 篇 公文写作大师之路
（手中无剑，心中亦无剑）

351

第 10 章　公文写作素养的提升 // 352

10.1　站位：立场和角度直接导向结果 // 352
    10.1.1　目的决定立场 // 353
    10.1.2　角色意识——明确为谁发声 // 353
    10.1.3　用户思维——换位思考是关键 // 354

10.2　高度：体现公文水平的六个原则 // 354
    10.2.1　原则一：结果导向 // 355
    10.2.2　原则二：全局意识 // 356
    10.2.3　原则三：聚焦能力 // 357
    10.2.4　原则四：发挥优势 // 358
    10.2.5　原则五：获得信任 // 358
    10.2.6　原则六：正面思考 // 359
    10.2.7　高度的关键是"管理之道" // 360

10.3　深度：实现公文目的的五个维度 // 361
    10.3.1　维度一：目标指向 // 361
    10.3.2　维度二：组织保障 // 362
    10.3.3　维度三：决策依据 // 362
    10.3.4　维度四：过程监督 // 363
    10.3.5　维度五：人力保障 // 364
    10.3.6　深度的关键是"管理之术" // 364

第 11 章　公文写作人修养的提升 // 365

11.1　公文写作人的红利 // 365
    11.1.1　磨炼领导力的捷径 // 366
    11.1.2　"苦差事"恰是"靓机会" // 366

11.1.3 隐形的晋升通行证 // 367
11.2 公文写作人如何处理负面情绪 // 367
  11.2.1 正确认知负面情绪 // 367
  11.2.2 清楚负面情绪的影响 // 368
  11.2.3 正面眼光看问题 // 368
  11.2.4 做工作和生活的积极参与者 // 369
11.3 公文写作人需处理好四对关系 // 369
  11.3.1 勤奋和天赋的关系 // 370
  11.3.2 模仿和创新的关系 // 370
  11.3.3 态度和方法的关系 // 370
  11.3.4 原则和技巧的关系 // 371
11.4 公文写作人的知识边界 // 371
  11.4.1 弹性的知识结构——善悟 // 372
  11.4.2 从工作场景中学——观察 // 372
  11.4.3 在生活场景中学——体味 // 373
  11.4.4 善用新媒体工具——借力 // 373
  11.4.5 能从交流中吸收——积累 // 374

第12章 用 ChatGPT 提高写作效率 // 375

12.1 认知：笔杆子和 ChatGPT // 376
  12.1.1 我们会被替代吗 // 376
  12.1.2 必要的知识点 // 378
  12.1.3 调教 AI 的两个武器 // 380
  12.1.4 训练 ChatGPT 的武器库 // 385
12.2 运用：插上效率之翼 // 396
  12.2.1 关联应用场景——输入 // 396

12.2.2　关联应用场景——输出 // 398
12.3　进阶：建立专属写作场景库 // 401
　　12.3.1　在流程上提升写作效率 // 401
　　12.3.2　打造私人写作场景库 // 410
12.4　避雷：有限的信任 // 412

第1篇

公文写作基础

（利剑青锋，凌厉刚猛）

在金庸的武侠世界里，独孤求败充满了神秘色彩，他的剑冢里埋藏着这位传奇人物剑法的五重境界，这与公文写作的五重境界恰好相合。弱冠之前，年少轻狂的独孤求败用人生中第一柄青光闪闪的无名利剑争锋河朔群雄。金庸笔下的武林中人在能力不足又想称霸天下之时都在拼命地寻找神兵利刃，亦如倚天剑、屠龙刀。第一重境界像极了我们刚刚学习公文写作时，想方设法找寻公文写作的文法、材料，以期在职场写作中取得一席之地的情形。

第 1 章 公文入门

本章从公文的特点和作用入手,正式带领读者迈入公文写作之门。公务类文书都有一套成型的规定和规范,行文时必须严格遵守。本章各小节内容通俗易懂,简洁明晰,便于读者高效地进行学习。

本章涉及的主要内容如下:
- 公文的特点、作用、结构和类别,以及公文常用的三种表达方式。
- 公文行文规范和用字规范。

1.1 公文的特点和作用

公文是什么?公文是用于公务的文书,是国家各级党政机关、国有企业、事业单位、群众团体等进行事务性工作时根据实际需要形成的文字材料,是相关工作人员日常工作中不可或缺的工具。

1.1.1 公文的特点

一般来说,公文具有法定特征和规范特征。

1. 法定特征

公文的法定特征一是体现在它的权威性上。公文体现了签发机构的意图，具有法律和行政赋予的权威，同时具有很强的约束力。二是公文具有政策性。公文是国家各级党政机关、国有企业、事业单位、群众团体开展事务性工作的工具，因此必须贯彻落实上级机构的行政目标和政策，必须观点清晰，具有鲜明的阶级属性和利益意图。三是公文具有真实性。公文的真实性体现在公文材料里的所有内容必须是真实可靠、有证可查、有据可依的。

2. 规范特征

公文的规范特征一是体现在对公文的要求上。不同的文体只在特定的场景下执行特定的职能，且必须遵循特定的范式，公文材料的文体、纸张、尺寸、格式等都是根据特定要求制定的，公文的撰写从起草、成文、收发、传递、归档及销毁的各个流程也都有特定的要求。二是公文具有时效性。公文是传达政策指令、指导工作的工具，公文中要求的公务工作一般都有时间要求，具有时效性。公文的时效将会随着情况发展自行终止或者被新的文件所代替而产生新的时效。三是公文具有特定的作者和阅者。由于各级机构和组织都是依据法律有关条款成立的，所以撰写公文的作者的权利是法律赋予的，同时，由于不同公文的作用和传达对象不同，公文也具有特定的阅者；根据实际的工作需要，有些公文是公开的，有些公文是不予公开的，具有保密性。

1.1.2　公文的作用

公文作为相关工作人员开展工作的重要工具具有以下 5 个作用：

（1）限制作用：公文是颁布政策指令的工具，这种自带属性决定了它具有限制性，它规范和约束着群体的行为，在一定程度上具有强制性。

（2）指示作用：公文是一种管理工具，用来传达上级机构的命令，在发布时就具有指明方向的作用，指导着各项工作顺利开展。

（3）宣传作用：要想使政策指令顺利执行，有时候也需要进行大力宣传，营造氛围，以此来提高人们对政策的认识，起到教化作用，促进政策的落地和执行。

（4）沟通作用：公文在各个机构和团体之间进行流转时，可以起到协调和沟通工作、上传下达的作用，是一种桥梁和纽带，有利于各项工作的开展。

（5）史料记载：公文在一定时期内作为开展公务活动的依据材料，记录了当时的真实活动，随后进行有序的整理归档，使其成为可靠的史料。

1.2　公文的结构和类别

要想使所写公务文书结构完整、内容连贯、逻辑严密，撰写人首先要清楚公文有哪些结构，不同的结构有不同的适用场景。其次要清楚公文的类别，不同类别的公文适用范围也不同。

1.2.1　公文的结构

1. 公文结构的形式

公文结构的形式大致分以下几种：

（1）篇段合一式结构：公文一般由一段构成，内容比较简明扼要，篇幅较短，例如一些简单的公告、人事任免、部门成立和撤销、批复等。

（2）分段式结构：一篇公文由数段内容构成，整篇文章分为不同层次。一般情况下，内容涉及不同方面的公文采用这种结构较多。

（3）分项式结构：一篇公文由数项内容构成，每项内容还可以再分为数条要点。这种结构使用比较普遍，一般出现在决定、通知、纪要、方案里。

2. 公文的组织构造

公文的基本组成部分包括标题、正文、日期、签发机构等，除此之外还有文头、文号、签发人、保密程度、紧急度、送达机构、附件、抄送、注释和印发说明等部分。

1.2.2 公文的类别

根据《党政机关公文处理工作条例》规定，我国的公文类别主要有15种。根据公文的传递方向、性质、保密程度、紧急程度的不同又有多种分类方法，本节重点按传递方向将公文分为上行文、平行文、下行文。

（1）上行文：下级机关向上级呈送的公文资料，一般不可越级呈送。上行文有请示、报告、意见。

（2）平行文：同级别的机关单位和组织之间根据实际工作需要，以公文的形式进行工作沟通。平行文主要有函、通知、纪要、议案、意见。

（3）下行文：上级机关向下级机关发送的各类公文，可以逐级发文和多级发文，也可以直接送达给群众。下行文主要有命令（令）、决定、公告、通告、通报、批复、决议、公报、意见、通知、纪要。

起草公务文件必须准确选定公文的文种，15种公文的适用范围各不相同，详细解释如表1-1所示。

表1-1 公文的类别和适用范围

公文的类别	适用范围
请示	适用于向上级机关请求指示、批准
报告	适用于向上级机关汇报工作、反映情况和回复上级机关的询问
意见	适用于对重要问题提出见解和处理办法
函	适用于不相隶属机关之间商洽工作、询问和答复问题、请求批准和答复审批事项
通知	适用于发布、传达要求下级机关执行和有关单位周知或者执行的事项，批转、转发公文
纪要	适用于记载会议主要情况和议定事项
议案	适用于各级人民政府按照法律程序向同级人民代表大会或者人民代表大会常务委员会提请审议事项
命令（令）	适用于公布行政法规和规章、宣布施行重大强制性措施、批准授予和晋升衔级、嘉奖有关单位和人员
决定	适用于对重要事项做出决策和部署、奖惩有关单位和人员、变更或者撤销下级机关不适当的决定事项
公告	适用于向国内外宣布重要事项或者法定事项
通告	适用于在一定范围内公布应当遵守或者周知的事项
通报	适用于表彰先进、批评错误、传达重要精神和告知重要情况
批复	适用于答复下级机关请示事项
决议	适用于会议讨论通过的重大决策事项
公报	适用于公布重要决定或者重大事项

1.3 公文的表达

公文常用的表达方式主要包括叙述、说明和议论。在大多情况下，撰写一篇公文需要用到多种表达方式，即综合行文，这便需要相关工作人员掌握公文中常用的表达方式。

1.3.1 叙述

所谓的叙述就是将人物活动和事情的前后经过记载下来,一般包括时间、地点、人物、事情的起因、经过、结果等要素。叙述是公文中常见的一种行文方式,例如,在通报里交代一起事件的发生过程,在总结中归纳工作进展情况,在报告中对要汇报的事情进行概括等,都需要用到叙述的表达方式。按照不同的分类方法,叙述也有多种类型。

1. 概叙和细叙

(1)概叙:是简明扼要地介绍事件的发生过程,概括准、线条粗,注重对事件的整体勾画,不要求详尽具体,这种叙述方式在公文写作中比较常见。掌握概叙的要点是需要对整个事件有全面的了解,把握好叙述的取舍,将原委和事理阐述清楚。

(2)细叙:要求在文章中详细交代整起事件的具体细节,尽量做到详尽具体,一般篇幅较长。由于这种叙述方式所占篇幅较长,行文时效率不高,所以在公文中的使用频率很低。

2. 顺序、倒叙、插叙、平叙

(1)顺序:按照事件发生的先后顺序进行叙述,这种方式的行文平顺自然,容易帮助读者快速厘清事件的来龙去脉,符合人们的认知和阅读习惯,是公文写作中常用的叙述方法。

(2)倒叙:把事件的结尾和中途某个具体的突出细节提前交代,然后继续按照事情发生的先后顺序进行叙述,这样行文的目的是强调结果或中途的细节,吸引读者的眼球。

(3)插叙:在叙述过程中插入一段与文章内容有关的叙述,以此来丰富文章的内容,使得整篇文章更加完整,使用时应注意保证主线内容的连贯和完整。插叙在公文写作中出现的频率较低。

（4）平叙：又名分叙，叙述的事件头绪纷乱时，可以将事件分成两件以上叙述，分别交代清楚各自的细节。这种叙述方式在公文中用的不多，简单了解即可。

1.3.2 说明

说明是客观解说事物和阐述事理的一种叙述方式，在公文写作中十分常见且通俗易懂。说明有事物说明和事理说明两大类型。事物说明就是对一个客观的对象进行说明，事理说明是针对抽象的事物进行说明。

在公文中，对说明的基本要求是客观、准确、科学。常用的说明方法包括诠释说明、分类说明、数字说明、对比说明、举例说明、比喻说明、类比说明、图表说明等。其中，文中出现具有相同性质事物时多使用分类说明；文中出现具有可比性事物时多使用对比说明（即比较说明），统计分析报告类公文里也多用对比说明；举例说明就是把抽象化的事理具体明确化，用清晰易懂的事例来阐释晦涩的事理。

1.3.3 议论

议论是公文写作中应用非常广泛的一种表达方式，即对某一个事件发表见解和看法，表明观点态度，并辅以论据证明论点。议论包括论点、论据和论证三个要素。议论文要求论点正确鲜明、论据充分可靠、论证周密有力，立论最常见的基本方法有例证法、引证法、对比法、类比法、分析法等。

（1）例证法：在亮明观点时通过举例子、摆事实来证明论点以增强材料的说服力，这种方法在公文写作中运用广泛。

（2）引证法：通常伴随着理论类论据出现，通过引用真理、名言警句、古诗文等支撑论据，增加观点的可信度。

（3）对比法：比较分析法，通过把两种事物进行对照比较，使得事物的某些特点更加鲜明突出。

（4）类比法：一种由来已久的认知方法，在公文中运用较普遍，即将一些具有相似特质的事物放在一起进行比较说明，以达到准确解释观点或说明事物的目的。

（5）分析法：通过分析问题、剖析事理来揭示论点和论据之间的因果关系来进一步论证的方法。

1.4 公文的规范

公文从撰写到办理归档的各个环节都有一套成型的规定，工作中必须严格遵守，尤其不能逾越隶属关系和职权范围。

1.4.1 行文

1. 基本概念

按照一定的规定或准则来维护机关之间的行文秩序称为行文规范。公文行文规范的内容包括行文关系、行文方向与方式，以及行文规则三个方面。

（1）公文行文关系是指发文机关与收文机关之间的公文往来关系。

（2）公文按照行文方向有上行文、平行文、下行文三种。其中，上行文有逐级上行、多级上行、越级上行三种；下行文有逐级下行、多级下行、直达基层三种。

（3）公文行文规则是指各级机关公文往来时需要共同遵守的制度和原则。

2. 行文规则

遵守公文行文规则有利于公文向正确的方向传递，避免公文"旅行"，抑制无价值公文的产生。

（1）遵守公文行文规则。一是按机关隶属关系行文。下级机关可以向直接的上级机关报告工作、提出请示，上级机关对下级机关可以作指示、布置工作、提出要求、答复请示。二是按机关的职责范围行文，行文的内容应是职责范围内的事项。

（2）遵守授权行文的规则。如果一个部门的业务需要有关部门的支持与配合，按隶属关系和职责范围又不具备布置工作提出要求的行文权限时，可以通过授权行文来解决。

（3）遵守联合行文的规则。同级政府之间，部门之间，上级部门与下级政府之间可以联合行文；政府与同级党委、军事机关之间可以联合行文；政府部门与同级党委部门、军事机关部门之间可以联合行文；政府部门与同级人民团体和行使行政职能的事业单位之间就某些互相有关的业务经过会商一致后可以联合行文。

（4）遵守一般规则。通常情况下不能越级行文，但如遇突发事件或上级领导在现场办公中特别交代的问题，可越级行文，特事特办，但要抄送被越过的上级机关。否则，受文机关对越级公文可退回原呈报机关，或可作为阅件处理，不予办理或答复。

（5）遵守不越权规则。擅自越权行文会构成侵权行为，造成工作中的许多矛盾。上级机关如发现这种情况，有权责令纠正或撤销这类公文。

（6）遵守"请示"规则。一是一文一事。机关或部门都有明确分工，各自只能办理职责范围内的事。二是请示公文只主送一个机关。内容是要求答复的事项，主送机关有责任研究并做出答复。三是不同时抄送下级机关。请示内容是未决事项，只能在上级机关答复或批准之后通知下级机关。

（7）遵守事项规则。"报告"和"请示"不能混用。如果既想汇报工作，又想请示解决问题，一般可以将"报告"和"请示"分开，形成两份公文分别上报，也可以请示公文为主，将报告的内容作为附件。

（8）遵守处理规则。公文有规范的办理程序，从签收到归档的各环节都有明确的规定，这能保证公文有秩序地运转，规范办理，提高办事效率，从而保证公文质量。

1.4.2 用语

在公文写作中，规范用语是最基础的要求，行文时要注意以下事项：

（1）用字要规范：文中不能出现错别字，用字严格参考国家语言文字工作委员会颁布的汉字简化表。

（2）用词要规范：在行文时注意正确运用专业术语，不能出现口语化文字，更不能自行杜撰词语。

（3）造句要规范：一般不用文言句式和网红新语，切忌用词不当、成分残缺、语意不全、标点不符、逻辑混乱、观点模糊等。

第 2 章 公文的格式

在公文写作中，每一个环节都有严格的格式规定，工作人员只有熟悉规范格式的要求，才能高效率完成公文写作工作，这就要求工作人员认真耐心，注重细节。

本章涉及的主要内容如下：
- 公文的排版及其各要素。
- 公文的拟稿程序。
- 公文的印制要求和流程。
- 公文的格式要求。

2.1 公文的排版

《党政机关公文格式》将版心内的公文格式各要素统一划分为版头、主体、版记三个部分，其中版头包括份号、密级和保密期限、紧急程度、发文机关标志、发文字号、签发人，主体包括标题、主送机关、正文、附件说明、发文机关署名、成文日期、印章、附注、附件，版记包括抄送机关、印发机关和印发日期。公文的页码位于版心外。

公文的每个部分都包含不同的要素，每个要素都有具体的要求，在实际工作中要对各项要求做到了然于心，这是公文写作的基础。为了便于理解，我们按版面、版头、主体、版记、页码五个维度展开讲解。

2.1.1 版面

在《党政机关公文格式》中，对公文的版面做了详细的规定：公文用纸采用 GB/T 148 中规定的 A4 型纸，其成品幅面尺寸为 210 mm × 297 mm。公文用纸天头（上白边）为 37 mm ± 1 mm，公文用纸订口（左白边）为 28 mm ± 1 mm，版心尺寸为 156 mm × 225 mm。

一般情况下，公文的字体都采用 3 号仿宋字体，每面排 22 行，每行排 28 个字，并撑满版心，特定情况下可以进行适当调整。公文中文字的颜色均为黑色。

2.1.2 版头

正式公文一般都有版头，标明了公文的发行单位。版头以大红套字印上"××××××（机关）文件"，下面加一条红线（党的机关发文在红线中加一五角星）衬托。版头包括文件的份号、密级和保密期限、紧急程度、发文机关标志、发文字号、签发人等要素。

（1）份号：指公文印制份数的顺序号，是将同一文稿印制若干份时每份的顺序编号。份号并不是所有公文都需要标注，只有"涉密公文"才需要标注。如需标注份号，一般用 6 位 3 号阿拉伯数字，顶格编排在版心左上角的第一行。

（2）密级和保密期限：涉密公文应当根据涉密程度分别标注绝密、机密、秘密和保密期限。应顶格编排在版心左上角第二行；保密期限中的数字用阿拉伯数字标注，如"秘密★1年"。如需标注密级和保密期限，一般用 3 号黑体字，顶格编排在版心左上角的第二行；保密期限中的数字用阿拉伯数字标注。

第1篇　公文写作基础
（利剑青锋，凌厉刚猛）

没有标注保密期限的公文则采取默认的形式，绝密一般默认期限为30年，机密一般默认期限为20年，秘密一般默认期限为10年。

（3）紧急程度：根据紧急程度，紧急公文应当标注特急或加急，平件是不需要标注紧急程度的。如需标注紧急程度，一般用3号黑体字，顶格编排在版心的左上角。

如需同时标注份号、密级和保密期限、紧急程度，则按照份号、密级和保密期限、紧急程度的顺序自上而下分行排列。

（4）发文机关标志：公文的标配，用红色字体书写，因此公文也称红头文件。发文机关标志具体格式一是由发文机关全称或者规范化简称加"文件"二字组成，二是可以使用发文机关全称或者规范化简称。发文机关标志居中排布，上边缘至版心上边缘为35 mm，推荐使用小标宋体字，颜色为红色，以醒目、美观、庄重为原则。联合行文时，发文机关标志可以并用联合发文机关名称，也可以单独用主办机关名称。如需同时标注联署发文机关名称，一般应当将主办机关的名称排列在前；如果有"文件"二字，应当置于发文机关名称的右侧，以联署发文机关名称为准上下居中排布。

（5）发文字号：由发文机关代字、年份、发文顺序号组成。联合行文时，使用主办机关的发文字号。发文字号相当于身份证，索引和查找公文主要是通过发文字号来完成的。发文字号编排在发文机关标志下空二行的位置，居中排布。年份、发文顺序号用阿拉伯数字标注；年份应标全称，用六角括号"〔〕"括入；发文顺序号不加"第"字，不编虚位（即1不编为01），在阿拉伯数字后加"号"字。

（6）签发人：上行文应当标注签发人姓名。由"签发人"三字加全角冒号和签发人姓名组成，居右空一字，编排在发文机关标志下空二行的位置。如有多个签发人，则签发人姓名按照发文机关的排列顺序从左到右、自上而下依次均匀地编排，一般每行排两个姓名，回行时与上一行的第一个签发人的姓名对齐。

（7）版头中的分隔线：发文字号之下 4 mm 处居中印一条与版心等宽的红色分隔线。

2.1.3 主体

公文的主体包括以下 9 个部分：

（1）标题：对公文主要内容的概括和揭示行文的目的。公文的标题由发文机关名称、事由和文种组成。其中，文种是绝对不可以省略的成分，标题一般不加标点符号。标题的格式有四种，如表 2-1 所示。

标题。一般用 2 号小标宋体字，编排于红色分隔线下空二行的位置，分一行或多行居中排布；回行时，要做到词意完整，排列对称，长短适宜，间距恰当，标题排列应当使用梯形或菱形。

表 2-1 标题的格式和示例

标题的格式	示 例
发文机关名称＋事由＋文种	中共×××省委关于印发《关于改进××××作风的规定》的通知
事由＋文种	关于做好××××教育活动的通知
发文机关名称＋文种	国务院通知
文种	公告

（2）主送机关：公文的主要受理机关，应当使用机关全称、规范化简称或者同类型机关统称。同类型机关内的同级别机关之间用顿号分隔，不同类型机关之间用逗号分隔。上行文只有一个主送机关，公开发布的公文一般不写主送机关。

主送机关编排于标题下空一行的位置，居左顶格排，回行时仍顶格，最后一个机关名称后标全角冒号。如主送机关名称过多而导致公文首页不能显示正文时，应当将主送机关名称移至版记。

（3）正文：公文首页必须显示正文，正文编排在主送机关下一行，

第1篇 公文写作基础
（利剑青锋，凌厉刚猛）

每段开头缩进两个字符，正文中的数字、年份不能回行。

正文一般用3号仿宋体字编排于主送机关名称的下一行，每个自然段左空二字，回行顶格排。文中结构层次序数依次可以用"一、""（一）""1.""（1）"标注；一般第一层用黑体字、第二层用楷体字、第三层和第四层用仿宋体字标注。

（4）附件说明：附件的顺序号和名称，附件与正文具有同等效力，起到补充说明的作用，主要包括随文下发的制度、相关规定、报表名单等。

如有附件，在正文下空一行左空二字处编排"附件"二字，后标全角冒号和附件名称。如有多个附件，使用阿拉伯数字标注附件顺序号（如"附件：1.××××××"）；附件名称后不加标点符号。附件名称较长而需回行时，应当与上一行附件名称的首字对齐。

（5）发文机关署名：应当用发文机关全称或者规范化简称。

加盖印章的公文，成文日期一般右空四字编排，印章用红色，不得出现空白印章。单一机关行文时，一般在成文日期之上并以成文日期为准居中编排发文机关署名，印章端正、居中下压发文机关署名和成文日期，使发文机关署名和成文日期居印章中心偏下位置，印章顶端应当上距正文（或附件说明）一行之内。联合行文时，一般将各发文机关署名按照发文机关顺序整齐排列在相应位置，并将印章一一对应，端正、居中下压发文机关署名，最后一个印章端正、居中下压发文机关署名和成文日期，印章之间排列整齐，互不相交或相切，每排印章两端不得超出版心，首排印章顶端应当上距正文（或附件说明）一行之内。

不加盖印章的公文，单一机关行文时，在正文（或附件说明）下空一行右空二字处编排发文机关署名，在发文机关署名的下一行编排成文日期，首字比发文机关署名首字右移二字，如成文日期长于发文机关署名，应当使成文日期右空二字编排，并相应增加发文机关署名右空的字数。联合行文时，应当先编排主办机关署名，其余发文机关署名依次向下编排。

加盖签发人签名章的公文，单一机关制发的公文加盖签发人签名章时，在正文（或附件说明）下空二行右空四字处加盖签发人签名章，在签名章左空二字处标注签发人的职务，以签名章为准上下居中排布。在签发人签名章下空一行右空四字处编排成文日期。联合行文时，应当先编排主办机关签发人的职务和签名章，其余机关签发人职务和签名章依次向下编排，与主办机关签发人的职务和签名章上下对齐；每行只编排一个机关的签发人职务和签名章；签发人职务应当标注全称。签名章一般用红色。

成文日期中的数字用阿拉伯数字将年、月、日标全，年份应标全称，月、日不编虚位（1不编为01）。当公文排版后所剩空白处不能容下印章或签发人的签名章与成文日期时，可以采取调整行距、字距的措施解决。

（6）成文日期：会议通过或者发文机关负责人签发的日期，是公文的生效日期。成文日期用阿拉伯数字将年、月、日标全，年份应标全称，月、日不编虚位（即1不编为01）。

（7）印章：体现公文效力的表现形式，是公文生效的标志，是鉴定公文真伪最重要的依据之一。公文中有发文机关署名的，应当加盖发文机关印章，并与署名机关相符。有特定发文机关标志的普发性公文和电报可以不加盖印章。

（8）附注：公文印发传达范围等需要说明的事项，主要标注公文的发布层次、印发传达范围等。附注居左空二字加圆括号编排在成文日期的下一行。

（9）附件：应当另面编排，并在版记之前，与公文正文一起装订。"附件"二字及附件顺序号顶格编排在版心左上角的第一行，附件标题居中编排在版心的第三行，附件顺序号和附件标题应当与附件说明的表述一致，附件格式要求同正文。

如附件与正文不能一起装订，应当在附件左上角的第一行顶格编排公文的发文字号并在其后标注"附件"二字及其顺序号。

2.1.4 版记

公文的版记包括以下要素：

（1）版记中的分隔线：版记中的分隔线与版心等宽，首条分隔线和末条分隔线用粗线（推荐高度为 0.35 mm），中间的分隔线用细线（推荐高度为 0.25 mm）。首条分隔线位于版记中的第一个要素之上，末条分隔线与公文最后一面的版心下边缘重合。

（2）抄送机关：如有抄送机关，一般用 4 号仿宋体字，在印发机关和印发日期之上一行左右各空一字处编排。"抄送"二字后加全角冒号和抄送机关名称，回行时与冒号后的首字对齐，最后一个抄送机关名称后标句号。如需把主送机关移至版记，除将"抄送"二字改为"主送"外，编排方法同抄送机关。既有主送机关又有抄送机关时，应当将主送机关置于抄送机关之上一行，之间不加分隔线。

（3）印发机关和印发日期：印发机关和印发日期一般用 4 号仿宋体字，编排在末条分隔线之上，印发机关左空一字，印发日期右空一字，用阿拉伯数字将年、月、日标全，年份应标全称，月、日不编虚位（即 1 不编为 01），后加"印发"二字。版记中如有其他要素，应当将其与印发机关和印发日期用一条细分隔线隔开。

2.1.5 页码

页码一般用 4 号半角宋体阿拉伯数字，编排在公文版心的下边缘之下，数字左右各放一条一字线。一字线上距版心下边缘 7 mm。单页码居右空一字，双页码居左空一字。公文的版记页前有空白页的，空白页和版记页均不编排页码。公文的附件与正文一起装订时,页码应当连续编排。

2.2 公文的办理

公文的全流程办理程序是一个闭环,不论哪种类型的公文都有既定的程序,主要包括公文的拟定程序、发文程序和收文程序。本节详细介绍公文的办理程序。

2.2.1 公文拟定程序

公文拟定程序主要包括起草、审核和签发。

(1)公文的起草:公文起草一是应做到符合法律法规和党的路线方针,完整、准确地体现发文机关的意图,并同现行有关公文相衔接。二是一切从实际出发,实事求是地分析问题,所提政策措施和办法切实可行。三是内容简洁,主题突出,观点鲜明,结构严谨,表述准确,文字精练。四是文种正确,格式规范。五是深入调查研究,充分进行论证,广泛听取意见。六是公文涉及其他地区或者部门职权范围内的事项,起草单位必须征求相关地区或者部门的意见,力求达成一致。七是机关负责人应当主持、指导重要公文的起草工作。

(2)公文的审核:公文文稿签发前,应当由发文机关办公厅(室)进行审核,审核内容包括行文理由是否充分,行文依据是否准确,内容是否符合国家法律法规和党的路线方针政策,是否完整、准确地体现发文机关的意图,是否同现行有关公文相衔接,所提政策措施和办法是否切实可行,涉及有关地区或者部门职权范围内的事项是否经过充分协商并达成一致意见,文种是否正确,格式是否规范,人名、地名、时间、数字、段落顺序、引文等是否准确,文字、数字、计量单位和标点符号等用法是否规范,其他内容是否符合公文起草的有关要求。

(3)公文的签发:公文应当经本机关负责人审批签发。重要公文和上行文由机关主要负责人签发,党委政府的办公厅(室)根据党委政府授权制发的公文由受权机关主要负责人签发或者按照有关规定签发。签发人签发公文应当签署意见、姓名和完整日期,圈阅或者签名的视为同意。联合发文由所有联署机关的负责人会签。

2.2.2 公文发文程序

公文的发文程序主要包括复核、登记、印制和核发。

(1)复核:经发文机关签批的公文,印发前应当对公文的审批手续、内容、文种、格式等进行复核。需做实质性修改的,应当报原签批人复审。

(2)登记:对复核后的公文,应当确定发文字号、分送范围和印制份数并详细记载。

(3)印制:公文印制必须确保质量和时效。涉密公文应当在符合保密要求的场所印制。

(4)核发:公文印制完毕并加盖公章之后对其文字、格式和印刷质量进行检查后分发。

2.2.3 公文收文程序

公文收文的主要程序包括签收、登记、初审、承办、传阅、催办和答复。

(1)签收:对收到的公文应当逐件清点核对,并注明签收时间。

(2)登记:对公文的主要信息和办理情况详细记载。

(3)初审:对收到的公文应当进行初审。审核公文是否应当由本机关办理，是否符合行文规则，文种格式是否符合要求，涉及其他地区或者部门职权范围内的事项是否已经协商会签，是否符合公文起草的其他要求。经初审不符合规定的公文，应当及时退回来文单位并说明理由。

（4）承办：阅知性公文应当根据公文的内容、要求和工作需要确定范围后分送。批办性公文应当提出拟办意见，报本机关负责人批示或者转有关部门办理。需要两个以上部门办理的应当明确主办部门。紧急公文应当明确办理时限，承办部门对交办的公文应当及时办理，有明确办理时限要求的，应当在规定的时限内办理完毕。

（5）传阅：根据领导批示和工作需要将公文及时送传阅对象阅知或者批示。办理公文传阅应当随时掌握公文去向，不得漏传、误传、延误。

（6）催办：及时了解掌握公文的办理进展情况，督促承办部门按期办结。紧急公文或者重要公文应当由专人负责催办。

（7）答复：公文的办理结果应当及时答复来文单位，并根据需要告知相关单位。

2.3 公文的印制

公文的印制不像我们平日印刷材料一样简单，也有它的印制要求和流程。

2.3.1 印制要求

公文进入印制阶段说明已经通过审核，但印制工作同样不能掉以轻心，具体要求如下：

（1）公文图文区用字一律从左至右横写横排。少数民族文字的公文按其习惯书写排印。公文的书写和印刷必须使用规范的汉字。

（2）公文的印制要符合公文格式规范，文件的字数要与用纸的纸幅大小相适应。

（3）公文的标点符号、字体、字号、数字以及计量单位的使用一定要准确规范。

（4）印制文件时要认真进行校对，避免出现错误。校对应遵循一人念稿，一人查印件的原则。如果在校对过程中发现问题，应及时与承办方进行核对，切记不要擅自改动。公文的字迹要保持清晰整洁。

（5）公文中的数字除成文日期、部分结构层次序数和词、词组、惯用语、缩略语、具有修辞色彩语句中作为词素的数字必须使用汉字外，应当使用阿拉伯数字。计量单位须使用国家法定计量单位。

（6）页码用阿拉伯数字标注，数字两侧各标一条短横线。单面印刷公文，页码位于每页图文区的右下端；双面印刷公文，正面为单数，页码位于每页图文区的右下角，背面为双数，页码位于每页图文区的左下角；没有图文区的页面不标页码。

（7）公文一律左侧装订，不要压住文字，不掉页，两页码之间误差不超过 4 mm，裁切后的成品尺寸允许误差 ±2 mm，四角成 90°，无毛茬或缺损。骑马订或平订的公文订位为两钉外订眼距版面上下边各 70 mm 处，允许误差 ±4 mm，无坏钉、漏钉、重钉，钉脚平伏牢固，骑马订钉锯均订在折缝线上，平订钉锯与书脊间的距离为 3～5 mm。包本装订公文的封皮（封面、书脊、封底）与书芯应吻合。

2.3.2 印制流程

公文的印刷一般由制定部门负责，如果印刷数量较少，则可在办公室自行打印；如果印刷数量较多，可以送指定印刷部或印刷厂完成。

文件印制完成加盖印章时，须附校核、领导审签文件底稿。对于联合行文不编本部文号的，也应附领导审签的底稿。盖章后，在用印登记簿上进行详细记录。

在公文的印制中，要求版面干净无底灰，字迹清楚无断划，尺寸标准，版心不斜，误差不超过 1 mm。双面印刷，页码套正，两面误差不超过 2 mm。黑色油墨应当达到色谱所标的 BL100%，红色油墨应当达到色谱所标的 Y80%、M80%。印品着墨实、均匀且字面不花、不白、无断划。

2.4　公文的要素

公文成形后并不能马上印发，而要经过一些步骤的处理才能印发。本节就带大家一起学习公文成形后的知识。

2.4.1　成文日期

成文日期一般是指公文的生效日期，一般标识在图文右侧空 4 个字的位置或正文右下方。

联合行文的成文日期，以最后签发机关领导人的签发时间为准。决议的成文日期用括号标写在标题下方，有时还要标注会议名。会议讨论通过的公文应以会议通过的日期为准，并写上会议名称及届次，以圆括号括入，标注于公文标题之下。

2.4.2　校稿、核稿、把关

（1）校稿：校对公文时应绝对忠于原稿。校对公文一般须经三校，使用统一的校对符号，如需要改稿，则必须经过批准。初校是校稿的基础，应消除文字、符号、数据等基础错误。二校是对初校的补充，应进一步对版面格式进行调整。三校是最后一次校对，应通观全局、对照要求，确认所有细节无误。

（2）核稿：公文在送交机关或单位的负责人最后核准签发之前，由部门负责人或经验丰富的秘书人员对文稿进行全面审核。核稿是公文处理工作的重要组成部分，从一定意义上说，它是修改工作的延续，要求核稿人员认真负责，逐字逐句把关，从而杜绝不规范的文件被印发。

（3）把关：此环节是为了节省领导耗费在审阅和修改公文上的时间，由秘书人员对文稿从政策、措施、手续及体式、文字提法等方面进行审核。对于有问题的文稿在征得拟稿单位同意或者请示领导以后可以采取退、补、改三种方法加以处理。"退"是针对不需要发布、不需要用本机关名义发布、内容不成熟、需要大量修改文字、可以合并发布的文稿，提出问题和处理意见后退回拟稿单位进行修改。"补"是对于不按照有关规定办理的文稿，退回原拟稿单位予以补正。"改"是对于质量上有些问题但不需要退回修改的，可以由秘书工作部门自行修改，也可请拟稿单位来人修改或共同研究修改。

2.4.3 签发、封发、归档

（1）签发：对公文文稿的再次核查，是机关领导对审核的公文文稿进行最后审定并签署印发，是对公文质量与正式效用的最终确认，更是公文定稿的最后环节，也是领导对公文进行严格把关的一项决策性程序。公文签发是公文生效的必备条件，是确保公文质量的一道重要程序。签发人签字通过，表示公文的质量等方面已得到签发人的认可，是明确有关责任的重要手续。公文签发要注意避免越权签发、随意签发、未经文秘部门审核先行签发、要素不全、格式不规范等问题。

（2）封发：公文的封发要做到准确安全，书写信封要清晰规范。发文需要经过严格的登记，登记的内容主要包括顺序号、发文日期、发文文号、标题、附件、份数、发文对象、签发单位、归卷时间、备注等。

（3）归档：公文办理完毕后，应当根据《中华人民共和国档案法》和有关规定，及时整理归档。齐全完整，能正确反映本机关的主要工作情况，便于保管和查找利用。

2.4.4 修正与修订

公文在下发后，因为各种特殊原因需要修改的，可以根据实际情况进行修订和修正。

1. 公文的修正

修正是指公文在下发以后，发现笔误或者印制等问题给读者造成了误解时进行的修改。文件修正时必须征求领导的同意，遵循实事求是、顾全大局的原则。

2. 公文的修订

修订是指随着时代的变化和发展，发现正在执行的文件内容与现实情况不符，已经影响了正常工作的开展时，对文件进行的修订和完善。文件修订时也必须征求领导的同意，遵循实事求是、顾全大局的原则。

第 3 章
公文的成文要素

本章从公文写作新手最大的困扰,即仅凭灵光乍现式开展公文写作入手,对公文成文要素进行层层剖析,带领公文写作新手找到成文的要素组合诀窍。

本章涉及的主要内容如下:
- 公文的成文要求,如语言的两种逻辑和写作的四种方法。
- 公文的布局,如字词句、段行空、篇章节的布局取向。
- 常见的六种写作元素,以及各个元素的性质、特点和运用场景。

3.1 总体要求

"散文重神韵,公文重逻辑。"这是大部分公文写作者将公文与散文及其他文体相比较得出的广泛共识。其实不难理解,公文是一种应用文体,其写作带有的自身特点(目的实用性、对象特定性、真实严肃性、时效明确性、格式规范性、语言朴实性)决定了公文写作的特殊性。公文的写作与工作业务常常息息相关,目的是推进工作事务开展、展现工作成果等,因此在公文写作时要特别注重语言的逻辑严密性和各类公文要素的组合。

3.1.1 两个逻辑

公文的语言逻辑是指公文写作既要符合辩证逻辑,也不能违反形式逻辑。

辩证逻辑指的是环形的思维。例如,太极图一般黑中有白,白中有黑,黑白交替,运行不悖。这种逻辑思维方式就是动态立场,是无常的,没有一个固定的形式,一切形式因时空、立场的变化而变化。简单来说,就是要懂得所写公文是为什么事情而写,应该以什么身份角色去写,是以简洁语言写好,还是详细叙述合适,成文上报后要达到怎样的结果……

一般情况下,我们经常说的公文写作的指导理论其实就是形式逻辑学。形式逻辑的三大基本要素离不开概念、判断和推理。可以说,公文写作的每一个环节都涉及这三大基本要素,每一篇公文都需要严格遵循形式逻辑学规范。形式逻辑学的重要性不可小觑。下面重点分析其三大基本要素的特点。

1. 概念要正确,精准运用

对概念要有清晰的认知,切忌自行臆断,要注意概念的内涵和外延,厘清概念之间是并列、包含、交叉关系,还是重合关系,避免文意混淆、模糊不清。

(1)概念内涵把握不准确。

例如:市委、市政府把"乡村振兴战略"作为农村振兴工作的重要环节。

——对"乡村振兴战略"的理解错误,或者对"环节"的理解错误。

例如:……推动粮食事业又好又快发展。

——对"事业"的理解错误。要注意"事业"与产业和企业的区别。

第1篇 公文写作基础
（利剑青锋，凌厉刚猛）

例如：……准确把握新发展理念，加快构建新发展格局，推动"十四五"时期高质量发展……

——对"新发展理念"的理解错误。要注意新时代背景下的一些概念的新提法和正确搭配。

（2）概念的外延和大小区分不清。

例如：春节长假过后，帮助党员迅速收心，尽快投入新一年的工作中，是各地在上班第一天召开会议的深层用意之一。

——"党员"外延过窄。

例如：市教育局高度重视少年儿童的成长，采取一系列措施，加快了中小学、职业技术学校和大学教育的发展。

——"少年儿童"的外延过宽。

（3）顿号连接的概念把包含关系、交叉关系处理成并列关系，造成逻辑混乱。

例如：今年以来，我市以加快推进环卫基础设施建设，建立健全"户集、村收、乡运、县处理"的一条龙保洁体系，优化县乡环境质量为重点，持续加大县乡环境卫生工作力度，各项工作稳步推进。

——此句为"以"字句，涉及对概念构成的理解。有重点就有整体，整体必然大于重点。但此句中，"优化县乡环境质量"不是"县乡环境卫生工作"的组成部分。

2. 判断要正确合理运用

判断句在公文语言中所占比例较大。一般而言，判断句的错误是对所判断对象的性质定位不准确。

例如：疫情是中华人民共和国成立以来发生的传播速度最快、感染范围最广、防控难度最大的一次重大突发公共卫生事件。

——偷换概念，把"新冠疫情"概念内涵限定为"疫情"，表述不准确。

3. 推理要正确巧妙运用

推理包含归纳和演绎两种方式，这两种方式在公文写作中都会用到。其中，归纳的运用较多。归纳既有归拢并使材料有条理的作用，也有由一系列具体的事实概括出一般结论的功能。

归纳不足的问题在公文写作中比较常见。一般表现为只有数据和各种原始材料，但没有结论，或者有结论但都是抄袭了别人的，没有针对性，让读者看了得不到任何启发。

例如：一要聚焦"激发发展活力动力"。我们必须立足全省发展大势，忠实担当、忠勇作为，全面营造安全稳定的政治社会环境，打好政治安全整体战。

——归纳概括与后文陈述情况不符，无法论证前面的归纳概括句。

3.1.2 四个方法

前面梳理了公文写作的两种逻辑，下面从技术层面出发，总结公文写作最常用、最速成的四种方法。

（1）先入为主，摆出结论。当拿到一份公文材料，我们会发现一个特别明显的现象，即行文格式整体规整，常常每段话前都是一句简短的归纳总结语言。领导或经办人员每天都有大量的文字材料需要审阅，碍于时间或空间等因素影响，常常无法细致审阅文稿。这时，先说结论，摆出主旨，无疑能第一时间抓住审阅者的眼球，让审阅者对来文事项有较为深刻的记忆。作为公文写作新手，逐步亮观点、表态度、说结论的成文规范是第一步。目前，这种写法在商业社会应用文写作中也在逐步推开。

那么具体要怎么写呢？

① 每一部分的标题应当是这一部分内容的概括；

② 每一段的第一句话应当是这一段话内容的概括；

③ 总是把主题句放在前面。

这样写,才能显得逻辑清晰。经常学习、阅读官媒文章的读者应该不难发现,人民日报评论文章就常常运用摆出结论、结论优先的写法。例如下面这篇《做好高校毕业生就业创业工作》(节选):

扩增量,多渠道开发就业岗位。从宏观环境看,推进制造业转型升级,壮大战略性新兴产业,大力发展现代服务业,都能创造更多就业机会,要在推动经济高质量发展中强化就业优先导向。从就业方向来看,要拓宽基层就业空间,组织实施好"特岗计划""三支一扶""西部计划"等基层项目,引导更多毕业生到中西部地区、东北地区、艰苦边远地区和基层一线就业创业。从学校角度看,高校书记校长要落实访企拓岗促就业专项行动,主动走进园区、走进行业、走进企业,与用人单位建立日常联系互访机制,挖掘更多优质精准的就业信息。高校毕业生们也应进一步拓宽思路、主动作为,赴基层一线就业,多渠道灵活就业。

优存量,强化不断线就业服务。教育部要求,各省级大学生就业网站、各高校就业网站于今年12月底前,全部与国家大学生就业服务平台互联互通,实现岗位信息共享;工信部推出"直播带岗"活动,助力高校毕业生与用人单位"云端洽谈",让岗位"触屏可及";四川按照人均600元标准,为3万余名困难群体毕业生发放帮扶补贴;云南对吸纳应届高校毕业生就业人数达到企业职工总数10%以上的中小微企业,在安排纾困资金等方面予以倾斜……一项项创新举措,使得毕业生就业服务网越织越密。不过,相关部门还要及时跟踪调查高校毕业生就业状况,尤其要把脱贫家庭、低保家庭、零就业家庭以及有残疾的、较长时间未就业的高校毕业生作为重点帮扶对象。

在这篇节选的文章中,每段的第一句是主旨句,概括了全段的内容。后面的内容其实都是在解释和阐述主旨句的观点。这就是典型的摆结论叙述方式,即使只看标题和每一段的第一句话,忽略后面的内容,也能完全领悟作者想表达的意思。

相反,脱离结论优先原则导致逻辑混乱是初学者常见的错误。主要表现在:

① 乱分段。一段话讲了两三个意思,却不分开,或者连续两三段都在讲一个意思,却舍不得合到一起。

② 主题句没有放在前面,甚至没有主题句。一段话全是分散的论述,没有一句提纲挈领、提炼观点的话。

(2)善于借力,巧用逻辑词。很多人认为,文章用了逻辑词会显得缺乏文采,变得刻板。所以,便经常用可意会不可言传来显示自己文稿的文字美。这类认知是有一定局限性的,公文写作要有"抓铁有痕"的气势,要能通过文字第一时间向读者传递信息,这与文学创作有较大的区别,文学创作追求的是文字表达含蓄、柔美,给人的是无限的遐想和身临其境之感。但公文则要求简洁明了,最终要回归写这篇公文要实现的目的。逻辑词是逻辑的标志,运用逻辑词实际上是向审阅者表明:这是第一层意思!这是第二层意思!这里是并列!这里是递进!这里是转折!使用逻辑词来标示文章逻辑,是一种简单且效果鲜明的办法。

(3)精准把握,分类归纳。很多公文写作者知道写作时要结论优先、逻辑联动,但在摆出结论的时候,归纳概括、精准分类却稍显不足,针对性、准确性有待提升。这时,如果我们以分类的方式来思考和表达,会骤然发现要写作的公文变得更容易理解和概括。

也就是说,在写公文任何一部分、一段话、一句话的时候,都要清楚自己写的这部分、这段话、这句话到底属于哪个板块。写某一部分,要清楚自己写的是指导思想,是总括性的内容,后面几部分要分着写,写具体措施;写某一段落,要清楚自己写的是举措的第一点,后面几段要接着按工作职能写举措的第二、第三、第四点;写某一句话，要清楚自己写的是重要性，后面几句话要接着论述背景、目标和要求。

（4）反复斟酌，优化升级。"写得好的本领，就是删掉写得不好的地方的本领。"一篇好文章需要经过无数次打磨。但现实中，不乏舍不得对初稿做大的调整，只愿意修修补补的心态，这种心态是要不得的。有时，我们通过构思、行文，脑子里有清晰的逻辑结构，但写出来的东西却并不总是一丝不苟贴合逻辑。所以，对自己写出来的公文初稿，千万别舍不得动，要顺着逻辑框架再捋一遍，对存在问题的段落、句子，大胆地斟酌、修改、挪动、调换，使文稿的结构、逻辑、语言能有一定的提升。

3.2 公文的布局

字词句、段行空、篇章节是组成公文的重要成分。字词句的使用要注意什么？段行空有什么要求？篇章节适用于什么类型公文？这些都值得我们探索和推敲。

3.2.1 字、词、句

公文是由字组成词、词再组成句而构成的，每一个句子会在文中体现出各自的句式特征。而这些句式特征在公文写作中有着不同的功能，配合着不同的公文所需要的语气、语体或句调等，发挥着重要的作用。一般来说，公文句式在写作中主要有三个方面的要求。

（1）语法规范，合乎逻辑。一篇合格有效的公文和其他所有文章一样，首先要语法规范，没有语法上的错误。体现在字、词、句式的规范上，指的是所用句子必须符合现代汉语的语法规则，句子结构成分完整，不会引起歧义，这也是公文写作中"文从字顺"的必然要求。

如果在公文写作中出现成分残缺、搭配不当、结构混乱等不符合语法规则的句子，不但无法表达基本的意思，甚至会因为歧义引起损失。

（2）用语精练，准确清楚。公文写作要求能够准确表达主旨且简洁明了。表达一个主旨，在句式的选择上不能只简单要求意思表达完整，还要求用精练的字、词。同样，围绕同一个主旨，所选用的字、词、句式要表意准确，不能含混。否则，将会影响公文正常作用的发挥。

（3）严肃得体，适合语境。所谓得体，是指语言运用恰到好处、恰如其分。在公文写作中，字、词、句式的选用也非常讲究得体，即运用字、词、句子组织成文章，达到一种语言上的平衡。公文在不同的语境中有不同语言得体的需要，这就要求选用得体的句子，以更好地达到传递信息、表达主旨的目的。这里的语境既指文中上下文的语境，也指公文文种、语体等大概念的语境。用在上下文中，前后的语句在语体、语气等方面都要保持一致，前后连贯通顺。用在文种之中，则要适合文种对语体、语气等方面的需要。

在公文写作中选用恰当合适的字、词、句，以达到文从字顺、增强效果的目的显得尤为重要，公文写作者要从实践中不断总结和摸索。

3.2.2 段、行、空

公文的段落主要分为规范段和特殊段，后者指起始段、结语段、过渡段、独句段、篇段合一段等。这里着重分析表述一个完整意思且结构比较完整的规范段的构成。

公文的规范段由以下三部分构成。

（1）起始部分：概括提出本段中心，或者提示全段内容涉及的范围。一般以段首句或中心句的形式出现，作用在于介绍全段中心。

（2）展开部分：围绕起始部分提出的中心或提示的范围提供实

例、理由、细节等,使中心意思充实可信。这是段落的主体部分,作用在于陈述、说明或论证段落的中心意思。

(3)终结部分:从展开部分引出合乎逻辑的结果,重申、强调中心意思。它的作用在于明确、深化中心意思。有时,起始部分和展开部分把意思表述清楚了,也就没有终结部分。

例如:下面这篇人民日报评论文章《以"使命意识"拓展中国道路》(节选):

三年治国理政的实践,承载着共产党人对世界的使命感,回答了"什么是中国道路""如何拓宽中国道路"的问题。// 有经济学家研究,能够从中等收入进入高收入的经济体非常少,经济发展层面的"中等收入陷阱",国际关系层面的"修昔底德陷阱",横亘在各国的发展之路上。三年多的实践证明,中国有能力应对这样的"中程风险"、有信心跨越这样的"发展困境"。从认识、适应和引领新常态,到把握战略机遇期内涵的两个转变;从以互利共赢理念积极参与全球治理,到一系列经济政治社会政策的调整,这些"中国方案"丰富了世界现代化的经验,中国道路不仅通向中国的未来,也是整个世界未来的一个方向。// 高瞻远瞩的思考,深化了对人类社会发展规律的认识,丰富了中国特色社会主义道路的世界性。

在这个段落中,起始部分(划第一个 // 线前,以下例段同)以总结式开头,引出了主句。展开部分针对主句展开举例论证,具体、概括而有序地做出了解释,重点十分明确。终结部分(划第二个 // 线之后)换一个角度表示强调,使主句观点得以深化。

段由行组成。公文的"行"也有一定的讲究,但"行"一般是在格式上的规范。一般每页公文纸排 22 行,每行排 28 个字,并撑满版心。特定情况可以作适当调整。

此外,需要特别注意以下两点:

一是为了满足"每面排22行,每行排28个字"的要求,同时兼顾美观大方,通常采用1.5倍或单倍行距,或者固定值27～29磅,此时行数和字数基本上可以接近要求。

二是数字和年份中间不能回行,如果该处自动回行了,要手动调整,保证其不被断开分成两行。

关于"空",行文内容上一般不随意用"空",格式上按照《党政机关公文格式》调整即可。这里不再赘述。

3.3 写作元素

3.3.1 模糊词语

所谓"模糊词语"是指外延不确定、内涵无定指的特性语言,是一种弹性语言。"模糊词语"的典型性特征是具有概括性和灵活性,在公文写作中,有着不可代替的作用。

模糊词语的使用,有三种情境:

第一是没必要用精确词语而只能用模糊词语。

第二是不允许或不便于用精确词语而只能用模糊词语。

第三是不可能用精确词语而只能用模糊词语。

例如:

① 以上意见,希认真贯彻执行。

② 一些单位,违犯财经纪律的现象相当严重。

③ 请转告××,希望他在方便的时候来莅临指导。

④ 希望局领导在最近能来我厂指导工作。

⑤ 要做到财政、信贷、外汇和物资的各自平衡和相互之间的基本平衡。

⑥ 可逐级上报，由地区财政局给予一定时期的减免税照顾。

上述①②例属第一种情境，③④例属第二种情境，⑤⑥例属第三种情境。

模糊词语运用方法，主要有 4 种：

第一，用于表达主观评价。例如：

① 四个月来，国家的财政状况已有好转。

② 十一届三中全会以来，我省农村干部思想作风有了显著的转变。

例①是对财政状况的评价。例②是对"我省农村干部思想作风"的评价。

第二，用于表达某一种动作的方法、方式。例如：

① 合理利用水生生物，禁止灭绝性的捕捞和破坏。

② 要在坚持自愿互利的基础上鼓励和提倡多种形式的合作与联合，逐步达到合理的经营规模。

例①的"合理"表利用的方式，"灭绝性"表捕捞的方式。例②"多种形式"表合作与联合的方式，"逐步"表达到的方式。

第三，用于表达时间的概念。"请你最近抽时间找我一下，把下个学期的科研工作落实下来。"这里的"最近抽时间"是模糊词语。例如：

① 今后在相当长的时间内，调整和改造产业结构的基本方向应当是……

② 可由地区税务部门给予一定时期的减免税照顾。

例①"相当长的时间"一语出自政府工作报告，意指这项工作很艰巨，需要很多年，究竟要搞多长时间并不确定，只能如此表述。例②"一定时期"的表述较为恰当，因为尚未见到申请减免税报告，只能如此表述。

第四，用于表达分寸、程度。例如：

① 有些单位，挥霍浪费现象相当严重。

② 对今年以来出现的物价上涨幅度过大的趋势，必须采取措施进一步加强控制。

例①"相当"表严重程度。例②"上涨幅度过大"表趋势程度；"进一步"表加强的程度。

本书归纳了公文中常见的 9 类模糊词：

一是表程度：很、非常、十分、稍微、有点、极其、格外

二是表方位：远东、近东、中东、偏南、偏北、偏左、偏右

三是表称谓：作家、诗人、画家、歌唱家、舞蹈家

四是表心理活动：了解、认识、企图、害怕、仇恨、喜欢

五是表性质状态：对、错、美、丑、好、坏

六是表数量：三五（个）、一两（天）、七八（条）

七是表指代：我们、你们、他们、那里、这里、某些

八是表时间：刚刚、正、将要、渐渐、逐步、近来、未来

九是表范围：个别、多数、部分、若干、少数

3.3.2 模态词语

"模态"是指事物的规模和状态。在指令性和法规性公文中，为了突出规范性和约束力，常会使用模态词语。但是，各种模态词语在表意上有严格的限制，运用的时候需要仔细甄别，否则容易造成内容表达的偏差或错误。

常见的公文模态词语有：

1. 必须、严禁

这是一组正好相反的模态词语，表示执行的力度或要求，"必须"属于正面，"严禁"属于反面。

例如"搞好党风廉政建设，必须……"，这个"必须"是要告诉

大家如何做，对受文者来说，即将成为一种行为规范。

在实践中，这组模态词语会对应使用，在一段文字中，既有"必须"的使用，又有"严禁"的规定，两者相呼应，会使公文表达更严密、完善。

2. 得、不得

"得"属于正面词语，表示能够、可以；"不得"是反义词语，表示不能够。

例如"地名一律用全名……如'上海''福州''重庆'，不得写成'沪''榕''渝'，仅在两个以上著名城市或著名省份连写在一起一看就明白的时候，才能使用简称。"

又如《国务院关于严格控制到著名风景游览胜地开会的通知》第三条："接待国内外旅游者比较集中的城市的宾馆、饭店，在旅游旺季，未经主管部门批准，不得接受安排会议任务。"

3. 可以、不许

在这组模态词语中，"可以"表示的是正面，表示允许有所选择，并可以在一定条件下这样做，具有一定的灵活性。而"不许"用于反面，它的意思更接近于"不得"。

如《人民警察使用武器和器械的规定》第二条："人民警察在执行逮捕、拘留、押解人犯和值勤、巡逻、处理治安案件等公务时，可以根据本规定，使用武器和器械。"

其中的"可以"是允许的意思，这让执法者有了机动处置权利，但它和"应""得"相比，语气要轻很多。

当然，类似的模态词语还有很多，例如"宜""不宜""应""不应"，需要根据具体情况酌情使用。

3.3.3 数字点睛

公文写作中的数字使用有一定的"门道"。通常,在说明现状、表明成绩、反映问题、计划目标时需要一定的数据分析。例如:党的二十大、12.5亿、50 km、五年两番……

有些情况和问题若采用叙述和议论的方法,篇幅较长,用数字表达则简洁明了;有的甚至只有用数字才能准确表达,才能加深人们对事物和问题本质的认识,使公文具有更强的说服力。

数字的准确用法,主要归结为4部分。

1. 使用阿拉伯数字的情况

阿拉伯数字是指"0、1、2、3、4、5、6、7、8、9"等。

(1)公历世纪、年代、年、月、日、分、秒,要求使用阿拉伯数字。

例如:公元21世纪、公元前500年、21世纪90年代、1949年10月1日、15时20分45秒等。年份要写全,不能简化。例如:2023年,不应简写成23年。

(2)记数与计量(包括正负整数、分数、小数、百分比、约数等),要求用阿拉伯数字。

例如:1302,1/16,4.5倍,34%,3∶1,45万元,500多种,60多万斤等。

(3)物理量量值必须使用阿拉伯数字,并正确使用法定计量单位。

例如:500 kg、20 cm、37℃等。

(4)非物理量,一般情况下应使用阿拉伯数字,如185元、12个月、150名。但小学和初中教科书、非专业书刊的计量单位可使用中文表示,如200 kg(200千克)。

(5)部队番号、文件编号、证件号码和其他序号,须用阿拉伯数字。

例如:38915部队、总3211号、国办发〔2010〕号文件、G37次列车、HP 3000型电子计算机、92号汽油、维生素A1等。

（6）表示数字的范围也有写法的讲究。

例如：5万~6万，不能写成"5~6万"；8%~20%不能写成"8~20%"。

2. 使用汉字的情况

汉语数字通常是指"一、二、三、四、五、六、七、八、九、十"及其大写的"壹、贰、叁、肆、伍、陆、柒、捌、玖、拾"等数字。

（1）（用于）数字作为词素构成定型的词、词组、惯用语、缩略语或具有修辞色彩的语句。

例如：一律、第三季度、十九届五中全会、"十四五"规划、"一带一路"倡议、"两学一做"主题教育、"一国两制"、"两个维护"、"四个自信"、"五位一体"、"十个明确"等。

（2）概数和约数的情况。

① 邻近的两个数字，并列连用表示概数时，应使用汉字，并且两个数字之间不能用顿号"、"隔开，如三四天、五六米、七八十岁。

② 带有"几"字的数字表示约数，须使用汉字，如十几天、几十年、一百几十次、几十万分之一。

（3）星期几一律用汉字。

例如：星期三、星期五。

（4）中国历史纪年、干支纪年、夏历月日、各民族非公历纪年等，均使用汉字。

例如：万历十五年、癸卯正月十七、七月初七七夕节。

（5）有时为了表达得更加清楚，可以在它们的后边用阿拉伯数字括注公历。

例如：万历十五年（1587年）、癸卯正月十七（2023年2月7日）。

含有月日简称表示事件、节日或其他特定意义的词组，应使用汉字。如果涉及一月、十一月、十二月，应用间隔号"·"将表示月和日的数字隔开，并外加引号，避免歧义。涉及其他月份时，不用间隔号，是否使用引号，视事件的知名度而定。

例如："一·二八"事变（1月28日）、"一二·九运动"（12月9日）、五四运动、十一国庆节等。

3. 可灵活变通的情况

使用阿拉伯数字或汉字数字，有的情形选择是唯一而确定的，有的如遇特殊情形，为避免歧解，也可以灵活变通使用。

（1）用"多、余、左右、上下、约"等表示的约数一般使用汉字。但如果公文中出现一组具有统计和比较意义的数字，其中既有精确数字，也有约数时，为保持公文局部体例上的统一，其约数也可以使用阿拉伯数字。

例如：报告指出，我国经济实力实现历史性跃升，国内生产总值从五十四万亿元增长到一百一十四万亿元，我国经济总量占世界经济的比重达百分之十八点五，提高七点二个百分点，稳居世界第二位；我国人均国内生产总值从三万九千八百元增加到八万一千元。

例如：我们党是一个拥有9600多万名党员、490多万个基层党组织的大党，肩负着团结带领亿万人民完成历史使命的重任。

（2）标题涉及数字时，可以根据版面实际需要和可能灵活掌握使用阿拉伯数字和汉字数字。

例如：《习近平主席十年新年贺词金句》《国务院办公厅关于2023年部分节假日安排的通知》。

4. 其他需要注意的情况

（1）尾数有多个零的整数值的写法，可改写为以万、亿作单位。

例如：653000000可写成65300万或6.53亿，但不能写成6亿5千3百万。

用阿拉伯数字书写的数值不能断开移行。

第1篇 公文写作基础
（利剑青锋，凌厉刚猛）

用阿拉伯数字表示数值的范围时，使用连接号"—"或波浪式连接号"～"。

例如：2020—2023年；50～1000元；100—200米。

（2）"二"和"两"的用法不同。

① 读数目字时，应当用"二"，如一二三四、零点二（0.2）、五分之二。

② 用作序数时，应当用"二"，如第二、二姐。

③ 在与量词连用时应当用"两"，如两个人、两天、两毛钱。

④ 表示双方用"两"，如两可、两全其美。

⑤ 表示约数或不确定的数字用"两"，如过两天再说，他真有两下子，我跟你说两句话。

⑥ 在新的度量衡单位（米、公里、公顷、平方米、立方米等）前一般用"两"，如两米、两公里。

⑦ 在"半、千、万、亿"前多用"两"，如两半、两千、两万、两亿。

（3）公文中的结构层次序数要段落分明，前后一致。要求第一层为"一、"，第二层为"（一）"，第三层为"1."，第四层为"（1）"，第五层为"①"。

（4）使用要统一。同一文中，前面为"3万平方米"，后面也应写为"3万平方米"，不应写为"三万 m²"。前后不一致的地方要留意。

例如，前面为"5.8千米"，后面为"3.1 km"，前面为"三分之二"，后面为3/2等，这些情况要避免。

（5）2012年印发的《党政机关公文处理工作条例》明确指出"成文及发文日期中的数字改用阿拉伯数字"。2012年最新版的《党政机关公文格式》中也有相关说明，"用阿拉伯数字将年、月、日标全，年份应标全称，月、日不编虚位（即1不编为01）"。也就是说，公文成文及发文日期中的数字要改用阿拉伯数字。

例如，2012年以前用"二〇〇八年五月三日"，2012年以后用

"2008年5月3日"。

（6）在公文标题中的年份，汉语数字和阿拉伯数字都能用，视具体情况而定。

例如：《××市人民防空办公室二〇二三年党建工作要点》《国务院关于2020年度国家科学技术奖励的决定》。需要注意的是，"二〇二三"中的"〇"不是阿拉伯数字"0"。

综上所述，在公文写作中要重视数字的运用，注意数字运用的科学性和准确性，才能够使公文更加美观得体，更加准确地表情达意，更好地发挥公文的上传下达作用。

3.3.4 熟语的运用

熟语在汉语词汇系统中堪称核心与精华。汉语熟语是汉语言系统中兼有动态和静态两种状态的定型的实体系统，它是汉语言中常用而定型的词组或语句，既包含成语、惯用语、歇后语等静态语言单位，也包含谚语、格言警句、顺口溜等动态语用单位。熟语与其他词汇单位具有同样的重要性。但由于熟语结构具有定型性，意义具有囫囵性，语用具有整体性，文化意义具有复杂性，语形上匀称均衡、凝练浓缩，具有音乐美，来源具有理据性，表意具有双层性，数量上浩如烟海，这使得它别具一格。

例如，毛泽东在《反对党八股》一文中，用"懒婆娘的裹脚布——又臭又长"的歇后语形容空话连篇的长文章；在《论持久战》中，用"留得青山在，不怕没柴烧"这句人所共知的俗语，告诉军民要保存力量，等待时机，夺取胜利。令人耳目一新，拍案叫绝。

近年来，习近平总书记也在许多场合运用过一些耳熟能详的熟语。

例如，习近平总书记曾用"鞋子合不合脚，自己穿了才知道"这句熟语说明"一个国家的发展道路合不合适，只有这个国家的人民才最有发言权"的道理；

用"路遥知马力，日久见人心"这句谚语表达中国和拉美国家的合作与互信；

用"老乡见老乡，两眼泪汪汪"这句俗语来表达海外华人华侨对祖国和亲人的思念；

用"萝卜青菜，各有所爱"这句俗语比喻文明的多样性。直白通俗接地气。

除了重要领导人曾多场合、多角度运用熟语，有些"红头文件"中也可见熟语的使用踪迹。

例如："要抓紧落实粮食风险基金和副食品价格调节基金，制定切实措施，稳定'菜篮子''米袋子''火炉子'价格。"

"山西省制定了一部从源头上消灭'豆腐渣'工程的法规。这部法规，对违规操作的建设工程勘察设计，其单位及个人应负的法律责任作了明确规定。"

"菜篮子""米袋子""火炉子""豆腐渣"都是街头巷语，用在这里很传神，庄重中透出活泼，典雅中显现生动，有"等闲言语变瑰奇"的意境。

需要注意的是，公文中运用熟语要特别注意其适用的场合，以免产生副作用。

3.3.5 简称的应用

《党政机关公文处理工作条例》（以下简称《条例》）中明确规定，"主送机关：公文的主要受理机关，应当使用机关全称、规范化简称或者同类机关统称"。从《条例》对主送机关的规定来看，表述的方式有三：

一是使用机关的全称；

二是使用机关的规范化简称；

三是使用同类机关统称。

其中，前两种方式都是针对单个机关而言的，第三种方式主要是针对两个以上机关而言。公文制发者要视具体情况灵活把握。

一般来说，机关全称的使用，要以机构编制部门核准的名称为准，一般都与机关的印章名称保持一致，如"中华人民共和国住房和城乡建设部""福建省人民政府办公厅""南昌市人力资源和社会保障部局"等。上行文一般都是单头主送，所以主送机关名称要用机关的全称；下行文的送达范围较广，主送机关一般较多，主送机关名称则一般使用全称或统称。

写作中使用全称时，一般都比较规范，不易出错。但使用简称容易出现问题，需引起注意。

下行文的主送机关较多（三个以上）又难以用统称的时候，一般用机关的规范化简称。在使用机关的简称时要注意以下三点：

（1）使用机关的简称要规范。应以同级机构编制部门核准的机关规范化简称为准，不能随意简省。例如"人力资源和社会保障局"在不同的省市可能公布的简称不一样，有的简称为"人社局"，有的则简称为"人保局"，还有的简称为"人劳局"。

（2）使用机关的简称要注明级别。一定要带上标志机关级别的"省""市"等字样，如若不然，则容易造成混乱。如，各级都习惯将"发展和改革委"简称为"发改委"，如果不标注标志级别的字样，就难以区分是"国家发改委""省发改委"还是"市发改委"。

（3）注意简称与统称的区别。如果连续排列几个同级机关的简称，应当逐个标注"省""市"等标志级别的字样，不能只在第一个机关前面标注"省""市"等标志级别字样，用一个标志级别的字样统领后面的简称是不严谨的，容易与统称造成混乱。如果是部门联合下行文，主送对应下级部门，可共用一个标志级别的字样，但其级别字样前应加"各"。例如：省公安厅、教育厅、民政厅联合下行文，主送机关可拟写为："各市公安局、教育局、民政局"，此时用的是统称，并非是简称。

此外，《条例》中明确规定，公文中使用非规范化简称，应当先用全称并注明简称。使用国际组织外文名称或者其规范化缩写形式，应当在第一次出现时注明经国家语言文字工作部门或者其他有关部门审定的中文译名。这里需强调的是，应在第一次出现全称时标注简称，并且一定要规范标注，以免造成后而使用的混乱。一般在全称的后面加一全角小括号，在小括号内标注：以下简称"×××"。如：晋江市城市建设管理领导小组办公室（以下简称"市城建办"）。如果是带书名号的标题，则直接在小括号内标注：以下简称《×××》。如：《党政机关公文处理工作条例》（以下简称《条例》）。

同时要注意，只要标注了非规范化简称的，在此后的引用中，都必须使用已标注的非规范化简称，不能再出现全称或其他非规范化简称，简言之，就是要保持全文的称呼前后一致、规范统一、准确无误，不可让人产生歧义。

当然，我们在公文处理中还会遇到简称还原为全称的情况。这时候更要注重规范严谨。如，"××省纪委"的全称是"中国共产党××省纪律检查委员会"，而不是"中国共产党××省委员会纪律检查委员会"；"××省委政法委"的全称是"中国共产党××省委员会政法委员会"，而不是"中国共产党××省政法委员会"。在公文写作时必须仔细区分，不能确定时，应该查询官网，查阅工具书，或请教有关单位熟悉业务的工作人员。

3.3.6 事例的使用

公文毕竟不是文学，事例的用法是有所区别的。这种区别集中表现在对"事例内涵"的理解上。事例使用在公文写作中常见于公开场合的讲话、致辞等场合中。结合常用的事例使用情景,本书把常见的公文事例使用归为5种:

(1)把历史当事例讲。这是最典型的事例讲述方法,有时间,有地点,有人物,有情节,引出论证自己的观点。

例如:2015年7月18日习近平总书记在吉林考察工作结束时的讲话(节选)。

——吉林有着光荣的革命历史。九一八事变发生后,东北人民率先举起抗日旗帜,在极端艰苦的条件下浴血奋战,谱写了爱国主义的英雄壮歌。吉林是这一战场的重要组成部分,杨靖宇等抗日联军英烈就牺牲在这里。在解放战争战略决战和抗美援朝战争中,吉林人民为胜利做出了巨大贡献。这个革命历史是弘扬社会主义核心价值观、开展革命传统教育和爱国主义教育的生动教材,也是党的建设的宝贵资源。

(2)大量举实例来支撑自己的观点。

例如:新年前夕,国家主席习近平通过中央广播电视总台和互联网,发表二〇二三年新年贺词(节选)。

——今天的中国,是梦想接连实现的中国。北京冬奥会、冬残奥会成功举办,冰雪健儿驰骋赛场,取得了骄人成绩。神舟十三号、十四号、十五号接力腾飞,中国空间站全面建成,我们的"太空之家"遨游苍穹。人民军队迎来95岁生日,广大官兵在强军伟业征程上昂扬奋进。第三艘航母"福建号"下水,首架C919大飞机正式交付,白鹤滩水电站全面投产……这一切,凝结着无数人的辛勤付出和汗水。点点星火,汇聚成炬,这就是中国力量!

(3)用切身事例讲述个人情感、由己及人。

例如:2015年1月,习近平同中央党校县委书记研修班学员座谈讲道:

——"我在正定时经常骑着自行车下乡,从滹沱河北岸到滹沱河以南的公社去,每次骑到滹沱河沙滩就得扛着自行车走。虽然辛苦一点,但确实摸清了情况,同基层干部和老百姓拉近了距离、增进了感情……"

(4)通过题外话建立与听众之间的连接,然后抛出自己的观点。

例如:某领导在一次大会的主旨演讲中,从一首歌引入正题。

——大家都记得,有一首歌叫《常回家看看》,唱遍了大江南北。我们举办江苏发展大会,就是向海内外的江苏人发出"回家看看"的邀约,也契合了在外游子的心声。围绕"约在江苏,共筑梦想"的主题,本次大会安排了一系列活动,我们期待着大家为江苏发展建言献策,贡献智慧和力量,也希望大家能多走走、多看看。在这里,我谈三点感受和想法。

(5)运用数据实例,起四两拨千斤的作用。

例如:某领导在省"两会"做工作报告时,讲了全省与全国有"两个30个百分点"和"三个10个百分点"差距。

——我们也清醒认识到,"欠发达"仍然是××的基本省情,既有发展不平衡不充分的问题,又有与现代化差距较大的问题。与全国相比,存在"两个30个百分点"和"三个10个百分点"的差距。即:全省人均地区生产总值、居民人均可支配收入,低于全国平均水平30个百分点左右,这"两个30个百分点"说明了我们的巨大差距;工业增加值占地区生产总值比重、常住人口城镇化率、中等收入群体比重,低于全国平均水平10个百分点左右,这"三个10个百分点"分别代表了"产、城、人"三个经济社会发展中的关键因素,说明了差距的重要原因。

总而言之,公文写作新手们要结合以上常见的五种情形,将事例恰如其分地运用到自己的文稿写作中。尤其在讲话、致辞类文稿中,要有事例使用思维,达到内容篇幅充实,使论证更有说服力,也让受众的"思想触觉"感到舒服,从而不知不觉成为思想的"俘虏"。

第 2 篇

公文写作提升

（软剑无形，迅捷如风）

紫薇软剑为独孤求败三十岁前所用，因误伤义士被弃之深谷。利剑取胜靠的是锋利直接，想把软剑驾驭好，则要靠修炼剑术、招法、攻速，此时的独孤求败不再过度关注外界资源，而是回望内心，精心修炼剑招。在这一时期独孤求败的剑法迅捷无形，有很强的杀伤力。这恰似公文写作的第二重境界，即熟练掌握了主要公文的写作逻辑和方法，便能够快速成文。

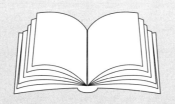

第4章
法定公文的格式、范例和辨析

本章首先从法定公文格式入手,正式开启我们的公文写作提升之旅。公务类文书的写作特点,一是目的实用,二是对象特定,三是真实严肃,四是时效明确,五是格式规范,六是语言朴实。这些特点决定了这类文书属于格式化文本,不允许有过多"灵活发挥"的成分,扎实的行文功底至关重要。

本章涉及的主要内容如下:

- 17种高频使用的法定公文的写作方法、格式和范例等。
- 法定公文中易混淆类型的辨析,例如:会议记录、纪要、决议的区别和联系;议案、决定、命令的不同等。
- 接地气的案例及其生动的对比,避免以往有模板和格式,但面对写作任务却茫然无从下笔的窘境。

注意:本章未列明的法定公文类型,读者可根据文书的基本写作逻辑举一反三。

4.1 基本写作逻辑

公文写作也有道、法、术、器、势的说法。其中的道指的就是逻辑，逻辑是能否达成公文写作目的的通行证。任何一种应用文的背后，都有定位和呈现两层最基本的写作逻辑。

4.1.1 法定公文文稿定位

法定公文第一层逻辑为"魂"，决定文稿的定位：

写给谁看（听）——以谁的口吻来写——什么时候用——用于什么场合——想达成什么目的。

4.1.2 法定公文文稿呈现

法定公文第二层逻辑为"体"，决定文稿的呈现：

确定文种——明确核心内容——搭建框架——收集素材——遣词造句——修改完善。

这两层逻辑将在后面具体的应用文写作中进行详细说明，领会了这两层逻辑，文书写作将事半功倍。

4.2 会议记录

会议指的是有组织、有领导、有目的的议事活动，在限定的时间、限定的地点，按照一定的程序进行。有组织的地方，几乎都有会议。会而有议、议而有决、决而有行，是会议的基本要求。会议的功能包括决策、控制、协调和教育等，会议功能的实现，在很大程度上取决于由会议衍生的三个文种,分别是会议记录、会议纪要、会议决议。本节先来介绍会议记录。

会议记录是指记录会议组织情况和具体内容的文种,可分为详记与略记。详记要求会议的全部内容记录的详细完整,略记只记录会议重要观点和言论。不论借助录音、录像等何种工具,会议最终都需要留存一份书面材料。本节主要介绍会议记录的基本要求、注意事项、重点内容和速记技巧。

4.2.1 会议记录的基本要求

从结构上来看,会议记录一般可分为两个部分,如表 4-1 所示。

表 4-1 会议记录的基本格式

名　　称	内　　容
会议信息	① 标题:准确写明会议名称(全称)+ 会议记录。 ② 会议时间、地点。 ③ 出席者、缺席者、列席者。 ④ 主持人、记录人。
会议内容	① 略记的会议多,一般记录发言要点即可,即把发言者讲了哪几个问题,每一个问题的基本观点与主要事实、结论,对别人发言的态度等作摘要式的记录;详记的会议相对少些。 ② 一般特别重要的会议或特别重要人物的发言需要记下全部内容。 ③ 对一些会议动态也应忠实记录,如发言中插话、笑声、掌声、临时中断以及别的重要的会场情况等也应予以记录。 ④ 会议记录应忠实记录会议的结果,如会议的决定、决议或表决等情况。 ⑤ 会议记录必须忠于事实,不能夹杂记录者的任何个人情感,更不允许有意增删发言内容。 ⑥ 会议记录一般不宜公开发表,如需发表,应征得发言者的审阅同意。

第 4 章
法定公文的格式、范例和辨析

会议记录格式范例

××公司办公会议记录

时间：××年××月××日××时　　地点：×××……

出席人：×××××××××××××……

缺席人：×××××××……

主持人：×××　　　　　　　　　　记录人：×××

主持人发言：（略）

与会者发言：×××（略）

×××（略）

散会

主持人：×××（签名）　　　　　　记录人：×××（签名）

（本会议记录共 × 页）

4.2.2　会议记录的注意事项

除了对格式和内容的要求，会议记录的还包括两点注意事项，即真实准确和严守格式。

1. 真实准确

如实地记录与会者的发言，不论是详细记录，还是概要记录，都必须忠实原意，不得随意添加记录者的观点、主张，不得断章取义，尤其是会议决定之类的东西，更不能有丝毫出入。

真实准确的要求具体包括：不增不漏，依实而记；书写清楚、条理分明；内容完整、突出重点。

记录的详细与简略，要根据情况而定。决议、建议、问题和发言人的观点、论据材料等要记得具体、详细。一般情况的说明可抓住要点，略记大概意思。但重点、要点决不可漏掉。

2. 严守格式

一是逻辑严密。发言人的名字写在发言内容的前面；先发言的记录在前，后发言的记录在后；记录发言时须掌握发言的质量，重点的详记，重复的略记；但如果是决议、建议、问题或发言人的新观点等，要记得具体且详细。

二是格式严谨。严守格式是为了能真实地反映会议的实际情况，在未来查阅时方便查阅人快速、准确地获得会议内容。所以做会议记录务必条理清晰，如果是手工记录，需要工整整洁，让其他人能看得懂。

4.2.3　会议记录应突出的重点内容

（1）会议中心议题以及围绕中心议题展开的有关活动；

（2）会议讨论、争论的焦点及其各方的主要见解；

（3）权威人士或代表人物的言论；

（4）会议开始时的定调性言论和结束前的总结性言论；

（5）会议已议决的或议而未决的事项；

（6）对会议产生较大影响的其他言论或活动。

4.2.4　会议记录的现场速记技巧

虽然现在的手机已经有了录音、录像的功能，也有专门的录音笔、录音和录像设备，但是一些日常的会议，或者遇到设备故障等突发情况时，还是很考验会议记录人的速记能力的。整理几个速记技巧，以备不时之需——"一快、二要、三省、四代"。

（1）一快，即记得快。

字宜写小、写轻，多写连笔；笔顺着肘、手的自然趋势，斜一点写。

（2）二要，即择要而记。

就记录一次会议来说，要围绕会议议题、会议主持人和主要领导同志发言的中心思想，与会者的不同意见或有争议的问题、结论性意见、决定或决议等作记录；就记录一个人的发言来说，要记其发言要点、主要论据和结论，论证过程可以不记；就记一句话来说，要记这句话的中心词，修饰语一般可以不记。

（3）三省，即正确使用省略法。

如使用简称、简化词语和统称；省略词语和句子中的附加成分，例如"但是"只记"但"；省略较长的成语、俗语、熟悉的词组；省略句子的后半部分，画一曲线代替；省略引文，只记起止句或起止词即可，会后查补。

（4）四代，即用简便的写法代替复杂的写法。

一可用姓代替全名，二可用笔画少易写的同音字代替笔画多难写的字，三可用一些数字和国际上通用的符号代替文字，四可用汉语拼音代替生词难字，五可用外语符号代替某些词汇，等等。但在整理和印发会议记录时，均应进行还原，按规范要求处理。

4.3　会　议　纪　要

会议纪要是记载和传达会议情况和议定事项时使用的一种法定公文，作为保证会议成果的重要文书，经常会被没有经验的新手写成会议记录，纪要也并不是把领导说的话记来下那么简单。本节重点介绍高水准会议纪要的三个关键和六种表述性、引导型提示语的用法。

4.3.1 高水准会议纪要的三个关键

关键一：在写作上，有"靠谱"的底气。即在具体落笔时，有章可循，把握基本点，如表4-2所示。

表4-2 会议纪要基本格式

名称	内容
标题（三类）	① 会议名称与文种的组合，如"安全标准化绩效评定会议纪要"。 ② 召集会议单位名称、会议内容与文种三者的组合，如"×公司关于年终决算的会议纪要"。 ③ 有固定形式的会议可直接用会议的次数与文种的组合，如"安全排查整治第三次工作调度会议纪要"。
概况（两点）	① 主要包括主持开会的单位、会议名称、时间、地点、参会人员、议题等。 ② 概况应力求简要，有时只写上述的部分内容。如参会人员较多，也可独立成段。
正文（三种）	① 按会议研究顺序逐个写明研究了什么问题，做了什么决定。 ② 按会议所研究、决定的内容将主体分为几个部分来写。 ③ 把会议所涉问题和与会人员意见按性质分类，归纳成几个问题来写。

会议纪要写法范例

研究《关于××××的实施意见》（送审稿）有关问题的会议纪要

20××年×月×日，会议听取了××起草《关于××××实施意见》（送审稿）的汇报，并进行了认真讨论。

会议指出，深化×××改革是贯彻高质量发展要求的具体举措，是经济领域的一场效能革命。各级各部门要牢牢把握实施意见出台契机，坚持评用结合，用好政策工具，有力推动产业结构调整和经济动能转换。

会议强调，出台《关于××××的实施意见》是符合当前发展要求、顺应时代需要的做法，《意见》印发后要迅速结合各自实际，扎实做好贯彻落实。

会议原则同意《关于××××的实施意见》（送审稿），要求××根据会议精神修改完善后，按程序出台。

关键二：在内容上，有"舍得"的大气。即对会议内容需有取舍的意识，去粗取精，把握侧重点，如表4-3所示。

表4-3　会议纪要主要内容

名　　称	内　　容
把握中心议题	① 与中心议题关系密切的主要意见尽量写充分、写完整。 ② 如同时讨论多个议题，且难分主次，可视为一个中心议题中的几个子议题，写成"一、关于×××问题""二、关于×××问题"等。
把握一致意见	① 对于起指导作用的会议纪要，需总结与会人员形成的一致意见或基本一致的意见。 ② 与会人员在有些问题上看法不完全一致时，应归纳整理完全一致或基本一致的意见。 ③ 对少数人提出的意见，如未被会议否定，也应采纳。 ④ 对分歧较大的意见，会上暂未能统一认识，一般不写入纪要。
把握总结讲话	一般在重要会议结束时，主持人会在总结性讲话中对会议结论进行复述强调，这是写入会议纪要的最好材料。

关键三：在表达上，有"求实"的心气。表达会议决定事项时，滴水不漏，把握相关点，如表4-4所示。

表4-4 会议纪要语言风格

名　　称	内　　容
语言表达需准确	对会议拍板的议题，需进行准确的文字表述，避免产生歧义，这是写好会议纪要的基础。
重要决定有依据	会议的某个决定，有可能存在与相关政策或已有规定相矛盾的情况。只要不是正面相左，纪要的起草人员就应在查找有关依据、进行充分研究的基础上，选择恰当的表达方式，尽量避免矛盾。
议定事项可执行	写会议纪要的目的在于促进落实，所以必须确保其可行性，因此务必切合实际，力求具体、明白，容易理解和遵循。

4.3.2 六种表述性和引导性提示语的用法

写会议纪要时，有六种表述性、引导性的提示语会高频使用，也容易混淆，需要我们加以区分：

（1）会议认为：经常用于对研究事项做出的具有前瞻性、权威性的判断。

（2）会议指出：经常用于指出某项工作的基本情况和重要意义，或兼而有之。

（3）会议要求：经常用于对某项工作本身提出的直接而具体的要求。

（4）会议强调：经常用于对某项工作提出的延伸性要求，或是对具体要求中的某个片段予以加强。

（5）会议确定：经常用于对重大事项做出的决策部署。

（6）会议决定：经常用于对人、财、物以及各项标准等可量化的事项，以及具体的工作任务等予以明确。

4.4　会 议 决 议

会议决议是指党政领导机关就重要事项经会议讨论通过其决策，并要求进行贯彻执行的重要指导性公文，也是应用写作重点研究的文体之一。本部分围绕三个内容展开：决议的特点、决议的格式、决议的类型。

4.4.1　决议的特点

决议往往集中体现会议成果，反映与会者的共同意志和想法。因此决议具有明确的指导性、鲜明的权威性和严格的程序性。

（1）指导性：决议表述的观点和对事项的评价都具有明确的指导意义和指示作用。

（2）权威性：决议的内容事关重要决策事项，有很强的约束力，一经公布，要求有关单位或个人必须遵照执行，不容改变。

（3）程序性：必须经由会议讨论并表决通过之后才能形成决议，有严格的程序性。

4.4.2　决议的格式

决议由首部和正文两部分组成，首部包括标题和成文时间两部分，正文包括开头、主体和结语三部分，如表 4-5 所示。

表 4-5　会议决议的基本格式

名　称	内　容
首部标题	决议的标题有两种形式： ① 发文机关（或会议名称）+ 主要内容 + 文种。如《第十三届全国人民代表大会第五次会议关于政府工作报告的决议》。 ② 主要内容 + 文种。如《关于确认十一届三中、四中全会增补中央委员的决定的决议》。

续表

名称	内容
首部成文时间	成文时间即决议正式通过的日期，位置一般放在标题下，加括号标写于居中位置。 具体有两种写法： ① 如标题中已包括会议名称，括号中只写"×年×月×日通过"即可。 ② 如标题中没有会议名称，括号中需写明"×年×月×日+会议名称+通过"。如（2022年3月11日第十三届全国人民代表大会第五次会议通过）。
正文	① 开头写明决议缘由：即决议的根据，一般要写明会议审议决议涉及事项的情况，根据会议内容陈述作出决议的原因、根据、背景、目的或意义等。例如： 第十三届全国人民代表大会第五次会议听取和审议了国务院总理李克强所作的政府工作报告。会议高度评价在具有里程碑意义的2021年国家发展取得的新的重大成就，充分肯定国务院的工作，同意报告提出的2022年经济社会发展的总体要求、目标任务、政策措施和工作部署，决定批准这个报告。 ② 主体写明决议事项：写明会议通过的决议事项，或会议对有关文件、事项作出的评价、决定，或对有关工作做出的部署安排和要求、措施。 ③ 结语视情而定：有的决议此部分并不单列。有结语的，一般紧扣决议事项有针对性地提出希望、号召和执行要求。

决议范例

第十三届全国人民代表大会第五次会议关于
政府工作报告的决议

（2022年3月11日第十三届全国人民代表大会第五次会议通过）

第十三届全国人民代表大会第五次会议听取和审议了国务院

总理李克强所作的政府工作报告。会议高度评价在具有里程碑意义的 2021 年国家发展取得的新的重大成就，充分肯定国务院的工作，同意报告提出的 2022 年经济社会发展的总体要求、目标任务、政策措施和工作部署，决定批准这个报告。

会议号召，全国各族人民更加紧密地团结在以习近平同志为核心的党中央周围，高举中国特色社会主义伟大旗帜，以习近平新时代中国特色社会主义思想为指导，全面贯彻落实党的十九大和十九届历次全会精神，深刻认识"两个确立"的决定性意义，增强"四个意识"、坚定"四个自信"、做到"两个维护"，弘扬伟大建党精神，坚持稳中求进工作总基调，统筹国内国际两个大局，完整、准确、全面贯彻新发展理念，加快构建新发展格局，全面深化改革开放，坚持创新驱动发展，推动高质量发展，促进共同富裕，坚持以供给侧结构性改革为主线，统筹疫情防控和经济社会发展，统筹发展和安全，继续做好"六稳"工作、落实"六保"任务，保持经济运行在合理区间，持续改善民生，踔厉奋发、勇毅笃行、埋头苦干，保持经济持续健康发展和社会大局稳定，以实际行动迎接党的二十大胜利召开！

4.4.3 决议的三种类型

根据涉及内容范围的不同，决议可分为以下三种类型：

（1）批准某事项或通过某文件的决议，又可称为公布性决议。

这类决议涉及的内容比较具体，一般用于批准某项报告或文件，如《中国共产党第十八次全国代表大会关于〈中国共产党章程（修正案）〉的决议》等。

（2）安排某项工作的决议，又可称为部署性决议。

对于重要的、长期的工作，可采用决议的形式进行布置安排，如

《中共山东省委关于认真学习、坚决贯彻中共十八大精神的决议》等。

（3）涉及原则问题的决议，又可称为阐述性决议。

这类决议涉及的内容是原则性的、非事件性的，影响范围更大，影响时间更为久远，如《关于建国以来党的若干历史问题的决议》等。

4.5 会议记录、会议纪要和会议决议的区别

4.5.1 三者的特点和侧重点

很多公文写作新手会混淆会议记录、会议纪要和会议决议这三者，其实，只要抓住关键字，区分三者并不难，如表4-6、表4-7、表4-8所示。

表4-6 会议记录的特点

会议记录，核心是"录"，重点在真实、完整
① 真实，与会者说什么就记什么，怎么说就怎么记，不能根据自己的理解来改变说法，更不能随意修改与会者说的话。
② 完整，要把与会者所说的话全部记下来，而不是挑我们认为重点的记。因为每个人的认知不一样，我们认为的重点可能不是发言人认为的重点，而发言人认为的重点又可能被我们认为不重要而忽略。

表4-7 会议纪要的特点

会议纪要，核心是"要"，意指简要、重要
① 会议纪要需要把会议的内容进行简化，把重要的内容提炼出来，按照一定的逻辑顺序编排加工成为一篇新文章。一些在会议当中没有说的话，例如一些工作要求，也可能会在会议纪要中进行体现。
② 会议记录一般是记下来备案，给参会人或者内部人看，而会议纪要是一种正式的公文类型，需通过正式公文印发后给相关人员看。

表 4-8　会议决议的特点

会议决议，核心是"决"，直接指向结果
① 会议决议是对于一件事情的"决定意见"，一份决议是针对某一件事情，与会人员参与表决的结果。比如股东会决议，可以是经过讨论同意干某事，或者不同意干某事。 ② 会议记录会记录每一个人的意见和态度，但决议只呈现最后表决通过的意见，比如股东会的某一个议题，可能有人同意，有人反对，但是最后股东会决议呈现的只有一种结果，就是根据议事规则所得出来的那个结论。 ③ 决议所决定的事项，需要相关机构和人员去遵照执行，相对来说，决议比记录和纪要两种文件权威性更大。

4.5.2　会议记录和会议纪要的区别

这三者中，最容易搞混的还是会议记录和会议纪要，在此做一个详细的归纳，详见表 4-9。

表 4-9　会议记录和会议纪要的区别

会议记录 ≠ 会议纪要		
区　　别	会 议 记 录	会 议 纪 要
性质	会议情况的记录，只是原始材料，不是正式公文。	正式的公文文种，通常要在一定范围内传达或传阅，要求贯彻执行。
功能	一般不公开，无须传达或传阅，只作资料存档，有条件地供需要查阅者查阅使用。	需在特定范围内传阅，作为执行依据，有明确的读者对象和适用范围。
对象	一般正式会议都要作记录，作为内部资料用于存档备查，以及进一步研究问题和检查总结工作的依据。	主要记述重要会议情况，只有当需要向上级汇报或向下级传达会议精神时，才有必要将会议记录整理成会议纪要。
作用	不具备指导工作的作用，一般不向上级报送，也不向下级分发，只作为资料和凭证保存。	经过上级机关审批后，可作为正式文件印发，有的还直接在报刊上发表，让有关单位贯彻执行，对工作有指导作用。

续表

会议记录 ≠ 会议纪要		
区　别	会　议　记　录	会　议　纪　要
分类方法	出于档案管理需要，按会议名称分类，常以会议召开的时间顺序编号入档。	按会议内容，可分为决议性纪要、意见性纪要、情况性纪要、消息性纪要等。按会议性质，可分为班子会议纪要、办公会议纪要、例会纪要、工作会议纪要、讨论会纪要等。
分类目的	档案管理需要。	在一定范围内传达或传阅，要求贯彻执行。

4.6　议　　案

议案，是指法定数量的国家权力机关组成人员即人大代表向本级人大会议提出的、内容属于本级人大职权范围内的、要求列入本级人大会议议程进行审议的议事原案。

本节围绕三部分展开，即议案的特点、议案的类型和议案的格式。

4.6.1　议案的特点

议案作为人大代表行使国家权力的重要方式，体现代表参政议政、依法反映人民群众关心关切的重点难点问题，议案具有国家的意志力和强制力、法律的约束力。因此议案具有鲜明的法定性，概括来说有四个"法定特点"。

（1）主体法定：即提出议案的主体要符合法定资格或者法定人数。全国人大代表三十人以上，县级以上的地方人大代表十人以上联名，乡镇人大代表五人以上联名才可以提出议案。

（2）内容法定：代表议案内容必须是属于本级人大职权范围内的

事项，不属于本级人民代表大会职权范围的问题，不能作为议案提出。

（3）要素法定：代表议案应由案由、案据和方案三部分组成，缺一不可。

（4）时间法定：人代会期间，代表议案必须在大会主席团决定的截止时间之前提出，交由议案审查委员会审议、提出是否列入会议议程的意见，再由大会主席团决定是否列入会议讨论表决通过。议案一经立案，承办单位必须在规定的时间内办理，并向人民代表大会或人大常委会做出办理情况报告。

4.6.2 议案的类型

因代表可提出的议案种类及事项繁多，议案可分为四种类型。

（1）行政类型：本级人民代表大会讨论、决定本行政区域的重大事项。

（2）监督类型：对本级人民政府、监察委员会、人民法院、人民检察院工作实施监督方面的事项。

（3）执法检查类型：由本级人民代表大会及其常务委员会对法律、法规执行情况进行监督检查的事项。

（4）法定类型：应当由本级人民代表大会及其常务委员会决定或者批准的其他事项。

4.6.3 议案的格式

议案由标题和正文两部分组成。

（1）标题：议案的标题由"关于"+"案由（动宾结构）+的议案"固定搭配组成，例如：关于加大全市耕地提质改造项目建设实施力度的议案。

标题不宜用"希望""请求""请示""恳求"等词汇，因为议案是代表人民行使国家权力而非代表个人。

（2）正文：由案由、案据和方案组成。

① 案由：即提出议案的简要、具体明确的理由，主要内容包括所提议案的必要性、重要性和紧迫性。可以正面讲解决存在问题改进相关工作的重要意义；或反面讲存在问题的严重性、当前工作的不足之处和薄弱环节。

② 案据：即提出议案的基本依据。案据可以是对问题的分析，对事实的阐述，也可以是对主、客观条件的概括，内容必须具体。可以讲正面制定某项法规或开展某项监督工作的法律政策依据；可反面讲目前法律法规存在不适应或空白、实际工作需要加强和改进的地方。

③ 方案：即解决问题的基本思路、观点和切实可行的方法，解决具体问题、改进实际工作的举措和建议。

议案范例 1

××市第×届人民代表大会第×次会议
代表议案

编号：　　　　　　　　　　　　　　　　类　号

案由：关于完善老旧小区物业服务方面的议案		
议案联名人姓名	代表组	工作单位或详细通信地址
张××	××代表组	××××××××××××××××
尹×	××代表组	××××××××××××××××
陈××	××代表组	××××××××××××××××
李××	××代表组	××××××××××××××××
杨××	××代表组	××××××××××××××××
刘×	××代表组	××××××××××××××××

续表

何××	××代表组	××××××××××××××
王××	××代表组	××××××××××××××
吴××	××代表组	××××××××××××××
彭××	××代表组	××××××××××××××

议案内容:

近年来,我市城区规划管理在持续推进,在推进过程中发现老旧小区改造及管理存在诸多问题,以至于完善服务方面成效不明显。

通过走访调研,主要存在以下问题亟须解决:一是老旧小区基础设施陈旧、配套不完善、卫生盲区脏乱差、资金不足;二是部分老旧小区管理成本高、收益低、收费难。三是居民缺乏自我管理自我服务能力,不文明现象时有发生,导致物业管理工作开展困难。

具体建议:

一是洽谈物业入驻老旧小区。引导具备条件的小区依法选聘物业管理企业,对无物业管理服务的老旧住宅小区实施专业管理,将原由街道承担的绿化、保洁、公共设施维护等工作交由物业服务企业提供服务,实现物业管理全域覆盖,并按照合理的标准向居民收取相应物业费用,改善老旧住宅小区以及周边综合管理水平。

二是推进基础设施向老年群体靠拢。要加快老旧小区加装电梯工作整体推进步伐,提前研究谋划后续管养问题,厘清物业服务企业、电梯维保企业、业主三方职责,避免因管养不到位而产生安全隐患,老旧小区要加快实施道路、管网、消防、安防、照明、车库等基础设施更新改造。

三是建立健全物业公司管理机制。要建立健全物业公司市场准入、评价、退出机制,加强街道办事处或社区对物业服务企业的日常监督,制定小区管理规约、业主大会议事规则、专项维修基金管理规约等制度,提高管理服务水平。要及时更新物业服务标准、价格,让业主明明白白消费,让物业公司透明收费。

四是加强素质提升文化宣传,引导居民转变观念。更新观念,社区充分利用公众号、宣传栏等平台对公民道德规范和文明守则进行广泛宣传,组织志愿者对乱扔垃圾、乱贴乱画、破坏公物等不文明行为进行劝导,从而引导居民养成文明高尚的生活习惯。鼓励通过居民承担公共义务,逐步提高小区居民自我管理、自我服务能力。

续表

注：1. 请用钢笔或圆珠笔填写，字迹要工整、清晰；2. 议案联名人第一栏填写领衔提出议案人。	
议案审查委员会意见：	年 月 日
人大主席团意见：	年 月 日
处理意见：	年 月 日

议案范例 2

关于建立市级医养融合康养体系的议案

（××代表团）

领衔代表：×××

联名代表：×××、×××……

议案内容：

人民健康是社会文明进步的基础。党的十八大以来，全面推进健康中国建设，坚持预防为主的方针，引导医疗卫生工作重心下移、资源下沉，党的十九大针对近年来人口形势的重大变化，加强人口发展战略研究，积极应对人口老龄化，因此，加快建设医疗、社区机构协调，完善医养，康养结合的养老服务体系对我市的发展势在必行。

一、存在问题

经走访调研，我市目前存在问题：

（一）群众对市级整体医疗水平了解有限。只能靠口口相传了解情况，缺乏对专家主任医师的整体宣传，各大医院也聘请了很多外地名医，但宣传仅限于医院自身，宣传力度不够，影响医院收益，限制医生发展。

（二）基层医疗存在薄弱点，整体医疗循环难。目前，我市社区医疗建设比较完善，但是乡镇、村屯医疗水平参差不齐，村医一人治全科的情况非常普遍，除几家大型医院人流量较大外，不少专科医院就诊人员少，导致医疗资源浪费；义诊、宣讲以活动目的为主，没有形成模式，活动范围有限，由于缺乏正规日常康养知识宣讲活动，一些养生保健机构凭借健康宣讲、保健设备等手段对老年人行骗，致使很多老人遭受损失。

（三）康养体系建设必须有强大的基层医疗体系做支撑。经过调研走访，我市已有一些先进企业在建设一二三产融合配套养老服务，但都处于发展初期，市内具备医疗资质的康养服务中心仅有几家，都是医院模式，居住环境单一，费用偏高。

二、建议措施

（一）融合市级医疗队伍力量。加大市级医疗体系宣传力度，在公共服务平台上建立统一名医挂号系统，链接到各医院挂号平台，集体宣传各自运营，不影响各医院诊疗分配，统计各大医院医疗专家走穴坐诊时间，集中宣传，方便群众就诊，也能完整地看到全市医疗水平；实行名医培养计划，发展师承计划，依靠名医传帮带力量，形成医疗梯队建设，青年医生要定期到基层义诊服务，增加服务经验，提高自身知名度。

（二）强化基层医疗队伍建设。统筹全市医疗力量，建立医生社区服务时常制度，特别是增强青年医生培养，服务按等级划分，纳入职称考核标准，提高社区医疗服务水平，每人至少每年为社区、村委会宣讲4次以上。每年制定一个健康主题，每月一期康养宣讲，形成模式，提高服务标准，既能体现对老年人的关爱，更能有效遏制养老养生骗局。以月为周期安排医疗志愿者轮流服务，乡镇村村委会由市县统一调配。

（三）打造医疗康养度假产业链。医养服务医疗是第一位，要有扎实的基础医疗做支撑，名医、名服务做宣传，规划全市宜居康养布局，建立医疗专家养老基地。长期聘请名医比较难，可以探索以疗养为目的短期合约，本地夏季清凉，适合养老养生，为名医提供全方位养老服务，解决住房、生活服务等，带动周边养老产业，鼓励退休名医传帮带毕业学生，在湖边景色优美的村庄打造宜居康养医疗村，盘活农村闲置房产，修建养老养生民居及配套设施。采用电地暖解决冬季取暖问题，利用光伏发电、风力发电等，降低运营成本，达到节能环保。建立医疗康养基地可以有效地分摊医疗成本，在基地内设置医疗站，提供老年常见病基础病医疗服务，为基地内所有养老场所提供医疗服务，整体提高养老场所医疗水平。尝试南疗北养计划，即与南方宜居养老城市合作，推出冬季南方温润疗养，夏季北方乘凉养生，探索医疗康养新模式。

4.7　决　　定

决定，是党政机关、社会团体、企事业单位对重要事项或重大行动做出的决策和安排时制定的具有强制力与约束力的一种公文。决定的适用范围较广，既可以宣布党和国家在某一阶段采取的重大决策，又可以宣告重要事项及其处理结果，还可以用于贯彻上级指示精神、安排重要工作，宣布机构设置及人事安排重大决断等。需注意的是，县级及以上党政机关使用决定较多，乡镇机关一般不使用决定。

本部分围绕三个内容展开：决定的特点、决定的类型、决定的格式三部分阐述。

4.7.1 决定的特点

1. 指挥性

决定一般是经过重要会议或是领导班子研究通过后,对下级机关或某一方面的工作做出政策性或法规性的规定,宣告重要事项、安排重要工作,确定要求下级单位依照执行的具体措施及实施方案,具有较强的指示方向作用。

2. 权威性

决定一旦做出,在所属下级工作中或所辖范围内具有强制约束力,下级单位必须严格执行。

3. 决断性

发文机关根据有关方针及政策需要,在法定的范围内有权对相关事项、问题、行动做出决策和安排,不受其他因素、条件的限制。

4.7.2 决定的类型

按照内容和用途,决定可以分为6种类型。

(1)法规性决定:由国家权力机关或具有相应职权的政府机关制定、修订和发布施行的法规性文件或行政法规,如《全国人民代表大会常务委员会关于对中华人民共和国缔结或者参加的国际条约所规定的罪行行使刑事管辖权的决定》。

(2)政策性决定:用于对某些重要问题进行政策交代和政策引导,或直接规定政策,如《中共中央国务院关于优化生育政策促进人口长期均衡发展的决定》。

(3)批准性决定:批准性决定用于对国家权力机关或政府部门批准或修改某些具有法律效力的文件,如《国务院关于修改和废止部分行政法规的决定》。

（4）部署性决定：主要用于对重要事项做出全面部署，如《国务院关于加强食品安全工作的决定》。

（5）告知性决定：主要是告知有关机构设置、人事变动等事项，如《××市人大常委会关于×××任职的决定》。

（6）奖惩性决定：用于对重要人物、单位、事件的褒奖或惩处事项，如《××团市委关于表扬2021年度团内先进集体和个人的决定》。

4.7.3 决定的格式

决定一般由标题、抬头和正文构成。

（1）标题：一般有两种构成形式：一种是"事由+文种"，另一种是"发文机关+事由+文种"，后者使用较多。

（2）抬头：写明受文机关名称，如没有特定的对象，则无须写抬头。

（3）正文：包括开头写明缘由及根据，要写得简明扼要、紧扣主题；事项概述，展开阐述决定的内容，将内容明确具体；结尾集中提出号召或实施要求。

决定范例1

国务院关于取消和调整一批罚款事项的决定

国发〔2022〕15号

各省、自治区、直辖市人民政府，国务院各部委、各直属机构：

为进一步推进"放管服"改革、优化营商环境，国务院开展了清理行政法规和规章中不合理罚款规定工作。经清理，决定取消公安、交通运输、市场监管领域 29 个罚款事项，调整交通运输、市场监管领域 24 个罚款事项。

国务院有关部门要自本决定印发之日起 60 日内向国务院报送有关行政法规修改草案送审稿，并完成有关部门规章修改和废止工作，部门规章需要根据修改后的行政法规调整的，要在相关行政法规公布后 60 日内完成修改和废止工作。罚款事项取消后，确需制定替代监管措施的，有关部门要依法认真研究，严格落实监管责任，创新和完善监管方法，规范监管程序，提高监管的科学性和精准性，进一步提升监管效能，为推动高质量发展提供有力支撑。

国务院
2022 年 7 月 30 日

决定范例 2

凭祥市人大常委会关于召开凭祥市第十七届人民代表大会第四次会议的决定

（2023 年 2 月 3 日凭祥市第十七届人民代表大会常务委员会第十三次会议通过）

凭祥市第十七届人民代表大会常务委员会第十三次会议决定：凭祥市第十七届人民代表大会第四次会议于 2023 年 2 月 14 日至 16 日召开，会期三天。建议会议的议程为：

一、听取和审议凭祥市人民政府工作报告；

二、审查和批准凭祥市 2022 年国民经济和社会发展计划执行情况与2023年国民经济和社会发展计划草案的报告，批准2023年国民经济和社会发展计划；

三、审查和批准凭祥市全市与市本级2022年预算执行情况和2023年预算草案的报告，批准2023年预算；

四、听取和审议凭祥市人大常委会工作报告；

五、听取和审议凭祥市人民法院工作报告；

六、听取和审议凭祥市人民检察院工作报告；

七、通过凭祥市第十七届人民代表大会各专门委员会主任委员、副主任委员、委员人选；

八、其他。

4.8 命令（令）

命令（令）适用于依照有关法律公布行政法规和规章；宣布施行重大强制性行政措施；奖惩有关单位及人员；批准授予和晋升衔级；撤销下级机关不适当的决定等。

命令（令）属于指挥性下行公文，集中反应领导机关的指挥意图，要求下级机关认真执行，是具有权威、庄严、专用和强制性质的文种。

4.8.1 命令（令）的特点

1. 权威性

《中华人民共和国宪法》有明确规定，除其规定的高权力机构外，其他任何单位和个人均不得发布命令，因而命令权威性极高。一般来说，各级地方政府较少使用这种公文，国家最高领导机关及其领导人才会经常使用命令（令）。军事机关经常使用的"命令"是军事文书，不属于行政机关公文，应另当别论。

2. 执行的强制性

命令（令）是以国家宪法和法律为依据，对重要的行政工作进行决策性指挥的工具，带有明显的强制性。虽然命令（令）本身不是法律、法规，但有些公布重大行政措施或发布行政法规的命令（令），对措施或法规生效的日期、施行范围的规定都具有法律效力，一旦发布，不管下级机关是否同意，有什么意见或困难，都必须无条件执行，违反命令或抗拒执行命令将受到处罚。

3. 严肃性

命令（令）高度简洁，只表达作者的意志和要求。简捷明了，措词严肃、庄重、明确，无歧义，结构严谨，逻辑严密。

4.8.2 命令（令）的类型

（1）任免令：用于任免国家行政机关的首长的命令。

（2）发布令：用于公布施行重要的行政法规、规章的命令，也可称为公布令，如《中国人民解放军总部关于重行颁布三大纪律八项注意的训令》。

（3）行政令：主要用于公布重大的强制性行政措施的命令，如《关于在我国统一实行法定计量单位的命令》。

（4）嘉奖令：用于表彰做出重大贡献的人员和先进单位、集体的命令，如《中华人民共和国国务院嘉奖令》。

4.8.3 命令（令）的格式

命令（令）一般由标题、发文字号或令号、正文、落款（发文机关和日期）四个部分组成。

1. 标题

命令（令）的标题有 4 种形式：

（1）"发文机关＋事由＋文种"的形式，多为行政令、奖罚令所用，如《中华人民共和国国务院关于发行新版人民币的命令》《国务院对民航××机组的嘉奖令》。

（2）"发令机关＋文种"的形式，多为发布令所使用，如《中华人民共和国主席令》《中华人民共和国国务院令》。

（3）"事由＋文种"的形式，如《中国人民解放军驻澳门特别行政区的命令》《抗洪抢险的命令》。

（4）文种：如《发布令》《嘉奖令》。

2. 发文字号或令号

命令（令）与大多公文必须有发文字号不同，其编号有两种：

（1）国家领导人令号：以签署命令的领导人在任期内发令顺序进行编号，因而不以年度编号，且此号至其任职期满为止，下届新领导人任职后又重新编号。一般发布令的标题只有两个要项，用于个人名义签署的命令，采用令号，位于标题的正下方，如"第 18 号"。

（2）国家行政机关令文：按行政机关规定的发文顺序编排，或者按令文序号编排，如"部令第 6 号"，或者按行政公文发文字号编排，如"国发〔2012〕25 号"。

3. 正文

（1）任免令的正文一般包括任免的依据、任免的事项（被任免者的姓名及所任免的职务），是命令中结构最简单的一种类型。

（2）公布令的正文包括三个内容：一是所公布的法规名称及其依据；二是具体的内容和施行的日期；三是执行要求。对于法规的全文，一般作为公布令的附件处理。

（3）行政令的正文一般由发令缘由、命令内容和执行的要求三部分组成。缘由部分主要是说明发布该命令（令）的原因、目的和依据。这部分写完后，一般要用过渡语来衔接下文。例如："为此，发布命令如下""为此，现发布如下命令""为……特命令"等。命令事项是正文的主体部分，一般都分条列项。要求内容陈述得当，条理清晰，语言简洁，用词准确，语气肯定，绝不能含糊其词、模棱两可。执行要求是正文的结尾部分，主要说明执行的办法、措施等。

（4）嘉奖令的正文由三部分组成。第一部分概括嘉奖对象的主要事迹及简要评价，这也是发文的依据和目的，是全文的主要部分。第二部分写命令事项。这部分是嘉奖令的主体，写明对有功人员嘉奖的办法，要求用语准确，文字简洁，叙述条理清楚。第三部分是结尾，提出希望和号召。

4. 落款

落款一般由命令（令）的签署人姓名或领导机关名称再加日期组成。命令（令）有签署领导机关名称的，也有签署领导人姓名的。凡签署领导人姓名者，必须标明该领导人职务的全称。如"中华人民共和国国务院总理朱镕基"。署名写在正文的右下方。

发布命令（令）的年、月、日写在签署机构（或签署人）的下面；也有的命令（令）在标题下注明发布时间。

4.9 议案、决定和命令（令）的区别

议案、决定、命令均具有法定性、强制性，一经通过必须实施执行。

4.9.1 三者的辨析

议案通常适用人大代表在召开人代会期间所提出的建议事项,议案通过后实施主体一般是本级人民政府、本级检察院、法院等行政机关,必须按照法律法规在一定时间内执行,受人大常委会监督。

决定可由各级党政机关、各类企事业机关部门发布,根据内容不同所发布的内容也不尽相同。决定的实施主体一般是下级机关或所属部门,下级部门执行实施期限一般由上级机关决定。

命令(令)由国家最高权力机关发布,如国务院,命令(令)不用于各类行政机关,严重违反命令者可受公安机关或行政处罚。

4.9.2 场景举例

议案:××市第二届人民代表大会第二次会议主席团第二次会议,听取并审议了大会议案审查委员会关于市第二届人民代表大会第二次会议代表提出议案的处理意见报告,决定将××代表团××等11名代表提出的《关于大力推进乡村振兴示范乡镇、精品示范村、美丽村庄创建的议案》(第1号)和××代表团李××等11名代表提出的《关于加强全市老旧小区建设的议案》(第2号)列为本次大会的议案,其余××件议案作为代表建议、批评和意见,会后由市人大常委会交由市人民政府及有关部门研究办理。

决定:为深入学习宣传贯彻党的十九大精神,把全党全国各族人民的思想统一到党的十九大精神上来,把力量凝聚到党的十九大确定的各项任务上来,做出如下决定。一、充分认识学习宣传贯彻党的十九大精神的重大意义。二、全面准确学习领会党的十九大精神。三、认真做好党的十九大精神的学习宣传。四、弘扬理论联系实际的学风,切实提高解决问题、推动发展的能力。五、切实加强组织领导。

各地区各部门要及时将学习宣传贯彻党的十九大精神的情况报告党中央。

命令：《建设工程安全生产管理条例》（国务院令第393号），为了加强建设工程安全生产监督管理，保障人民群众生命和财产安全，根据《中华人民共和国建筑法》《中华人民共和国安全生产法》，制定本条例。……第六十六条　违反本条例的规定，施工单位的主要负责人、项目负责人未履行安全生产管理职责的，责令限期改正；逾期未改正的，责令施工单位停业整顿；造成重大安全事故、重大伤亡事故或者其他严重后果，构成犯罪的，依照刑法有关规定追究刑事责任。作业人员不服管理、违反规章制度和操作规程冒险作业造成重大伤亡事故或者其他严重后果，构成犯罪的，依照刑法有关规定追究刑事责任。施工单位的主要负责人、项目负责人有前款违法行为，尚不够刑事处罚的，处2万元以上20万元以下的罚款或者按照管理权限给予撤职处分；自刑罚执行完毕或者受处分之日起，5年内不得担任任何施工单位的主要负责人、项目负责人。第六十七条　施工单位取得资质证书后，降低安全生产条件的，责令限期改正；经整改仍未达到与其资质等级相适应的安全生产条件的，责令停业整顿，降低其资质等级直至吊销资质证书。第六十八条　本条例规定的行政处罚，由建设行政主管部门或者其他有关部门依照法定职权决定。违反消防安全管理规定的行为，由公安消防机构依法处罚。有关法律、行政法规对建设工程安全生产违法行为的行政处罚决定机关另有规定的，从其规定。

4.10　公　　报

公报适用于公布重要决定或重大事项。公报作为党的机关公文出现时，主要是党的中央机关用于发布重要决策。公报作为行政公文使用时,主要是国家和政府用以通报外国元首或政府首脑来访时的情况以及双方达成的共识,有时也用于政府统计机关发布统计结果。

4.10.1 公报的特点

1. 重要性

公报的发布机关级别很高,或者以中共中央的名义发布,或者以国家的名义发布,或者以政府的名义发布。公报所涉及的内容,应是国内外普遍关心和瞩目的重大事件或重要决定。

2. 公开性

公报是公之于众的文件,无须保密,没有主送机关也没有抄送机关,是周知性的公文。

3. 新闻性

公报的内容都是新近发生的事件或者新近做出的决定,属于人民群众关心、应知而未知的事项,要求制作和发布迅速、及时,因此具有新闻性的特点。

4.10.2 公报的类型

公报可以分为四类:会议公报、新闻公报、联合公报、统计公报。

1. 会议公报

会议公报是党的重要会议就会议情况或重要决定事项公开发布的公报,其内容必须是经会议讨论通过并决定公开的,如《中国共产党第十八届中央委员会第六次全体会议公报》。

2. 新闻公报

新闻公报是以新闻的形式将重大事件向国内外公布的文件。它往往通过新闻媒介公之于众，阅读范围没有限制，要求具有新闻的及时性和真实性，如《上海合作组织成员国元首理事会会议新闻公报》。

3. 联合公报

联合公报是政党之间、国家之间、政府之间就某些重大事项或问题，经过会谈、协商取得一致意见或达成谅解后，双方联合签署发布的文件，如《中华人民共和国和巴西联邦共和国联合公报》。

4. 统计公报

统计公报是用于国家和政府统计机关发布国民经济、社会发展方面情况的一种公文，如《2022年我国××乡镇事业发展资金统计公报》。

4.10.3　公报的格式

公报一般情况下由标题和正文两部分构成，但是联合公报视情况而定，有时需要在尾部签署国家元首名字。

1. 标题

公报的标题常采用"会议名称＋文种""会议名称＋新闻公报""国名＋联合公报""统计内容＋文种"等形式，基本上都是两项式。会议公报需在标题下括号内注明"×年×月×日会议通过"，其他类型公报的标题下只需注明时间。

2. 正文

公报的正文一般由开头、主体、结尾三部分构成。

第 2 篇　公文写作提升
（软剑无形，迅捷如风）

（1）开头。

会议公报的开头需写明会议基本情况，如会议的时间、地点、出席人员、主持人等；新闻公报的开头应当概述最核心、最重要的新闻事实，并写明事件的过程以及与此有关的立场、态度、做法、评价等；联合公报的开头部分包括时间、地点、人物、事件等；统计公报的开头需交代数据产生的背景和来源。

（2）主体。

会议公报的主体部分介绍会议议定的情况和主要精神；新闻公报和联合公报的主体部分写双方议定的事项，必要时分条列项；统计公报的主体部分列出相关数据。

（3）结尾。

会议公报的结尾常常发出号召、提出希望和要求等；新闻公报和联合公报可补充意义、交代会议气氛或双方会谈肯定的态度，以及受回访的意向等，也可视情况省略结尾部分。

公报范例

中国共产党第十九届中央委员会第六次全体会议公报

（2021 年 11 月 11 日中国共产党第十九届中央委员会
第六次全体会议通过）

中国共产党第十九届中央委员会第六次全体会议，于 2021 年 11 月 8 日至 11 日在北京举行。

出席这次全会的有，中央委员 197 人，候补中央委员 151 人。中央纪律检查委员会常务委员会委员和有关方面负责同志列席会议。党的十九大代表中部分基层同志和专家学者也列席会议。

全会由中央政治局主持。中央委员会总书记习近平作了重要讲话。

全会听取和讨论了习近平受中央政治局委托作的工作报告,审议通过了《中共中央关于党的百年奋斗重大成就和历史经验的决议》,审议通过了《关于召开党的第二十次全国代表大会的决议》。习近平就《中共中央关于党的百年奋斗重大成就和历史经验的决议(讨论稿)》向全会作了说明。

全会充分肯定党的十九届五中全会以来中央政治局的工作。一致认为,一年来,世界百年未有之大变局和新冠肺炎疫情全球大流行交织影响,外部环境更趋复杂严峻,国内新冠肺炎疫情防控和经济社会发展各项任务极为繁重艰巨。中央政治局高举中国特色社会主义伟大旗帜,坚持以马克思列宁主义、毛泽东思想、邓小平理论、"三个代表"重要思想、科学发展观、习近平新时代中国特色社会主义思想为指导,全面贯彻党的十九大和十九届二中、三中、四中、五中全会精神,统筹国内国际两个大局,统筹疫情防控和经济社会发展,统筹发展和安全,坚持稳中求进工作总基调,全面贯彻新发展理念,加快构建新发展格局,经济保持较好发展态势,科技自立自强积极推进,改革开放不断深化,脱贫攻坚战如期打赢,民生保障有效改善,社会大局保持稳定,国防和军队现代化扎实推进,中国特色大国外交全面推进,党史学习教育扎实有效,战胜多种严重自然灾害,党和国家各项事业取得了新的重大成就。成功举办庆祝中国共产党成立100周年系列活动,中共中央总书记习近平发表重要讲话,正式宣布全面建成小康社会,激励全党全国各族人民意气风发踏上向第二个百年奋斗目标进军的新征程。

党中央号召,全党全军全国各族人民要更加紧密地团结在以习近平同志为核心的党中央周围，全面贯彻习近平新时代中国特色社会主义思想，大力弘扬伟大建党精神，勿忘昨天的苦难辉煌，无愧今天的使命担当，不负明天的伟大梦想，以史为鉴、开创未来，埋头苦干、勇毅前行，为实现第二个百年奋斗目标、实现中华民族伟大复兴的中国梦而不懈奋斗。我们坚信，在过去一百年赢得了伟大胜利和荣光的中国共产党和中国人民，必将在新时代新征程上赢得更加伟大的胜利和荣光！（部分摘要）

4.11 公　　告

公告是一种向国内外宣布重要事项或者法定事项的公文，上至国家高级权力机关、行政机关，下至各机关部门、人民团体、企事业单位等都可以使用，目的在于让有关方面或人民群众对相关事项及时知晓。

公告是泛行文，多通过电台、电视台、报刊等媒体迅速发出。

4.11.1　公告的特点

（1）广泛性：指发布范围非常广泛。

公告的内容不只是在国内，还可以在世界范围内公布。也就是说，公告中公布的事项须在国内外构成影响，只对国内或只与小范围区域有关系的事件，如某铁路局临时增开旅客列车、某商厦春节休假几日等，是不能用"公告"这一文种的。

（2）单一性：指内容单一。

公告强调"一文一事"，不能将几件事列于同一篇公告之中。

（3）重大性：指事项重大。

公告的内容必须是能在国际国内产生一定影响的重要事项，或者依法必须向社会公布的法定事项。一般性的决定、指示、通知的内容，都不能用公告的形式发布，因为它们很难产生全国和国际性的意义。

（4）公开性：指公告的传播公开透明。

公告虽然是一种公文，但它不在党政机关之间运行，而是通过新闻媒介，如报纸、电台、电视台等公开宣布。

（5）新闻性：指公告的内容及时。

公告的内容都是新近的、群众应知而未知的事项，在一定程度上具有新闻的特点。

4.11.2 公告的类型

根据内容、作用和发布机关的不同，公告可以分为要事性公告、法定性公告、政策性公告和任免性公告。

（1）要事性公告：国家党政机关向国内外宣布重大事项、重要事件的公告，如宣布重大国事活动、重大科技成果、答谢国外有关部门对我国重大活动的祝贺等。

（2）政策性公告：凡国家行政机关向国内外发布方针、政策均可用此类公告。

（3）任免性公告：向国内外宣布人员职务任免事宜采用此类公告。这类人员多是国家领导人和政府重要官员。

（4）法定性公告：向国内外宣布法定事项或颁布法律、法规而使用的公告。

4.11.3 公告的格式

公告是一种很严肃、庄重的公文,一般来说,它篇幅不长,多分条列项,但一般没有议论、说明,也无须阐述事件的意义等。

公告一般由标题、正文、落款三部分组成。

1. 标题

(1)由"发文机关+事由+文种"构成,如《×××省政府关于××××的公告》。

(2)由"发令机关+文种"构成,如《中华人民共和国财政部公告》。

(3)单独由文种组成。

2. 正文

(1)开头:概括写出发布公告的目的、根据或原因,或以"现公告如下"引起下文。

(2)主体:写清事件、地点、发出公文的机关和做出的重大决定事项。

(3)结尾:常用"特此公告""现予公告"结束全文。(篇幅小的可以不写)

3. 落款

(1)公告的印章与日期写法与一般公文一样,但有的公告的成文日期写在标题和编号之下。

(2)标明发文机关全称。标题中出现发文机关也可以不写落款。重要的公告可标明发布地点。

公告范例

关于集中通报曝光违规使用公务用车和党员公职人员酒驾、赌博等涉嫌违反社会治安管理秩序问题及背后"四风"问题的公告

为深入贯彻落实党的二十大和二十届中央纪委二次全会精神，坚持以严的基调强化正风肃纪，持续推进以"小"见严纠"四风"专项行动，锲而不舍纠"四风"树新风，教育引导党员、公职人员树牢纪法意识、规范日常行为，带头遵守国家法律法规，维护社会良好秩序，营造风清气正节日氛围，助推"清廉云南"建设取得实效，省纪委省监委将从2023年1月20日起，持续10天，对我省违规使用公务用车和党员、公职人员涉嫌违反社会治安管理秩序问题进行公开通报曝光，并适时公开通报核查酒驾、赌博问题过程中发现的背后违规吃喝等"四风"问题。

纪检监察机关将重点对行业主管部门日常监管中发现并移送的违规使用公务用车问题，公安机关执法中发现并移送的党员、公职人员涉嫌酒驾、赌博问题，以及隐藏在酒驾、赌博背后的违规吃喝等问题，采取"先曝光、后核查、再处理"的方式，在云南省纪委省监委网站、"清风云南"微信公众号等媒体公开通报曝光，增强警示震慑效应，持续释放纠治"四风"不止步、不停歇、不放松的强烈信号，通过抓党风促政风带民风。

集中通报曝光时间：2023年1月20日至29日。

省纪委省监委将督促指导各级纪检监察机关按照干部管理权限，依规依纪依法做好对相关问题的核查、处置工作。欢迎广大干

部、群众针对通报曝光内容提供线索,省纪委省监委将对相关举报严格保密,并依法保护和维护举报人合法权益。举报电话:12388。

中共云南省纪律检查委员会

云南省监察委员会

2023 年 1 月 18 日

4.12 报　　告

报告是一种向上级部门汇报工作、反映情况,回复上级部门询问的实用文体。

报告的使用范围很广,按照上级部门部署或工作计划,每完成一项任务,一般都要向上级部门呈送报告,反映工作中的基本情况、取得的经验和教训、存在的问题以及今后的工作设想等,以取得上级部门的指导和认可。

报告作为行政机关的法定公文,与一些行业文书,如审计报告、调查报告、立案报告等并不是同一个概念。这些行业文书虽然标题中经常带有"报告"两个字,但多于专业部门从事具体业务时使用,并非真正意义上的报告。在使用时要引起注意,不能混淆。

4.12.1　报告的特点

报告具有四个鲜明的特点。

(1) 汇报内容。报告是下级单位向上级部门或业务主管部门汇报工作,让上级部门或主管部门掌握基本情况,并及时进行工作指导的文书。汇报性是报告的一个重要特点。

（2）陈述表达。报告主要讲述下级单位如何遵照上级指示，做了哪些工作，这些工作是如何做的，取得了哪些成绩，出现了什么情况，有什么样的经验和体会，存在什么问题，今后有什么打算，对领导有什么意见和建议等。在行文时多用叙述性的语言陈述事实，将时间、地点、人物、事件、原因、结果叙述清楚，从而向上级部门提供准确的信息，不需要像请示那样采用祈使、请求等方法。

（3）单向行文。报告是下级单位向上级部门行文，为上级部门进行决策和指导提供依据，一般不需要受文机关的批复，属于单向行文。在报告中不能出现"以上报告当否，请批示"的字眼。

报告虽然不需要批复，却是下级单位获得上级部门支持和指导的重要途径；同时，上级部门可以通过报告获得自己想要的信息，及时了解下情，作为决策指导和协调工作的依据。

（4）事后成文。大多数报告是在事情做完或发生之后才向上级部门汇报的，属于事后或事中行文。

4.12.2 报告的类型

报告一般可以分为四类。

（1）工作报告：用来向上级领导或主管部门汇报工作的报告。工作报告又可分为专题报告和综合报告。

专题报告主要针对某一方面的工作或某一个具体事项进行汇报，如《××公司关于安全生产情况的报告》。这类报告涉及面窄，要求迅速、及时，一事一报。

综合报告涉及工作范围内的方方面面，可以和工作总结、计划安排结合起来。通常涉及面宽，写作时要区分主次，有分析、有综合、有重点，不能有所遗漏。

（2）情况报告：向上级部门反映某种临时性情况和事故的报告，

主要针对工作中出现的新情况、新问题进行汇报，特别是当出现一些突发事件、特殊情况、意外事故和个别问题时，需要及时向上级部门汇报处理情况。

写情况报告要实事求是、事实清楚、数据准确、分析有据；要详略得当、言之有理、言之有物、言之有据；要有喜报喜，有忧报忧，不夸大事实，不隐瞒真相。

（3）答复报告：答复上级部门询问的报告。上级部门询问什么就答复什么，内容针对性要强，不能答非所问。对于上级部门的询问，一定要慎重对待，需要经过深入调查研究后再做出答复。

（4）报送报告：下级单位向上级部门报送文件或物件时使用的报告，通常正文简略，真正的重头戏和有意义的内容，在所报送的附件里。

4.12.3 报告的格式

报告包括标题、主送机关、正文三个部分。

（1）标题：一般有两种形式。一是由发文机关名称、事由和文种构成，如《××政府关于安全生产情况的报告》；二是由事由和文种构成，如《关于开展民族团结进步示范创建工作的报告》。也有比较特殊的形式，如《2022年××市政府工作报告》。一般情况下，应按照第一种方式确定报告的标题。

（2）主送机关：报告的主送单位，如果报告涉及的问题不需要上级部门解释或答复，可以写两个或两个以上的主送单位，如果需要上级部门解释或答复，主送单位只能是一个。

（3）正文：一般由前言、主体、结尾三部分组成。

前言简单介绍撰写报告的缘由或目的，多使用导语式或提问式，提出概念，引出下文。

主体是报告的具体内容，不同种类的报告，主体部分的写法不尽相同。例如，工作报告要讲清工作情况、取得的成绩、存在的问题、具体的经验、体会和教训，以及今后的工作打算和设想，以便上级部门掌握情况，指导工作。情况报告应包括情况、说明、结论三个部分。

结尾通常用"请审阅""请审议""请查收""特此报告"等为结语。

报告范例

××镇贯彻落实河长制工作情况报告

××水务局：

依据《中华人民共和国水污染防治法》检查的通知要求，镇河长制领导小组办公室高度重视，认真梳理提炼××镇在贯彻落实河长制工作中工作开展情况、存在的问题及下步工作计划。按照通知要求，现将××镇贯彻落实河长制工作情况报告如下：

一、河流、水域基本情况

二、主要开展的工作

三、存在问题

四、下一步工作计划

××镇河长制领导小组办公室

2022年8月31日

4.13　公报、公告和报告的区别

公报、公告和报告作为党政机关常用的文种，所对应的场合和效力都不尽相同，下面进行简要辨析。

4.13.1　始于场景

公报适用于通过党政班子研究讨论后经会议召开后发布的具有一定范围内的告知性文书形式，公报一般适用于部分党政、企事业机关内部进行传达知晓。

公告适用于党政班子研究讨论后经向更大范围内宣布重要事项或者法定事件的公文形式，一般可公开知晓。

报告适用于下级机关对上级机关的情况说明解释或是针对某件热点事件由党政机关向社会群体做出的情况说明。报告范围可单一性也可大范围，由不同事由确定范围。

4.13.2　终于效力

公报是在会议发生后向下属部分单位告知，具有新闻性、可读性，意在传达上级部门会议内容及讲话内容，内容效力仅限于机关内部人员。

公告是用于在一定范围内宣布重要事项或者法定事项的公文或用于宣布重要法律，根据公告内容及类型，公告效力可扩大至普通广大人民。

报告具有单一性，在作为上行文汇报时，报告内容仅对上级机关负责。

4.14 通　　告

通告，是适用于在一定范围内公布应当遵守或者周知事项的公文文种。通告的使用面比较广泛，一般机关、企事业单位甚至临时性机构都可使用，但强制性的通告必须依法发布，其限定范围不能超过发文机关的权限。

4.14.1 通告的特点

通告是各级机关、团体常用的具有周知性和一定约束力的文种，所以它具有周知性、法规性、务实性和广泛性等特点，属于泛行文。

4.14.2 通告的类型

（1）知照性通告：告知应当知道或需要遵守事项的简单事项通告，如《关于××地区××时段停电事项的通告》。

（2）办理性通告：办理一些例行事项的通告，其内容如注册、登记等，如《××局关于机动车辆年审的通告》。

（3）行止性通告：公布一些令行禁止类事项的通告，其内容如查禁淫秽书画、收缴非法枪支、加强交通管理、查处违禁物品等，如《关于国庆期间××路实行交通管制的通告》。

4.14.3 通告的格式

通告由标题、正文、落款三部分组成。

第 2 篇　公文写作提升
（软剑无形，迅捷如风）

1. 标题

标题的写法有四种：

（1）发文机关＋事由＋文种，如《××市公安局关于查禁黄赌毒的通告》。

一般来讲，考场作文应该用这种写法。有的发文机关名字特别长，可灵活运用第三种写法，但用这种写法时千万不要忘记在最后印章处写明发文机关。

（2）发文机关＋文种，如《××市公安局通告》。

（3）事由＋文种，如《关于禁止学生校外住宿的通告》。

2. 正文

通告的正文由三部分构成，即通告缘由、通告事项和通告结语。

（1）通告缘由：表达发布通告的背景、根据、目的、意义。其通过叙述相关的政策、法规依据或具体的实际情况来说明行文的原因。

（2）通告事项：写明社会有关方面周知或遵守的事项。内容太多时，应做到条理分明、层次清晰；内容单一时，应做到逻辑清晰，行文准确。

（3）通告结语：多采用"本通告自发布之日起实施"指明执行日期，或用"特此通告""此告"等习惯用语结尾。

3. 落款

如果标题已有发文机关，并在标题下署上了日期的，可不用落款。如果标题没有发文机关，也没有日期，则落款处必须盖印章、写日期。

有的通告只将时间写在标题下，可只盖印章，不再重复写日期。

通告范例

关于暂时取消××镇赶集活动的通告

各村（居）委会，各有关单位，各企业：

《关于暂时取消××镇赶集活动的通告》已正式下发。当前，全球新冠疫情仍呈高流行态势，国内疫情形势严峻，为加强我镇新型冠状病毒感染的肺炎疫情防控工作管理，全面严格落实常态化疫情防控措施，按照上级疫情防控指挥部门的有关要求，为有效减少人员流动、聚集，切实保障人民群众的生命财产安全，经××镇党委政府应对新型冠状病毒疫情防控工作领导小组办公室研究决定，从××月××日起暂时取消××镇赶集活动，具体恢复日期另行通知，请各村（居）委会，各企业加大宣传力度，粘贴至公共场合，务必宣传至摆摊经营户、个体户、村民小组和村民个人，做到家喻户晓，全民抗疫情，守护辖区平安健康。

××镇人民政府
2022年××月××日

4.15　通　　知

通知是党政机关常用的一种公文。在我们党和国家历次发布的公文处理法规中，一直将其列为主要公文种类之一。从实际情况来看，通知是党政机关使用频率最高、适用范围最广的一个文种。

4.15.1 通知的特点

1. 功能的多样性

通知可以用来布置工作、传达指令、晓谕事项、发布规章、批转和转发文件、任免干部等，几乎具备了下行文的所有功能。

2. 运用的广泛性

上至国务院，下至基层机关、企事业单位、社会团体都可以发布通知。通知的内容也非常广泛，大至国家重大事项，小至单位内部一般事项，都可以使用通知。

3. 写作的灵活性

通知功能多样性的特点，决定了通知的写作非常灵活，行文不需过分拘泥于固定的结构，篇幅可长可短，结构亦可繁可简。

4. 应用的时效性

通知事项一般都是要求立即办理、执行或知晓的，不容拖延。另外，有的通知，如会议通知等，只有在指定的时间内才有效。

4.15.2 通知的类型

通知按其功能可分为指示性通知，事务性通知，发布性通知和批转、转发性通知等类型。

1. 指示性通知

指示性通知一般在上级机关向下级机关布置工作、做出相应指示时使用。

2. 事务性通知

事务性通知用来传达、安排事务性工作，如召开会议，机构、人事调整，安排假期等。

3. 发布性通知

除国家的法律用命令颁布外，其他文件如讲话、会议纪要、规划、条例、规定、办法、细则、实施方案等，一般都用通知颁布。

4. 批转、转发性通知

本机关收到上级、下级或不相隶属机关的来文，有必要转给所属下级机关或其他机关让其了解该文内容的，可使用批转、转发性通知。其中，将某一下级机关的来文转给所属下级机关的，用"批转性通知"；将上级、平级或不相隶属机关的来文转给所属下级机关的，用"转发性通知"。

4.15.3 通知的格式

通知一般由文首、正文和文尾构成。

1. 文首

文首包括标题和主送机关。

（1）标题：通常有两种形式，一种是由发文机关、主要事由和文种组成的三项式标题；另一种是省略发文机关的两项式标题。有时也可根据具体情况写明"联合通知""紧急通知""补充通知"。

发布性通知，批转、转发性通知的标题比较特殊。发布性通知的文件名称要出现在标题的主要事由部分；批转、转发性通知所转发的文件内容要出现在标题中。

（2）主送机关：有两种写法，一种是将若干主送机关的名称全部写上；另一种属于公开发布的普发性通知，则不写主送机关。

2. 正文

由于通知的种类较多,所以正文的结构和写法有多种形式。下面分别对不同类型通知正文的基本写法进行概括介绍。

(1)指示性通知:由开头、主体和结尾组成。开头部分交代发通知的原因、目的或意义;主体部门布置任务,拟订方法措施,阐明工作原则,交代注意事项,可用小标题或列条目依次写出;结尾部分提出贯彻执行要求。

(2)发布性通知:应写明所发规章文件名称,然后提出执行要求,有施行起始时间的,应一并说明。

(3)批转、转发性通知:其格式与发布性通知相似。其正文表明颁转意图后,如还需对所发文件作强调补充,则可在第一段文字之后写出要强调和补充的内容。

另外,应将被发文件的标题和全文实录于通知的成文日期之后、文尾之前。因其属于通知内容的组成部分,故不必再标出"附件"这一项目名称(习称复合式公文)。

(4)事务性通知:这一类通知的正文写作大体有3种情况:一种是开头、主体、结尾分别写出发通知的原因、告知事项、要求;一种是只写发文缘由和告知事项;还有一种是直接交代要告知的事项。事务性通知的结尾常用"特此通知"等惯用结束语。

会议通知也是一种常见的事务性通知,其正文一般由开头、主体和结尾3部分构成,写作要领如下:

开头部分交代开会的原因、目的、依据和会议名称,然后用"现将有关事项通知如下"等语句过渡;主体部分分项交代有关事项,一般包括开会时间与会议期限、地点、与会人员及其条件、会议内容或主要议题、会前应做的准备工作、会议其他事项(如经费、食宿、交通安排)等几个方面;结尾告知联系人、联系电话等。有的还于通知后附一张回执表,以便做好会务安排。

3. 文尾

通知的文尾包括发文机关和成文日期。如果使用三项式标题,则文尾可以省略发文机关名称,只写成文日期;如果使用两项式标题,根据情况(单一机关发文不用落款)可签署发文机关名称。

通知范例

关于召开××市××镇第十四届人大主席团第三次会议的通知

各村(社区)党总支(支部)、各村(居)委会,有关单位:

根据《乡镇人民代表大会主席团工作条例》的规定,经请示镇党委同意,决定于2021年12月10日召开主席团第三次会议,现将有关事项通知如下:

一、会议时间

2021年12月10日(星期五)下午,会期半天。

二、会议议程

1. 传达学习中央人大工作会议精神(书面);
2. 传达学习党的十九届六中全会精神(书面);
3. 听取和审议×××关于××××××工作的报告;
4. 听取和审议×××关于××××××工作情况的报告。

三、参会人员

主席团成员;政府班子成员;×××站站长×××、×××;中心主任×××。

> 四、有关要求
>
> 请镇党政办负责做好会务服务工作及后勤保障,镇文化广播电视中心做好宣传报道工作。涉及参加会议的人员原则上不得请假,如有特殊情况需请假的,需向镇人大主席团主席请假。
>
> ××镇党政办公室
2021 年 12 月 8 日

4.16 通报书信

通报是各级机关、企事业单位和团体经常使用的文种,是上级把有关的人和事告知下级的公文,目的在于交流经验、通报问题,从而教育引导工作人员,推动工作进一步开展。

通报适用于表彰先进、批评错误、传达重要精神和告知重要情况。

4.16.1 通报的特点

通报具有三方面的特点:

(1)告知性:通报通常把工作和生活中一些正面典型、反面教材或者某些带有倾向性的问题告诉人们,让人们知晓和了解。

(2)教育性:通报的主要任务是通过正、反两方面的典型,让人们从中受到教育,或学习先进的思想和经验,或接受警示、引起注意、接受教训。使人从思想上引起重视,树立正确的观念,知道应该怎么做,不应该怎么做。

(3)政策性:通报中的处理意见直接涉及具体的单位、个人或事情的处理,决定是否正确,影响很大,必须讲究政策性,做到于情于理、有理有据。

4.16.2　通报的类型

通报可以分为三类，分别是表彰性通报、批评性通报和情况通报。

（1）表彰性通报：通报表彰先进单位或先进个人。着重介绍人物或单位的先进事迹，指出他们的精神实质，提出希望和要求，发出学习的号召。

（2）批评性通报：对典型人物或单位的错误行为、不良倾向、丑恶现象和违章事故等进行通报批评。通过摆情况、讲道理、找原因、阐明处理决定，使人们从中吸取教训，举一反三，避免重蹈覆辙。这类通报应用面广，数量大，惩戒性突出。

（3）情况通报：上级部门把工作中出现的重要情况告知所属的单位和人员，让他们了解全局，统一思想和认识，与上级部门保持一致，为工作创造良好条件。此类通报具有沟通和知照的双重作用。

4.16.3　通报的格式

1. 通报的组成

通报一般由标题、主送机关、正文三部分组成。

（1）标题：一般由制发机关、被表彰或被批评的对象和文种构成。通常有两种构成形式：一种由发文机关名称、事由和文种组成，如《××公司关于××问题处理情况的通报》；另一种由事由和文种构成，如《关于对××同志违反纪律的通报》。有的通报标题只有文种名称，即"通报"两个字。

（2）主送机关：通报一般会有主送机关，但有的通报特指某一范围，可以不标注主送机关。

（3）正文：通报的主体部分。不同类型的通报写法也不尽相同。

2. 通报的写法

（1）表彰通报的写法：一般把先进事迹和经验融为一体进行叙述，先写清事情的时间、地点、人物、事件和结果，然后对事件进行分析和评论，指出其意义所在、肯定成绩、概括经验，并加以表扬，最后提出号召，让大家学习。典型事迹要具体生动，重点突出，有思想性、先进性和代表性。

（2）批评通报的写法：先用叙述性的语言介绍事件的起因和经过，做到文字简洁，事实清楚，注意事件的特点；然后对事件进行分析评论，分析事件发生的原因，指出事件的性质及其危害，提出处理结果；最后写从中得到的经验、教训和今后改进的要求。为防止同类事件再次发生，可以有针对性地提出具体的方法和措施；也可以重申纪律，提出警示和告诫。

（3）情况通报的写法：以通报情况为主，可适当增加分析和评论。一般先真实全面、简明扼要地叙述情况；然后再分析情况，进行议论，阐明情况的性质和意义；最后提出指导性或参考性的意见和建议。

通报范例

××市×××机关干部和各乡镇2022年度宣传信息采用情况通报

××市××各专门委员会、常委会各委（室），各乡镇：

现将《××市×××机关干部和各乡镇2022年度宣传信息采用情况通报》印发给你们，希望各乡镇和各专（工）委、办公室全体干部总结经验，再接再厉，奋勇争先，争取更大的成绩。

附件：
××市×××机关干部和各乡镇宣传信息采用情况通报（2022年上半年、2022年下半年）

××市××办公室
2023年1月3日

4.17 通告、通知和通报的区别

通告、通知、通报同属于知照性公文文种，但在实际工作中三者使用程度不同。

1. 适用范围不同

（1）通知适用于发布、传达要求下级机关执行和有关单位周知或执行的事项，批转、转发公文，其标题中常出现"发布""印发""批转""转发"字眼，如《国务院办公厅关于印发城市燃气管道等老化更新改造实施方案（2022—2025年）的通知》《国务院办公厅关于转发教育部等部门"十四五"特殊教育发展提升行动计划的通知》。

通知也可用于部署工作、安排活动或事项，如《交通运输部安全委员会关于扎实做好夏季危险货物港口作业安全工作的通知》。

（2）通告适用于在一定范围内公布应当遵守或周知的事项，如《农业农村部关于发布长江流域重点水域禁用渔具名录的通告》，所涉及的范围仅限于长江流域重点水域。

（3）通报适用于表彰先进，批评错误，通报重要精神和告知重要情况，如《国务院办公厅关于对2021年落实有关重大政策措施真抓实干成效明显地方予以督查激励的通报》。

2. 主送机关不同

（1）通知可以下行或平行发文，因此主送机关通常是其下级机关或者其他有关机关；

（2）通报一般具有明确的受文对象，即下级机关；

（3）通告属于公布性公文，面向社会广泛告知，因此一般不标注主送机关。

3. 内容不同

（1）通知的内容非常广泛，大到全国性的重大活动部署安排，小到机关单位日常事务处理工作，都可以用通知行文。

（2）通告虽然也具有内容广泛的特点，但其内容常涉及专业性和行业性的事项，例如公安、交通、邮电、税务、市政建设、工商管理以及金融等方面，行文中会使用一些专业术语，如《市场监管总局工业和信息化部交通运输部应急部海关总署关于试行汽车安全沙盒监管制度的通告》。

（3）通报的内容具有典型性和教育性，无论是表彰先进、批评错误还是通报重要精神和告知重要情况，行文所用的都是典型人物和典型事件，并对典型事例进行分析、议论、阐明道理，以便让下级机关学习先进、防止错误，提高工作认识。

4.18 意　　见

意见是上级领导机关、同级机关之间或主管部门，针对当前或者将来要进行的主要工作和亟待解决的重大问题提出原则性要求和具体处理办法的，直接发至下级机关或转发到有关机关要求其遵照执行的，是具有指示作用的公文，适用于对重要问题提出见解和处理办法。

4.18.1 意见的特点

意见是具兼容特性的文种,其特点主要有:

(1)使用的广泛性:意见既可以对工作做出指导,提出要求,又可以对工作提出建议,或者对工作做出评估,提出批评。这些功用,决定了意见既可用于党政领导机关,也可用于人民团体、企事业单位;上级可用,下级甚至基层组织也可用。

(2)行文的多向性:意见既可以用作下行文,表明主张,做出计划,阐明工作原则、方法和要求;又可以用作上行文,提出工作见解、建议和参考意见;还可以作平行文,对平行的或者不相隶属机关的有关方面做出评估、鉴定和咨询。

(3)作用的多用性:有的意见具有指导、规范作用,有的具有建议、参考作用,有的具有评估、鉴定作用,有的具有批评作用,有的具有探索、过渡作用,因为有的意见只是针对实践活动中因未有规定可遵循而又亟待解决的问题而提出的,这种解决办法一般并不十分成熟,需在条件成熟时,另行制定较为稳定的规章来代替它。

4.18.2 意见的类型

按照性质和用途的不同,可将意见分为四类:

(1)指导性意见:这是党政领导机关用于布置工作的下行文,对下级有一定的规范作用和约束力,但有别于决定和通知的是它具有较突出的指导性。

(2)实施性意见:这是对某一时期某方面的工作规定目标和任务,提出措施、方法和步骤一类实施要求的下行文。

(3)建议性意见:用于向上级提出工作建议、设想。具体又可分为呈报性建议意见和呈转性建议意见。

(4)评估性意见:这是业务职能部门或专业人员就某项专门工作、

业务工作，经过调查、研究后，送交有关方面鉴定、评估的结果。评估性意见有时用作上行文，有时用作下行文，但主要还是用作不相隶属机关之间的平行文。评估性意见可以加强决策的科学性。

4.18.3 意见的格式

意见一般由标题、主送机关、正文和落款组成。

1. 标题

一般由发文机关、事由和文种组成，也有的省略发文机关，一般采用"关于……的意见""对……的意见"的形式。

2. 主送机关

除一些评估性意见外，绝大多数意见都要写明主送机关。要根据具体情况需要妥当处理上下行的主送机关。

3. 正文

正文的内容一般分前言和处理意见、措施。前言部分一般先概括、分析当前面临的状况、问题和必须采取措施的原因，然后以"为了……，现提出如下意见"的惯用语引出下文。下文目标、任务、实施要求、措施办法，或者建议事项、意见等多以条文形式分述。

关于结语，不同类型的意见采用不同的结语。呈报性建议意见可用"以上意见供领导决策参考""以上意见供参考"作结；呈转性建议意见均用"以上意见如无不妥，请批转××执行"之类语句作结；指导性意见、计划性意见则常用"以上意见，请结合实际情况贯彻执行"等语作结。

4. 落款

落款处应注明成文行政机关和成文日期（标准的意见可以加括号放在标题正下方）。

意见范例

××市2022年土地整治（提质改造）项目水稻种植指导意见

为确保粮食安全，针对××市实施的土地整治（提质改造）项目水稻种植要求，结合改造后的土壤特性，提出水稻种植指导意见。

一、品种选择

选择适应性强、增产、抗病、高产的黑粳38、45、54号等优良品种；云粳39、43号等优良品种。

二、育秧

（一）育秧方式

在合作社、育秧大户或村小组集中育秧，育秧单位或育秧人根据实地栽插大田的水利情况及土地整治（提质改造）项目的推进情况，结合栽种节令，有计划分期分批育秧。

（二）育秧时间

全市海拔在1600米以下区域，4月10日前完成育秧工作；海拔在1600米以上区域，3月30日前完成育秧工作。

根据前作的茬口和供水情况，我市最佳播种时间一般在3月20日—4月5日，最迟不能超过4月10日。

机插秧：移栽前30～35天育秧；旱育秧：移栽前40～45天育秧；湿润育秧：移栽前45～50天育秧。

（三）育秧要求

秧田选择在靠近移栽大田、交通便利、土壤肥沃、排灌方便的田块，加强秧苗肥水管理和病虫害防治。机插秧：每亩30盘，按照秧田与大田1∶100的比例进行育秧;旱育秧:按照秧田与大田1∶30的比例进行育秧;湿润育秧:按照秧田与大田1∶15的比例进行育秧。

三、移栽

(一)移栽时间

根据栽种节令,全市大田插秧截止时间:5月30日前栽插完成,6月5日后不建议插秧。

(二)移栽方式

建议以人工插秧为主。

(三)栽插密度

每亩2.5~3万丛,每丛3~5苗。

四、大田管理

(一)合理施肥

以农家肥为主,配方肥为辅;以基肥为主,追肥为辅。

(二)科学管水

浅水栽秧、寸水返青,保证移栽后全程有水灌溉。

(三)病虫草害综合防治

1. 草害

移栽后7天结合施分蘖肥进行化学除草。

2. 病虫害

坚持"预防为主,综合防治"的植保方针。

五、适时收获

水稻成熟期适时收割。

以上意见,请结合当地实际有计划、有组织地实施。

××市农业农村局
2021年3月3日

4.19　请　　示

请示是一种向上级机关请求指示、批准的请求性公文。请示主要用于下级机关向上级机关请求对某项工作、某个问题做出指示,对某项政策如何实施给予指导,对某个事项给予审核和批准,是常见的一种公文。

4.19.1　请示的特点

请示一般具有以下四个基本特点:
(1)请示是下级机关向上级机关的行文,属于上行文的一种。
(2)请示的问题必须经上级机关批准后才能解决,这些问题一定是自己无权做出决定,也无法处理的。
(3)请示是为了向上级机关请求批准,并希望尽快得到上级机关的批复。
(4)请示的事项一般都是亟须明确和解决的问题,如果拖延下去可能会影响正常工作,造成不良影响。

4.19.2　请示的类型

根据内容和意图的不同,可以把请示分为三类。
(1)请求指示的请示:多用于政策性请示,当下级机关对某些方针、政策、规定在理解上存在分歧,或者不能准确理解和把握,无法定夺时,需要向上级机关请示,让上级机关给予解释和说明,以便自己能够执行;当出现需要变通处理的问题时,需要请示上级机关进行审查和认定,以便于自己灵活处理;当发生突发事件,或者出现新情况、新问题时,希望上级机关对如何处理这些事情做出明确的指示。

（2）请求批准的请示：下级机关在工作过程中出现具体的困难和问题，或者出现按规定自己无权决定和处理的事项时，可以向上级机关请求批准，以便于有效解决问题。

（3）请求批转的请示：当一件事情需要各方协同办理，或者遇到某一涉及面广的事项需要多方协调，或者按照规定自己不能指挥其他平级机关或不相隶属的部门进行办理时，就需要向上级机关提出处理意见和办法，请求上级机关审定后再去执行。

4.19.3 请示的格式

请示一般由标题、主送机关、正文、发文机关、日期五部分组成。

（1）标题：一般有两种形式：一种由发文机关名称、事由和文种构成，如《××公司关于××××××的请示》；另一种由事由和文种构成，如《关于开展××××工作的请示》。

（2）主送机关：一般指负责受理和答复该请示的机关。每个请示件只能有一个主送机关，不能多头请示。

（3）正文：由开头、主体和结语组成。

① 开头主要交代请示事项的缘由，这是上级机关进行批复的依据，也是请示事项能否顺利通过的前提条件。请示的原因必须客观、具体，理由必须合理、充分。上级机关根据下级机关提交的请示事项及时进行决断，并给予有针对性的批复。

② 主体部分主要介绍请求的事项，要求简单明了，只讲述一件事。请示事项要具体明确、条理清楚，阐述背景和缘由，提出理由和依据，讨论具体设想，便于上级机关了解清楚，做出决策，给予明确的批复。

③ 结语应另起一段，一般用"妥否，请批复""当否，请批示""以上请示，请予审批"等进行表述。

（4）发文机关：一般指提交请示的下级机关。发文机关应列在正文之后，隔几行靠右排列。

（5）日期：也就是成文的时间，以具体发文时间为准，列在发文机关下方，靠右排列。

请示在文头应标注签发人姓名，签发人一般为单位主要负责人。

请示范例

中共××镇委员会关于给予××镇工会联合会"秋季三日游"活动资金补助的请示

××市总工会：

2021年以来，在市委、市政府和市总工会的大力关心和支持下，在镇党委政府的正确领导下，××镇圆满完成了各项工作，干部职工连续几个月奋战在工作一线，身体处于透支及亚健康状态。为了更好地提振士气，经镇党委研究，决定举办秋季三日游，以便干部职工更好地了解自身身心健康状况，及时调整工作状态，更好地投入工作中。

因××镇财政较为紧张，特恳请××市总工会给予镇工会联合会"秋游"系列活动资金补助2万元（大写：贰万元整）为谢。

当否，请示。

××镇工会
2021年××月××日

4.20 批　　复

批复是适用于答复下级机关请示事项时使用的一种公文文种。从其概念可以看出,批复是上级机关答复下属单位"请示"事项所用的公文。当下级机关在工作中遇到疑难问题和不能自行决定的事项,向上级请求指示和批准时,上级机关应当通过批复对请示的事项给予明确的答复,使其明确行止。

4.20.1 批复的特点

1. 指示性

批复属于下行文种,反映了领导机关的指示性、决策性意见,具有较强的约束力,下级机关必须遵照执行。

2. 针对性

批复是专门针对下级机关请示事项而写的,属于回复性文件。领导机关既可以肯定下级机关的请示事项,也可以否定其请示事项,但是都必须紧紧围绕请示事项行文。

3. 结论性

一般而言,批复具有"一锤定音"的性质,批复的内容相当于对下级请示事项的最终结论性意见。因此,它只发给提出请求的单位,不像其他公文那样有着较广泛的适用范围。当答复的问题具有普遍性,或批复事项涉及许多其他单位时,则可用通知形式批转有关单位。

4. 简明性

批复的行文直来直去,简明扼要,用语精练简洁,语气肯定。

4.20.2 批复的类型

（1）按照内容的表达方式，批复可分为表态式批复和阐发式批复。

① 表态式批复：内容比较简单，只是针对请示事项表明同意或不同意的态度。

② 阐发式批复：通常是针对新生事物或重大而有长远影响的事项在明确表态的基础上进一步阐发政策性、指示性意见，指导下级机关处理好有关问题。

（2）按照内容的性质，批复可分为肯定性批复、否定性批复和解答性批复。

① 肯定性批复：同意下级机关请示事项的批复。

② 否定性批复：即不同意下级机关请示事项的批复。

③ 解答性批复：针对下级机关请示中询问的事项给予明确解答的批复。

4.20.3 批复的格式与注意事项

批复一般由标题、主送机关、正文、发文机关和成文日期组成。

1. 标题

批复的标题与其他文种的标题有所区别。具体写法有以下两种：

（1）"发文机关名+请示事项+文种"，如《北京市人民政府关于燕房卫星城总体规划的批复》，标题中的"燕房卫星城总体规划"是请示事项。

（2）"发文机关名称+表态词+请示事项+文种"，如《国务院关于同意设立"中国医师节"的批复》，标题中的表态词"同意"增强了批复的针对性。

当批复的内容为同意下级单位请示事项时，标题中应使用"同意"

这个表态词；如果是不同意下级单位的请示事项，标题中不宜标明"不同意"的字样，而是按照约定俗成的方法，在正文里面阐述不同意的理由。

2. 主送机关

拟写批复时，应写明批复所针对的请示单位名称。

3. 正文

一般来说，批复的正文要分为以下三个部分：

（1）引据部分：正文的开头用一句话说明是针对什么机关的什么请示而批复。通常引用请示的来文日期、标题和文号，例如："你局2022年5月28日《关于加强和完善初任公务员培训工作的请示》（×发〔2022〕32号）收悉。"这是为了增强批复的针对性。

（2）批复意见：写清批复的主体内容，针对请示事项予以答复。一般用"经研究，现批复如下"引出批复意见，也可以直接用"经研究，同意……"写明批复事项，通常是针对请示事项逐项说明。注意态度要明朗，观点要鲜明，所提意见、做法要切实可行，符合党和国家的政策法规。批复的意见不能无的放矢、含糊其词、似是而非，使下级难以理解，无所适从。

（3）批复结语：可以用"特此批复"结束全文，有的批复没有结尾用语，把批复事项或问题说完即可。

4. 发文机关

拟写批复时，应在正文的右下方写明制发批复的机关名称或加盖印章。

5. 成文日期

拟写批复时，应在机关名称或印章下面用阿拉伯数字写明批复的年、月、日。

6. 注意事项

（1）内容应有针对性。批复的内容应针对来文请示的事项，不能答非所问，也不应说题外的话。如果有其他意见要告诉请示单位，应另外拟文，以通知行文，不能在批复中"搭单"。

（2）表达应直接明确。批复的表达要干脆利落，态度要直率明确，是否同意来文请示或同意采用哪种方案，都要直截了当地表明态度，不能含糊其词、让人捉摸不定。

（3）依据要充足可行。批复对于请示事项的答复，必须以一定的方针政策为依据，接到下级机关来文后，如同意请示所提要求时，可以不说明理由；如不同意来文请示事项时，必须说明一定的理由依据，作必要的解释，以理服人。

批复范例

××关于同意将××省××市列为国家历史文化名城的批复

××省人民政府：

你省《关于申报××为国家历史文化名城的请示》（×政（20××）××号）收悉。现批复如下：

一、同意将××省××市列为国家历史文化名城。××市历史悠久，文化底蕴丰厚，历史遗存丰富，城市建设特色突出。

二、你省及××市人民政府要根据本批复精神，按照《历史文化名城名镇名村保护条例》的要求，正确处理城市建设与历史文化遗产保护的关系，保护好××市的传统格局、历史风貌和历史建筑。要编制好历史文化名城保护规划并纳入城市总体规划，明确保护的原则和重点，划定历史文化街区、文物保护单位、历史建筑的保护范围及建设控制地带，制订严格的保护措施。要在历史文化名城保护规划的指导下，编制好重要保护地段的详细规划。在规划和建设中，要注重体现传统文化特色和地方传统风貌，不得进行任何与历史文化名城环境和风貌不相协调的建设活动。

三、你省和住房城乡建设部、国家文物局要加强对××市国家历史文化名城规划、保护工作的指导、监督和检查。

××××

××年××月××日

4.21　意见、请示和批复的区别

意见、请示和批复作为党政机关常用文种，最大的区别在于意见、批复为下行文；请示为上行文。

4.21.1　看下行还是上行

请示有且仅有一种上行文。意见为多向行文，可上行文，可平行文，也可下行文。批复有且仅有一种下行文。

4.21.2　看互动的正式程度

请示需上级批复才可实施；请示需要批复；请示属于事前行文。

批复需收到下级请示后方可行文；下级收到批复后才可实施。意见为多向行文，具有较强的灵活性，不存在事前行文或事后行文之说，主要是提供某种意见、建议、看法而产生的建议式文种。

4.22 函

函是不相隶属机关之间相互商洽工作、询问和答复问题，或者向有关主管部门请求批准事项时所使用的公文。

函作为公文中唯一的一种平行文种，其适用的范围相当广泛。在行文方向上，不仅可以在平行机关之间行文，而且可以在不相隶属的机关之间行文，其中包括上级机关或者下级机关行文。在适用的内容方面，函除了主要用于不相隶属机关相互商洽工作、询问和答复问题外，也可以向有关主管部门请求批准事项，向上级机关询问具体事项，还可以用于上级机关答复下级机关的询问或请求批准事项，以及上级机关催办下级机关有关事宜，如要求下级机关函报报表、材料、统计数字等。此外，函有时还可用于上级机关对某件原发文件作较小的补充或更正。不过这种情况并不多见。

4.22.1 函的特点

（1）沟通性：函对于不相隶属机关之间相互商洽工作、询问和答复问题起着沟通作用，充分显示平行文种的功能，这是其他公文所不具备的特点。

（2）灵活性：表现在两个方面：一是行文关系灵活。函是平行公文，但是它除了平行行文外，还可以向上行文或向下行文，没有其他文种那样严格的特殊行文关系的限制。二是格式灵活，除了国家高级机关的主要函必须按照公文的格式、行文要求行文外，其他一般函，比较灵活自便，也可以按照公文的格式及行文要求办。可以有文头版，也可以没有文头版，不编发文字号，甚至可以不拟标题。

（3）单一性：函的主体内容应该具备单一性的特点，一份函只宜写一件事项。

4.22.2　函的类型

根据发函的目的和内容，函可划分为请求函、商洽函、答复函、询问函等。

（1）请求函主要写明请求背景、请求目的、请求批准的具体事项。

（2）商洽函旨在与对方商洽有关事项，请求解决或是协助某个问题。

（3）答复函即以书面形式答复对方询问事项。

（4）询问函即以书面形式询问对方有关事项，上下级机关、平行机关、无隶属关系的机关之间都可以使用。

4.22.3　函的格式

函不同于写书信，基本写作要求还需符合公文规范。

函一般由标题、主送机关、正文、结尾、结语和结尾落款组成。其格式要求如下：

（1）标题：一般有两种形式。一种由发文机关名称、事由和文种构成，如"×××局关于到×××局考察××项目的接洽函"。另一种由事由和文种构成。

（2）主送机关：即受文并办理来函事项的机关单位，于文首顶格写明全称或规范化简称，其后用冒号。

（3）正文：主要说明致函事项。函的事项部分内容单一，一函一事，行文要开门见山、具体明确、言语精简。如果属于复函，还要注意答复事项的针对性和明确性。

（4）结尾：一般用礼貌性语言向对方提出希望。或请对方协助解决某一问题，或请对方及时复函，或请对方提出意见或请主管部门批准等。

（5）结语：通常应根据函询、函告、函或函复的事项选择运用不同的结束语，如"特此函询"和"特此函复"等。有的函也可以不用结束语，如属便函，可以像普通信件一样，使用"此致""敬礼"。

（6）结尾落款：一般包括署名和成文时间两项内容。

署名机关单位名称，写明成文时间年、月、日；并加盖公章。

函范例

×××办公室公文接待函

××镇人民政府：

　　××市×××办公室主任×××一行4人将于2023年1月16日上午赴你单位开展×××××工作考核，时间1天，请贵单位严格执行公务接待管理规定予以接待。

　　附：人员名单

姓名	职务
李××	×××办公室主任
王××	×××办公室副主任
华××	×××办公室一级主任科员

> 陈× ×××驾驶员
>
> ×××办公室（盖章）
>
> 2023年××月××日

4.23 专用书信

专用书信是机关、团体或个人之间用于某种特定的场合、针对某种特定目的所写的信件，又称事务信件。在这种场合中，凡是名称中含有书的，均属于这一类。

专用书信包含很多种类，不同种类的书信，各有各的用途，应用于不同的场合，写给不同的对象，因此在写法上有不同的格式和要求。

4.23.1 专用书信的特点

专用书信的特点主要有：

（1）目的明确，主旨单一，用途专一，范围特定。

（2）结构固定，篇幅紧凑，篇幅短小精悍，成文方便，传递及时。

（3）语言规范，注重礼仪。

（4）应用广泛，使用方便，数量繁多，对上、对下，对组织、对个人均可使用。

正因为如此，各种专用书信在长期的公务活动实践中越来越受到人们的重视，是公务文书家族中的"轻骑兵"。

公开的专用书信大都用标题标明信件的性质，以团体署名的专用信件，一般不加结束语与问候语。不少专用书信，为表示慎重，需要在署名处加盖公章。

4.23.2 专用书信的类型

专用书信主要可分为介绍信、证明信、感谢信、表扬信、贺信、慰问信、咨询信、推荐信、公开信等。这里介绍几种常见的专用书信的写法。

（1）表扬信：表扬某个集体或个人的先进思想和先进事迹的一种书信。表扬信要写明写信表扬的人是谁，表扬他的什么事情，写表扬信的人名或单位、写信的时间等。

（2）感谢信：为了感谢某单位或某个人的关心、支持、帮助所写的一种书信。感谢信可以直接寄给对方，也可以贴在公共场所。

（3）慰问信：对某些单位或个人的突出工作，或遭到什么不幸表示慰问、问候、致意而写的一种书信。

（4）倡议书：个人或单位为了倡导开展某项活动而向有关的人或有关方面发出的信。倡议书通过登载报刊，或印发，或张贴公共场所让人们知道。

4.23.3 专用书信的格式

专用书信除介绍信、证明信、聘书等各单位均有铅印好的固定格式式样外，其他几种专用信件的基本格式一般由标题、称谓、正文、落款组成。

1. 标题

须在第一行居中书写。可直接写文种名称，也可写明受文对象和文种名称，如"致全校女职工的慰问信"。

2. 称谓

须在标题之下顶格写受文对象名称，要求礼貌得体。可使用敬语，如"尊敬的某某先生""亲爱的朋友们"。

3. 正文

正文是书信的核心部分。一般包括以下两个方面：

（1）说明慰问、表扬、感谢、贺喜的背景、原因。例如，慰问信一般是通过"正当……你们取得了……"的句子来加以引出；表扬、感谢两种信件，是通过简明扼要叙述对方的好品德、好作风等事迹来加以说明；喜报和贺信，一般是通过交代贺喜的原因来展开。

（2）以热情饱满、亲切诚恳的语言进行慰问、表扬、感谢与贺喜，表明写作者的态度和心情。例如，慰问信要用朴实恳切的言语致以亲切的慰问，并表明上级机关的关心和态度，表扬信、感谢信要在第一部分叙述事实的基础上加以热情的赞扬和鼓励，贺信或喜报要用热烈的词语表示祝贺、赞颂，写出贺喜者的心情和态度。

4. 落款

须在正文右下方写明写信人名称。单位要加盖公章，个人只需署名。署名之下写日期。

倡议书范例

××市关于常态化"全民戴口罩"的倡议书

全市广大人民群众：

近期，全省新冠疫情呈现点多、面广、频发特点，近日，我市在主动筛查人员核酸检测中已发现初筛阳性人员，防控形势严峻复杂。实践证明，科学规范佩戴口罩是预防新冠病毒感染的有效措施之一。为保护公众健康，凝聚防疫力量，共同养成自觉佩戴口罩的良好习惯，现就"全民戴口罩"发出如下倡议：

一、共同参与"全民戴"

正确佩戴口罩是阻断病毒传播最基本、最有效、最实用的手段。请全市广大人民群众尤其是市城区、乡镇集镇区群众自觉佩戴口罩，出行在外严格规范佩戴口罩，并对身边未佩戴口罩人员及时提醒，让戴口罩成为每个人的自觉行为和文明素养，养成随时佩戴口罩的良好习惯，当好自身健康第一责任人。

二、密集场所"全程戴"

乘坐公共交通工具，参加各类会议或集会活动，进入车站、商场、超市、宾馆、酒店、农贸市场、医院、学校、国家机关、企事业单位等公共场所，进入公园、健康步道等户外场所，进入厢式电梯、公共厕所等公用封闭空间坚持全程科学规范佩戴口罩；在停车场、人行道、广场等其他公共区域活动提倡佩戴口罩。

三、重点人群"务必戴"

免疫力较弱的老年朋友、婴幼儿和慢性疾病患者，外出时务必正确佩戴口罩，婴幼儿要使用儿童专用口罩，同时建议尽量减少人员扎堆。

四、党员干部"带头戴"

广大党员干部要带头佩戴口罩，争当自觉佩戴口罩的"践行者""宣传者"和"监督者"，带动身边亲友养成出门戴口罩的良好习惯，及时劝导不戴口罩、纠正不规范佩戴口罩的行为，引导群众强化防护意识，践行防疫要求，共同提升防疫能力。

五、志愿服务"引导戴"

全市各级新时代文明实践中心（所、站）、工青妇组织、学校少先队组织等要广泛开展"全民戴口罩"文明劝导志愿服务活动，积极宣传戴口罩的重要意义和作用，全市广大青少年要积极争做防疫宣传员、讲解员、劝导员，随时提醒家人、他人佩戴口罩。

口罩虽小,能抗疾病;口罩一戴,安全常在。为了您和他人的身体健康,请积极响应倡议,让我们共同养成科学规范佩戴口罩的文明习惯,一起接力,一同抗疫,为共同筑牢免疫屏障做出自己应有的贡献。

××市委市政府应对新型冠状病毒肺炎疫情工作领导小组指挥部

2022年11月26日

感谢信范例

致离任一届市政协委员的致敬信

尊敬的政协××市第一届委员会离任委员:

政协××市第二届委员会第一次会议即将召开,政协××市第一届委员会圆满完成光荣的履职使命。在新一届市政协扬帆启航之际,我们满怀感激和依恋的心情,向你们为人民政协事业发展和××改革发展稳定付出的努力,致以最衷心的感谢和最崇高的敬意!

你们在担任政协××市第一届委员期间,以高度的政治责任感和使命感,满腔热情履职,围绕××经济社会高质量发展和增进百姓民生福祉,深入调研视察、协商议政、建言献策;积极撰写提案,反映社情民意,热心公益事业,倾情献计出力;致力维护团结和谐的良好政治局面,增共识、聚合力,发出政协好声音,传递社会正能量;立足本职岗位,创新创业、建功立业,为发展添劲助力，生动诠释了政协委员的神圣职责，为××决战脱贫攻坚、决胜全面建成小康社会做出了重要贡献。

回顾走过的历程，广大政协委员一起度过了履职尽责的难忘岁月，彼此结下了合作共事的深厚情谊，共同见证了政协事业的发展进步。由于年龄、任期或工作变动等原因，虽然你们不再担任新一届市政协委员，但你们留下的好做法、好经验、好作风，将成为我们继续做好政协工作的宝贵财富。

人民政协是团结之家、民主之家，你们永远是政协大家庭的成员。真诚地希望你们继续保持同政协的密切联系，一如既往地关心××的经济社会发展，一如既往地支持市政协的工作，一如既往地积极发挥作用、继续建言献策，在全面建成社会主义现代化强国的新征程上，奋力续写人民政协事业发展的新篇章，为建设"美丽××"贡献智慧和力量！

衷心祝愿你们身体健康，阖家幸福，万事如意！

政协××市委员会
2022年1月5日

第 5 章
常用公文的格式、范例和辨析

本章主要介绍常用事务公文的写作方法和技巧。事务公文是为处理日常工作中的具体事务而写的实用文体，主要用于沟通信息、安排工作、总结得失、研究问题等，是传递信息、交流思想的工具，通常带有总结性、宣传性和鼓舞性的特点。常见的事务公文主要有计划、总结、调查报告、领导讲话稿和演讲稿等。

本章涉及的主要内容如下：

- 27 种高频使用的事务性公文的写作要素、格式、逻辑框架和注意事项等。
- 事务性公文中易混淆的类型辨析，如规划、计划、要点的区别，以及总结和述职报告的区别等。
- 在讲解写作方法的基础上为每种文体所配的生动案例。

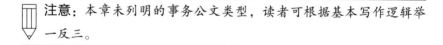
注意：本章未列明的事务公文类型，读者可根据基本写作逻辑举一反三。

5.1 基本写作逻辑

与法定公文一样，常用的事务性公文同样具有文稿定位和文稿呈现这两层最基本的写作逻辑，在写作之前一定要厘清。

5.1.1 常用公文的定位

首先要确定文稿的定位，即写给谁看。事务性公文虽然不像法定公文那样必须写明主送机关，但其写作对象也是非常明确的。动笔之前先要搞清楚这篇稿子的读者或受众是谁，用于什么场合，要达到什么目的。

以工作汇报为例，受众就是听汇报的人，有可能是上级领导，也可能是上级组织委派的人员。在写工作汇报稿时，领会受众意图至关重要，而受众的意图一般体现在安排此次汇报的通知上，因此要逐字逐句理解通知。事务公文往往有时限要求，避免因错会意图而走弯路。

5.1.2 常用公文的呈现

事务性公文不是例行公事，为了达到部署落实相关工作、鼓舞激励人心的作用，也需要写作者与读者实现交流、倾诉并获取共鸣。没有这种写作意识，写作就成了生硬的例行任务，必然苍白无力。在收集素材、筛选素材、搭建框架之外，一份事务公文能够得以高质量的呈现，还必须具备一定的思想性。

5.2 工作计划

工作计划是体制内外使用频率都比较高的一个文种，历来就是公文写作的"重头戏"。工作计划侧重于一个时段内的综合性工作。要写出一份高质量的工作计划，不仅对文字能力有比较高的要求，更是对写作者工作视野、谋划能力和前瞻性的一次检验。

在一项工作的开始，往往在心里构思了很多想法，可是落到笔头上却不知从何写起。要知道，工作计划不仅仅是写给自己看的，工作计划的写作对象通常包括你的上级、下级，甚至包括需要协作配合的平级部门。把自己的想法清晰地表达出来，让工作计划的执行者能够"信息对称"，是一项工作得以顺利开展、计划落实到位的先决条件。

5.2.1 工作计划的类型

（1）工作计划从时间上分为年度计划、季度计划、月计划、周计划等。

（2）工作计划从主体上分为个人工作计划、部门工作计划等。

（3）工作计划从对象上分为项目工作计划、活动计划，如教研计划、扶持计划、孵化计划等。

5.2.2 工作计划的要素

写工作计划时不知如何落笔，可以按照如下几个要素梳理：

1. 工作背景（为什么：WHY）

首先要分析情况。制定计划前，要分析研究工作现状，依据什么来制定这个计划。如果是单项工作计划，尤其是一项全新的工作，需要阐明这项工作的重要意义，即为什么开展这项工作。

2. 任务目标（做什么：WHAT）

这项工作包含哪些具体内容，即所应完成的任务和应达到的工作指标。梳理具体的工作任务和相关要求，注意要全面。

3. 工作方法（怎么做：HOW）

如何开展这项工作，确定工作的方法和步骤，采取必要的措施，注意举措要具体。

4. 作分工（谁来做：WHO）

有分工才能落实，分工既要明确，责任到人，也要准确，可以按照单位既有的职责和权限范围分工，避免推诿扯皮。

5. 作进度（什么时候做完：WHEN）

将具体工作分解成小任务，明确每项任务的完成时限，确保工作最终得以完成。

5.2.3 工作计划的格式

工作计划一般由标题、前言、计划事项和署名构成。

（1）标题：包括单位或团体名称和计划期限两个要素，如"××物流集团××年度工作计划"。

（2）前言：一般包括工作目的和要求、工作项目和指标。

需简明扼要地说明制定计划的目的或依据，提出工作的总任务或总目标。

前言常用"为此，今年（或某一时期）要抓好以下几项工作"作结,并领起下述的计划事项。

(3)计划事项:计划事项即计划的具体内容,是计划的实施步骤和措施等,也就是做什么、怎么做、做到什么程度,谁来做。

(4)署名:写明订立计划的日期。

5.2.4　工作计划的注意事项

按照工作计划的写作要素梳理出的仅仅是写作的"素材",相当于有了"骨架"。要想写出优秀的工作计划,还需遵循"六句箴言"。

(1)懂政策:认真学习研究上级的有关指示办法。领会精神,武装思想。

(2)接地气:认真分析本单位的具体情况,这是制订计划的根据和基础。

(3)可执行:根据上级的指示精神和本单位的现实情况,确定工作方针、工作任务、工作要求,再据此确定工作的具体办法和措施,确定工作的具体步骤。环环紧扣,付诸实现。

(4)设预案:根据工作中可能出现的偏差、障碍、困难等提前预想克服的办法和措施,以免发生问题时工作陷于被动。

(5)明分工:根据工作任务的需要组织并分配力量,明确分工。

(6)可复盘:计划草案制定后,应交全体人员讨论。计划是要靠团队来完成的,只有正确反映团队的要求,才能成为大家自觉为之奋斗的目标。

5.2.5　工作计划范例

某区教委争创全国双拥模范城工作计划

一、工作目标

成立×区教委创建全国双拥模范城工作领导小组，明确职责。将双拥工作纳入教育改革发展总体规划，纳入各单位年度考核指标体系。研究制定教育系统双拥工作年度工作计划。加大宣传力度，组织协调各单位、科室圆满完成年度各项创建任务。

二、工作任务

（一）《工作要点》任务

1. 任务明确科学有序

将双拥工作纳入教育改革发展总体规划，研究制定教育系统双拥工作年度工作计划，将双拥工作开展情况纳入各单位年度考核指标体系。

各单位制定双拥工作年度工作计划，任务和目标明确。

牵头单位：学校后勤科

配合单位：办公室、督导科、各基层单位

负责人：××

完成时限：20××年5月

2. 宣传教育厚植情怀

将党史、新中国史、改革开放史、社会主义发展史等以书画形式搬上橱窗、后黑板和走廊，营造红色教育氛围。

开展高中阶段学生军训工作，结合综合实践活动开展初中学校军训工作。

采取校内与校外教育、集中与分散教育相结合的方式，组织开展形式多样的爱国主义和国防教育主题活动。

广泛开展"红色纪念活动、红色专题宣讲、百部红色电影、红色歌曲传唱、征集红色征文"系列专题教育活动。

牵头单位：宣教科

配合单位：基教一科、基教二科、体卫艺科、学前科、各基层单位

负责人：××

完成时限：20××年11月底前

3.双拥工作扎实有效

充分利用教育系统自身优势，为驻地部队官兵举办学历培训、计算机应用、科学知识讲座等活动。

积极开展科技拥军、法律拥军、文化拥军等智力拥军活动。

牵头单位：职成科

配合单位：基教一科、基教二科、教育基础设施服务中心、××大学、各基层单位

负责人：××

完成时限：20××年11月底前

4.军民融合深度发展

组织学生参与"军营开放日"活动。利用驻区部队资源，开展国防教育，建设国防教育特色校、示范校和少年军校。

开展"校园开放日"活动，邀请驻区部队官兵参与到学校育人的各环节中，大力推进爱国主义和国防教育进校园。

积极开展拥军优属"送温暖"活动，切实关心校内退伍军人、军人子女、军人家属等，解决他们在工作、生活中遇到的困难。

牵头单位：基教二科

配合单位：基教一科、基教二科、学前科、职成科、体卫艺科、各基层单位

负 责 人：××

完成时限：2021年11月底前

（二）政策类任务

对现役军人、烈士、因公牺牲和病故军人以及自主择业军转干部子女在接受学前教育和义务教育时，学校、幼儿园优先安排入托入学。在接受高中阶段教育时，在同等条件下优先予以照顾，对经济困难家庭子女优先纳入资助对象，确保其完成学业。

认真宣传和贯彻落实军事院校招生政策，积极配合做好报考、招生、录取工作。凡占用教委指标应征入伍的教师在义务服兵役期间的军龄计算为教龄，复员后可优先使用本单位中级专业技术岗位职数申报专业技术职务。

牵头单位：教育考试中心

配合单位：基教一科、基教二科、学前科、人事科

负 责 人：××

完成时限：20××年11月底前

（三）创新任务

在××村建立国防和双拥教育阵地，集中组织开展1次以上教育活动。

利用建军节、全民国防教育日、9·30公祭等重要节日，开展敬献花篮、重温入党誓词等教育宣传活动。

运用微博、微信等新兴媒体和阅报栏、宣传橱窗、电子屏等公共设施积极开展国防和双拥宣传工作，每年向区双拥办报送不少于5篇稿件信息。

牵头单位：宣教科

配合单位：基教一科、基教二科、学前科、职成科、各基层单位

负责人：××

完成时限：20××年11月底前

三、工作要求

（一）健全机构，加强领导

为确保教育系统创建工作顺利完成，区教委成立以教委主任为组长，后勤科、宣教科、基教一科、基教二科、体卫艺科等科室为成员的领导小组，统筹推进教育系统双拥工作。各基层单位也要成立专门组织机构，明确责任人，落实好工作职责，如期按质完成各项任务，确保实现创建目标。

（二）广泛宣传，营造氛围

各单位要加大国防教育和双拥工作宣传力度，把宣传工作提到双拥创建工作重要位置，以增强国防观念和双拥意识为目标，通过多种形式，全面宣传创建工作的目的、意义、任务、要求，在全区教育系统形成浓厚的创建氛围。

（三）强化保障，扎实推进

区教委负责统筹协调创建工作物质保障，确保人力、物力、财力及时足额到位。各单位要抓好本单位双拥工作，切实按照实施方案履行好工作职责，把各项创建任务真正落到实处，及时妥善解决创建工作中遇到的困难和问题，推动创建工作顺利实施。

（四）严格督查，确保实效

区教委对双拥创建工作进行督促指导、定期检查和考核评价，对重视不够、措施不力、影响创建工作成效的单位和个人，按照有关规定追责问责。

××区教育委员会
20××年5月2日

5.3 工作规划

同样是对未来一段时期内工作的构思计划，工作规划相较于工作计划更为全面长远，一般是对未来整体性、长期性、基本性问题的思考和考量，或是未来整套行动的方案和发展计划。

5.3.1 工作规划的格式

工作规划一般由标题、正文和落款组成。

1. 标题

与法定公文标题的拟制类似，规划的标题包括制发机关、事由和文种（既规划）组成。事由中要明确规划的时限，如《××公司2023年工会工作规划》。

2. 正文

（1）现状分析：这部分是规划的依据，存在什么问题、朝什么目标努力，用以引出规划内容。

（2）规划内容：是规划的主体部分，具体设计各方面的任务指标。

（3）应对措施：针对规划内容提出实施原则和方针方法。

3. 落款

在正文的右下方注明制定规划的年、月、日，但若规划制定单位在标题中出现过，这里可不写。

5.3.2 工作规划的注意事项

在写作工作规划时应注意以下几点：

（1）宏观性：规划一般是对一定地区或较大的事业做出的部署。

(2) 中长期：规划的时限通常是若干年。

(3) 战略性：工作规划属于战略性部署，可以用来制定发展愿景和总目标。

(4) 鼓舞性：通过远景和蓝图的描绘，实现鼓舞士气、激发积极性的作用。

5.3.3 工作规划范例

中国水产学会"十四五"工作规划

一、规划背景

在中国科协和农业农村部的正确领导下，"十三五"时期，中国水产学会认真学习习近平新时代中国特色社会主义思想，增强"四个意识"，坚定"四个自信"，切实做到"两个维护"，……，各项改革和事业发展取得显著成效和积极成果。

当今世界正经历百年未有之大变局，新一轮科技革命和产业变革深入发展，国际环境深刻变化……但我们清醒地认识到，与党和国家的要求，与渔业经济发展的需求，与广大水产科技工作者的期待，与创建世界一流学会的目标相比，学会工作仍存在不少问题和短板。主要表现在：团结引领广大水产科技工作者服务构建新发展格局的能力有待进一步强化，发展会员、为会员提供更加优质服务的工作水平有待进一步提升，支撑助力乡村振兴和服务渔业绿色高质量发展的作用有待进一步增强。

在新发展阶段，学会必须站在新的更高起点上，开启创新渔业科技发展新征程，拓宽人才成长进步新舞台，展现渔业科技经济融合发展新作为,构筑学术交流新高地,厚植农渔民科学素质新沃土,凸显柔性科技智库新特色,不断向建设中国特色世界一流学会目标迈进,为全力推进现代渔业建设、全面实现渔业绿色高质量发展、全面建成小康社会作出积极贡献。

为切实做好"十四五"时期中国水产学会工作,促进学会事业发展,根据《中国科学技术协会事业发展"十四五"规划(2021—2025年)》,结合学会实际,编制《中国水产学会"十四五"工作规划》。

二、指导思想

坚持以习近平新时代中国特色社会主义思想为指导,深入贯彻落实党的十九大和十九届二中、三中、四中、五中全会精神,保持和增强政治性、先进性和群众性,强化渔业科技自强自立,持续推进"学术""科普""智库"三轮驱动,着力开展"五大品牌"建设,切实履行为水产科技工作者服务、为渔业科技创新驱动发展服务、为提升全民科学素质服务、为党和政府科学决策服务的职责,致力于创建世界一流学会,为巩固脱贫攻坚成果、全面推进乡村振兴、建设现代化渔业强国作出新的更大贡献。

三、基本原则

(一)坚持党的领导

……

(二)坚持主责主业

……

(三)坚持自强自立

……

(四)坚持守正创新

……

四、发展目标

紧紧围绕中央关于"三农"工作决策部署，充分发挥联系广泛、智力汇聚、独立客观的优势，把中国水产学会建成党和政府放心、会员和水产科技工作者满意、社会认可的一流现代科技社团。

——政治引领能力和桥梁纽带作用明显增强。认真学习贯彻习近平新时代中国特色社会主义思想，引导水产科技工作者守初心担使命，团结带领广大水产科技工作者积极投身渔业科技创新主战场，为全面推进乡村振兴、渔业现代化建设贡献智慧和力量。

——服务创新驱动发展能力明显提高。深入贯彻科技创新驱动发展战略，做强做精学术交流平台，进一步发挥科技评价和奖励的激励导向作用，促进渔业发展提质增效。

……

五、重点任务

（一）坚持党建统领

1. 加强党的全面领导

一是落实"双向进入、交叉任职"领导机制。全面推行党员理事长担任党委书记，党委书记履行党建第一责任人职责，牵头制定学会党委工作计划和措施，抓好学会党建重点工作的研究、部署和推进工作。二是强化党建工作体系。进一步理顺学会党建工作机制，优化由理事会党委、秘书处党组织、分支机构党的工作小组构成的学会党建工作三层组织架构，执行好"理事会党委对学会全面落实从严治党负主体领导责任，分支机构党的工作小组对科技工作者负团结凝聚责任，秘书处党组织对学会落实有关规定精神负战斗堡垒责任"，使责任制贯穿于学会党建工作全过程。

2. 强化党的政治引领

……

（二）提升学术引领能力

1. 加强学风道德建设

一是继续引导广大水产科技工作者和会员践行爱国、创新、求实、奉献、协同、育人的新时代科学家精神，积极营造良好的学术风气和创新氛围。二是充分发挥学会学风道德和学术诚信工作委员会的作用，持续开展科学道德和学风建设宣讲教育，引导广大水产科技工作者、青年学子恪守学术道德和科学伦理。

2. 打造高端学术品牌

……

六、保障措施

（一）加强组织领导

……

（二）加强条件建设

……

（三）加强制度建设

……

（四）加强宣传力度

……

中国水产学会
20××年××月××日

5.4　工 作 要 点

工作要点，即将一定时期的工作择其要者列出，是从工作计划中提炼出的某单位在一定时期内要完成的任务目标，具有简明、扼要的特点。可以说，工作要点是一种粗线条的工作计划，行文具有灵活性，在格式上约束性不强。

5.4.1 工作要点的类型

（1）工作要点按范围可分为部门制定的工作要点和单位制定的工作要点。

（2）工作要点按时限可分为一周工作要点、季度工作要点、年度工作要点等。

5.4.2 工作要点的格式

工作要点行文具有灵活性，约束性不强，格式不要求十分完备。

（1）标题：单位名称+时间+工作要点，如《××市××局2023年工作要点》。

（2）前言：制定工作要点的目的、依据，或指导思想、总体要求等。点到为止，不必展开。

（3）正文：逐项列明工作要点，简明扼要，提纲挈领，只需说明为什么做、做什么，甚至仅谈做什么即可。

5.4.3 工作要点的注意事项

（1）简明扼要：工作要点是为了集中反应工作计划中最重要的部分，针对性强，内容集中，不要求展开讲述，但要求提炼与概括要点。

（2）分条列项：工作要点呈现出来的直观印象是分条列项，语言上不需要讲究过渡，无须修饰。这是工作要点与规划、计划最大的不同。

5.4.4 工作要点范例

××公司2023年安全工作要点

一、指导思想

以党的二十大精神和习近平总书记关于安全生产系列重要论述为指导,贯彻新发展理念,坚持人民至上,坚持守正创新,坚持问题导向,坚持系统观念,不断强化安全生产治理体系和治理能力建设……努力开创安全生产历史新局面。

二、工作目标

(一)工亡事故、危险化学品事故、较大火灾事故和重大道路交通事故为零;

(二)千人负伤率≤××,轻伤人数≤××人;

(三)职业病危害因素定期检测率、职业健康体检率×%;重大事故隐患按期整治率×%。

三、重点工作措施

(一)深学细悟笃行党的二十大精神,树牢"安全发展"理念。

1.深入学习领会,提高政治站位。

2.健全安全生产责任体系,深化责任落实。

(二)多维度促意识、能力双提升。

3.规范教育培训,提升意识技能。

4.强化应急演练培训,提高实战救援能力。

……

5.5 规划、计划和要点的区别

工作规划的具体部署离不开工作要点，工作要点的细化实施又离不开工作计划。规划、计划、要点这三种事务公文，往往成套出现，它们在可操作性、时间长短、事务颗粒度等方面都有差别。

> **注**：颗粒度（granularity）；互联网术语。颗粒度大表示宏观、概括；颗粒度小表示更微观、注重细节。

5.5.1 时间长度从长到短

从时间跨度看，工作规划、工作要点、工作计划之间是缩小的关系。工作规划一般为三年以上。工作要点和工作计划多则一年，少则一月、一周。而工作计划可以针对一事。

5.5.2 事务颗粒度由大到小

从事物颗粒度看，工作规划、工作要点、工作计划之间是依次细化的关系。工作规划的内容较为概括。工作要点只写任务和目标，相对规划来说要稍加具体。工作计划则最为具体细致，例如会议计划，会议计划需拟定会议的名称、内容、地点、日程、议程、人员、住宿、交通、座次、材料准备和经费开支等很多具体内容与细节。

5.5.3 三者的衔接关系

从衔接关系看，工作规划、工作计划之间是承接的关系。工作规划层次最高，要点次之，计划层次最低。规划的具体部署靠工作要点承接，要点的细化实施靠计划承接。

5.5.4　可操作性依次增强

规划、要点、计划的可操作性是依次增强的关系。规划更像是蓝图和远景，不要求可操作性。要点是对将要进行的工作的安排，有具体的任务目标，略具操作性。计划则要求据此付诸行动，最具操作性。

5.6　工作总结

工作总结的本质就是向领导营销自己。是向领导或上级全面展示自己的最优途径。

工作计划与工作总结一个是事前行文，一个是事后行文，二者关系密切、互为参照。写作工作总结时要对计划完成情况做出判断，这样才能体现总结的评估反馈属性。

5.6.1　工作总结的类型

（1）按时间可将工作总结分为年度总结、半年总结、季度总结等。
（2）按范围可将工作总结分为单位总结、个人总结、综合性总结、专题总结等。
（3）按性质可将工作总结分为生产总结、教学总结、科研总结等。

5.6.2　工作总结的写作要点

1. 做了什么

即工作的概况。高度概括某项工作或某段时期工作的综合表现、收获感受。这部分语言风格倾向于感性、精简。

2. 怎么做的

即具体的做法、举措等。

3. 做得怎样

即实现了什么样的效果。如果是定量指标，要用翔实的数据清晰地展示完成情况。包括全年总目标及完成情况，细分目标及完成情况，对不同的完成情况进行解释说明。如是定性指标，如负责多项工作，可用小标题分别阐明完成情况、成绩和亮点。

4. 为何这样做

即对工作的体会和总结的经验教训。可以是对本职工作的理解与思考，工作成果与亮点，工作中存在的问题和不足。也可以是对个人的成长与思考。例如，在专业上有哪些认知上的迭代？新掌握了哪些技能？新获取了哪些经验？个人有哪些不足和反思？接下来最需要突破的是什么？

5. 应该怎样做

即如何将工作的体会运用到未来的工作中和对未来工作的设想。这个要素一般是总结的结尾，即如何发扬成绩、解决存在问题、明确今后的努力方向，也可以展望未来，得出新的奋斗目标。

5.6.3 工作总结的格式

根据梳理出的五要素工作总结可以形成多种不同的写作结构，可根据实际情况灵活使用。

1. 四层结构

将写作五要素中的后两个问题"为何这样做"与"应该怎样做"相融合，可形成概况—做法—效果—体会（经验教训、未来设想）的四层结构。

2. 三层结构

将写作要素中的前三个问题"做了什么""怎么做的""做得怎样"压缩合并,可形成基本情况(概况、做法、效果)—经验教训—未来设想的三层结构。

3. 两层结构

直接合并前四个内容,分成两大块:过去工作(概况、做法效果、经验教训)—未来设想。

5.6.4　工作总结的注意事项

1. 善抓重点

出彩的成绩往前放,根据首因效应,第一印象直接影响总体评价。

2. 逻辑清晰

用好小标题和关键词,流水账式写法会让领导觉得你思路不清,不值得培养。

3. 写出特色

审慎使用模板,单位不同,岗位不同,成绩各异。有雷同感的工作总结会让领导觉得应付和敷衍。

4. 语言精准

精准就是准确和简明。准确是指用词准确,不能含糊。简明要求文字朴实,简洁明了,千万不可笼统、累赘。数据有时是避免空洞的好办法,如同比、环比、横比。

5. 客观实在

总结往往和绩效评价相关，所以切不可过分谦虚，要相信自己不可或缺。

5.6.5 工作总结的三个逻辑

要写好工作总结，三个逻辑不可或缺。

1."因果逻辑"，挖掘总结价值

在成功中总结经验，在失败中总结教训，才能掌握工作成功、事业胜利的规律。这其中最好的方法就是因果分析法，从分析研究工作结果开始，找出取得成绩的原因，加以发扬复制，追寻问题的根源，加以避免和杜绝，形成规律性认识，总结经验与教训。

2."零整逻辑"，升华总结认知

很多工作具有综合性，问题表现非常复杂，从整体上很难分析成败原因、提取经验教训。这就需要用到化"整"为"零"的解剖分析法，将工作中涉及的天时、地利、人和等因素逐一研究，通过整合与归纳升华为理性认识。

3."时间逻辑"，延伸总结作用

"往者不可谏，来者犹可追"，工作总结的本质和真正意义在于指导未来。把总结出的经验教训，作为下步工作安排和再决策的基础，应用到未来的方向上，这是工作总结的最高层次。

5.6.6 个人总结的万能框架

个人总结是职场人绕不开的"一道坎儿"，可以说每个人都要写总结。然而，很多职场人在单位从事着"看似没什么"的工作，例如

档案管理员、柜面服务人员、窗口收费员、财务、人事、行政、运营、采购等。个人工作总结要怎么写，才能让"看似没什么"的工作点石成金呢？这里提供一个万能的逻辑框架，即向内、向外、拔高、展望。

（1）向内：即学习和提升，把你为了提升自己的工作能力，额外地去学习了什么，获得了某种技能、眼界、角度、构思、成长、收获等一一展示。这表明自己心系公司，是你心思都在工作上最直观的表现。

（2）向外：即展示你日常工作中的功劳和苦劳。有数据堆数据，有对比上对比，如和公司内部对比略处下风，就横向对比整个行业。但数据不可造假，不能有水分。

（3）拔高：其实就是发现问题，发现自己的问题和别人的问题，并进行反思和总结，最关键是要拿出具体的解决方案。

（4）展望：即未来该如何努力，该在哪些具体方面着重下功夫。

5.6.7 工作总结范例

工作总结：夯实基础，未来可期

安全风控部 ××

万仞山川、四海潮生，北极冰川上的每一分锋芒，都基于海面下看不到的深厚基础。我从事司法方面的工作近十年，深深懂得，事业宏图之实现，靠的是每个基础小单元的创造和发展，靠的是每个细胞的力量和活性。有幸于20××年年初加入公司，整整一年时间，在董事长的关心和指导下，在同事们的支持和帮助下，我努力进取，收获满满，亦有些许遗憾和不足，在此就我本人一年工作之得失和新一年的规划向领导汇报，以期领导批评指正。

第 2 篇　公文写作提升
（软剑无形，迅捷如风）

一、20××年工作总结

（一）对风控合规机制体制建设的贡献

风控合规机制体制建设是助力公司生存和发展的重要因素，也是公司健康有序发展的有力保障。2020刚一开年，新冠疫情便趋于严重，国家和公司均面临着巨大的发展压力，但建制工作刻不容缓，在疫情期间，我们部室顶住压力，从初七开始，已在家里开展安全风控具体工作。我参与制定了《合同管理办法》《合同风险防范管理制度》《法律纠纷处理管理制度》《法律顾问服务方案》《律师服务质量评价办法》《股权投资投后管理办法》《对外合作管理办公室职责》《内审委员会工作职责》八项制度，并制作出了具体的流程图，以实现相关事项有据可依，有章可循。

这一年，我累计制定了19个建设工程类、9个资产管理类、8个施工企业类共36个范本合同，并将全部范本合同上传至OA办公系统，以作为集团各部门及子公司在业务谈判中可使用的合同协议的格式化范本；还有8个生产经营类范本合同和7个其他类范本合同内容，已通过相关单位的审定，现正由法律顾问审核，审核完毕后将全部上线于OA办公系统，供各部室及子公司使用。同一时间，还有9个投融资类范本合同正在草拟，完成拟定和审核后，将一并上线OA办公系统，用于使用环境。与此同时，我通过与OA系统工作人员沟通，制定了集团合同会签流程，并协助子公司制定了合同会审流程，为公司安全风控提供了工具和流程依据。

我们按照公司要求开展了制度编制与修订，以及一系列的机制体制建设，并把相关内容和流程在OA工作系统中上线。这些举措进一步推进了风控合规工作的实效落地，促使公司逐步走向规范化、流程化、科学化。事实证明，这些工作在实际应用环境中切实提高了效率和质量。

（二）风控合规实务方面

我在项目建设流程的专项梳理，包括使用三峡后续、中央预算、专项债资金等专项资金，以及财务报销流程的优化整改工作中，发挥了重要作用；对××××公司和××××公司的合同会审及前置采购、决策程序执行情况的抽查工作进行了支持；参与了2020年以来项目建设流程规范性等内容的检查。

同时，在合同协议审核方面，截至2020年12月28日，共审核各类合同协议487份，其中线下384份，确保公司各类合同协议的签署安全，有效规避此方面的风险。

当年度我总计参与项目管理部以及集团子公司组织的招标文件会审工作18次，积累了一定的会审经验。参与了4家合资公司的走访活动，了解其生产经营情况，对业务风险有了较为系统的掌握，为未来风控工作的开展积累了第一手资料。

（三）风险事项应对方面

我参与处理了7个在建项目因疫情延期的不可抗力纠纷，最后经协调达成一致意见，分别签订延期补充协议书，确保在建项目顺利完成；参与化解了与××进行的买卖合同纠纷，制定了调解文书，最终达成和解，维护了公司的利益；处理了与××××债务纠纷强制执行案件，通过积极跟进，债务人已按签订的还款协议要求，每月进行还款，我们亦持续对债务执行情况进行了密切跟踪，确保集团债权的顺利实现。

（四）学习提升和其他价值贡献

在学习方面，我每周双休日坚持观看各类法律法规的课程直播；参加了××大学老师到公司进行的培训，并成功通过各项考试；参加了县财政局举办的劳动知识竞赛并获得奖项；购买了各类法律法规书籍进行系统学习，明年打算参加司法考试，进一步强化自己的风控合规能力及法律素养，以提升自己安全风控部门的履职能力。

疫情期间，在公司领导没安排我值班的情况下，我主动申请到责任区进行疫情期间的值班值守，并进行了入户调查工作，为公司发展尽到自己的一份绵薄之力。

（五）取得的成绩和经验

回望整个2020年的工作，压力之余，最大的收获是成长。对具体专业领域的聚焦和对风控实务的直接支持，是我过去的职业生涯所未曾经历的，这一年的实践，让我对公司、对自我，都有了一个深刻的认知。另外，在这一年度，领导授予我们部门先进部室的殊荣，这是对我和我们部门工作进步的莫大肯定。

（六）存在的问题和不足

这一年的工作亦有许多不完美的地方。例如在审查合同方面，还需要细心再细心；在做事效率方面，如果运用恰当方法，我相信还有提升空间；在学习方面，公司发展日新月异，想要在公司飞速发展中起到应有的作用，学习方面还需进一步加强；在与各部室单位的沟通协作方面，也需进一步提升。再有就是工作中的胆实和魄力还不够，很多工作还需主动出击，提升责任担当，有舍我其谁的勇气和解决疑难杂症的智慧。

二、2021年工作计划

一年时间，我在安全风控工作方面取得了不少成绩，在保证公司安全、稳健运行方面，做出了一定贡献。为了进一步提升安全风控部的防控能力，针对上一年度工作中出现的不足，我制定了2021年我个人的工作计划：

（一）加强风控，理顺流程

把风控规范在流程上，把流程建立到系统上，继续进行流程和制度建设，并把可能的项目固化至OA系统中，在安全风控方面提量、提质、增效。

在合同审核量既定的前提下，提升审核的平均时效，对于通用文本按模板固定，降低修改率，对于高敏审核点加以重点关注，全力杜绝合同瑕疵，避免因合同瑕疵出现合同纠纷的情况发生。对范本合同数量、使用率进行跟踪评估，对合同用印流程设置进行跟进，提升内部运转效率，助力业务整体效能。把合同方资质、合同首部与印章等加入重点审核范畴，避免合同无效的情形发生。

（二）强化沟通，深入协作

树立"泛客户"理念。对安全风控部而言，我们虽然很少直接面对外部客户，但我们日常打交道的各个部门，都可以视为我们的"客户"。充分建立客户服务意识，积极沟通，深入了解和识别其深层次需求，才有可能充分协作，各施所长，共同为公司提质增效、阻隔风险献策、献力。

拟建立前后线联席会议制度。以季度为单元，针对当季重点问题进行总结，对关键事项商讨对策，对下步工作进行协同安排，以减少沟通成本，有针对性地提升对特定问题解决效率和对特定工作项目的专项支持。

（三）加强学习，全面提升

加强自我学习。随着《中华人民共和国民法典》等新的法律条文和商业规范的应用，及时更新自我知识储备，学习新内容，适应新语境，迎接新变化，助力新发展。

为员工培训的提升出谋划策。例如利用调研问卷等方式了解一线需求，针对热点和高发内容增加新一年法律法规培训的次数，充分利用线上直播、视频课、图文宣导、现场研讨等多样化的方式提升培训效果，让相关人员直接接受普法教育，提升全员法律合规意识,为安全风控工作提供群众基础。

推动部门建立风控合规知识库。组织中最大的浪费是经验的浪费,新一年我将牵头把我们部门所做过的案例、审核要点、流程梳理、培训总结等归档建库,对日常查询、法律咨询等内容进行知识点汇编,做成指引手册,既方便部门回顾总结,也方便公司同事查阅,避免重复犯错、重复劳动,为公司创造价值。

惊涛拍岸,风鹏正举。习近平总书记曾说:"江河之所以能冲开绝壁夺隘而出,是因其积聚了千里奔涌、万壑归流的洪荒伟力。"我因成为公司的一员而荣幸,因能为公司贡献自己的一份力量而骄傲。疫情无情、竞争无情,新的一年,只有充分发挥每个人的能动性,团结在董事长周围,才能从容应对。展望未来,前途明朗,我和安全风控部的同事将继续并肩携手,共同面对未知的坎坷,为公司发达兴旺一起加油。

我坚定地相信,只要夯实基础,一定未来可期!

5.7 工作计划和工作总结互为参照

年复一年,个人不断成长进步,组织不断发展壮大,在实践中总是表现为计划—实施—总结—再计划—再实施—再总结的循环往复的过程。计划和总结分别是工作实践活动的起点和终点,工作计划和工作总结是一对互为参照的文体,工作总结既要以工作计划为依据,又要对计划完成情况做出评估反馈;制订工作计划则要以上一阶段的工作总结为依据,所提目标、任务、措施都应参照上一阶段的总结。

5.7.1 化"做什么"为"做了什么"

无论是写个人总结、部门总结还是全单位的总结,运用"拿来主义"——从对应的工作计划中收集素材,往往事半功倍。

在动手开始写工作总结之前,首先要收集素材,这些素材包括过去一段时期方方面面的工作,但往往忽略了一个重要的素材——工作计划。我们可以运用工作计划中任务目标的完成情况进行总结导语部分的写作。

在 5.2.2 中我们介绍了工作计划的要素,在 5.6.2 中介绍了工作总结的要素。其中,工作计划中"做什么"可以作为工作总结写作的前提。工作总结"做了什么"这个要素,一般要高度概括某项工作或某段时期工作的综合表现,也就是现实计划中的目标任务,即计划中的目标任务的完成情况。

具体而言,工作总结的开头部分用工作计划任务的完成情况与工作计划的目标进行比较,揭示取得的成绩。而所谓"成绩",就是按计划全面完成了的目标,甚至超额完成了的目标。举例说明:

一年以来,在集团党委的正确领导下,……,促进了公司的各项工作落实,实现投资收益××万元,超出年初制定的目标34%,实现利润××万元,比去年增长57.60%,创公司成立以来最佳经营业绩。

5.7.2 化"怎么做"为"怎么做的"

工作计划的要素"怎么做",揭示了预设的工作方法步骤和打算采取的必要措施等。在实际工作中,将计划付诸实施则要按照预设的步骤措施开展工作。因此,在写工作总结"怎么做的"这一部分时要运用计划中采取的措施及具体步骤来展开,具体陈述工作或活动中的实践做法。

5.7.3 以"做得怎样"为基础写"做什么"

写工作总结的最终目的是彰显成绩、弥补不足、提炼经验、解决问题，以便更好地开始下一阶段的工作。酝酿、提出新的工作计划的目标任务时，要站在上一阶段完成的工作的基础上，以总结中的成绩为基础，形成新的目标。虽然新目标是源于上一段总结中的成绩，但要高于上一段总结中的成绩。

5.7.4 以"为何这样做"为基础写"做什么"

工作总结"为何这样做"主要写经验教训，着重于不足和存在的问题，分析过往得失，锁定今后目标，也就是今后需要努力的重点方向。写作工作计划，在提出新目标、形成新任务时，则要以上一阶段工作总结出的问题为重点写"做什么"，如此才能让组织或个人不断进步。

5.8 述职报告

述职报告是党政机关、企事业单位等单位主要负责人或法定代表人向上级机关和群众汇报履职情况的应用写作文体。有时单位还会要求主要负责人向全体参会人员报告，并通过多种形式接受各方评议与监督，因此，述职报告的性质介于讲话稿和总结材料之间。

5.8.1 述职报告的类型

述职报告可分为任职或年度述职报告、专题述职报告、部门或个人述职报告。

5.8.2　述职报告的写作要点

1. 政治思想状况

述职报告的重中之重是要旗帜鲜明地对政治思想状况进行总结、剖析。

2. 工作重点

个人履职情况是述职报告的主体。

3. 问题不足

述职报告中的问题在精在准不在多，同时还应有深刻的检视分析。

4. 思路举措

思路举措即对下一步工作如何思考、打算怎么干。

5.8.3　述职报告的格式

述职报告一般由标题、称谓、正文、结尾和落款组成。

1. 标题

标题一般由任职起止时间、所任职务和文种三个要素组成，例如《××××年至××××年任××职务的述职报告》。或者是在述职报告前加年度，例如《××××年度述职报告》。

2. 称谓

述职报告是向上级部门或领导报告，有时还要现场读给所属单位人员听。称谓一般写"组织部""人事处""党委"或"××同志""××（单位名称）的同志们"。

3. 正文

正文一般由引言、过渡性语句和主体三部分组成。

（1）引言部分概述任职的基本情况，一般比较概括，不需展开。

（2）引言到主体部分，往往需要用过渡性的语句："现在我就履行职责的情况……报告如下。"

（3）主体部分通常包括德能勤绩廉几个方面内容，述职者可根据工作实际情况选用适合于自己的结构方法，不必强求一律。

4. 结尾

一般在结尾表明态度，谈谈对今后工作的设想，并请求与会同志严格审查评议、批评、帮助。

5. 落款

落款写明述职者的单位、姓名和时间。姓名也可写于标题之下。

5.8.4 述职报告的注意事项

1. 真实自述，忌虚假

必须使用第一人称，内容真实确凿，忌弄虚作假。

2. 定量定性，忌空谈

依据岗位规范和职责目标，针对德、能、勤、绩、廉，自我评估、自我鉴定、自我定性。

态度严肃、认真、慎重，对自己负责，对组织负责，对群众负责。叙事有总有分，工作走向、前因后果，一目了然，引出自评，评议恰当切忌浮泛空谈，切勿过分引经据典，定性分析必须在定量证明基础上开展。

3. 务实得体，忌浮夸

（1）清楚身份。放下架子，以被考核、接受评议和监督的公仆身份履职履责做报告。

（2）明确站位。自己是在向上级汇报工作，是让组织了解自己，评审自己的工作，需严肃、庄重、正式。

（3）语言得体。掌握尺寸，应礼貌、谦逊、诚恳、朴实，切不可傲慢，盛气凌人，更不可夸夸其谈，浮华夸饰。

（4）内容实在。用叙述的方式清楚交代来龙去脉。

5.8.5　领导班子和班子主要负责人述职报告的区别

单位领导班子述职报告与班子主要负责人述职报告是完全不同的两份材料，在日常写作中，这两份材料无论是高度雷同还是相互游离都有问题，它们是相互照应的关系，具体区别方面可参照王道凤王老师在《领导班子和班子主要负责人述职报告写作的五点区别》中的阐释，以加深理解：

1. 写作要求不同

这两份报告在写作要求上的区别是非常明显的。写作人员动笔之前必须细细研读本次写作的通知要求，全面把握，不清楚的地方务必向有关单位咨询清楚，之后再动笔，千万不能照搬过去的要求，避免走弯路。

2. 内容范围不同

尽管领导班子与班子主要负责人对述职内容的报告应该也必须高度一致，但一般来讲，领导班子报告内容相对更全面一些，班子主要负责人报告相对集中一些，班子报告比班子主要负责人报告的篇幅也会相对更长一些。如某地 2021 年政府班子报告就"履行主职要务"写了"突破项目攻坚；强推新型工业；打造现代农业；培育全域旅游；加快城乡统筹；致力绿色发展；增强民生福祉；构建和谐社会"八个层次，而该地同年政府领导班子主要负责人述职报告只写了"一抓目标争先进位；二抓项目攻坚突破；三抓产业转型升级；四抓惠民安民保障"四个层次，把前面八个层次的内容集中起来写。这主要是因为班子主要负责人的精力毕竟有限，只能抓"牵一发而动全身"的大事要事。

3. 主体特征不同

领导班子报告主要展现的是一群人、一个领导集体乃至一个单位的特征，重点反映怎么做的，有什么效果，强调的是全面履职尽责情况。而领导班子主要负责人报告主要展现的是一个人的特征，在重点反映怎么做的、有什么效果的基础上，增加反映怎么想的，强调的是个人示范引领作用发挥情况。如例1两份报告提纲反映的内容基本相同，而班子主要负责人报告标题中"带头钻研""争当表率""树好形象"则显示出更为明显的个人示范引领作用。

【例1】

领导班子报告：

一、认真学习积累，提升整体素养

二、全面履职尽责，完成全年目标

三、严格法纪约束，建设规范政府

班子主要负责人报告：

一、在学习积累上带头钻研

二、在恪尽职守上争当表率

三、在法纪自律上树好形象

4. 反映的侧重点不同

领导班子报告重点反映班子采取的主要措施、工作过程及成效，而班子主要负责人报告更加重视认识和思路形成的过程，如例2的班子主要负责人报告中"在保障人民生命安全与经济发展基本'暂停'之间选择了前者，在重大疫情考验面前践行了以人民为中心的宗旨观念"就反映了思想认识。班子主要负责人报告简化了措施，只说核心举措。例2中领导班子报告阐明具体措施"对389名密切接触者、次密切接触者全部进行集中隔离，实施居家医学监测2023人，对重点城区80多万人组织开展三轮全员核酸检测，组织群众生活必需品供应"，而班子主要负责人报告只写了"现场组织、指导、督促开展集中隔离、居家监测、核酸检测和生活保障等工作"。班子主要负责人报告中淡化了成效，只谈亮点业绩。因为如果谈得太多，不仅篇幅不允许，也有为自己表功的嫌疑。例2中班子主要负责人报告对领导班子报告中"绝大部分工业企业生产、建筑工地建设秩序良好，社会大局保持稳定"进行了删减。

【例2】

领导班子报告：

从发现首批确诊3例阳性病例当日24时起，实行市区封城措施，切断一切离市通道，除运输药品、居民生活品等急需物品的车辆以及特勤车辆外，其他车辆不得出入。对389名密切接触者、次密切接触者全部进行集中隔离，实施居家医学监测2023人，对重点城区80多万人组织开展三轮全员核酸检测，组织群众生活必需品供应，绝大部分工业企业生产、建筑工地建设秩序良好，社会大局保持稳定，连续14天没有新增阳性病例，经省疫情防控指挥部批准已顺利解除风险等级。

班子主要负责人报告：

针对本市新冠疫情迅速扩散的风险较大问题，提请市政府常务会紧急研究，在保障人民生命安全与经济发展基本"暂停"之间选择了前者，在重大疫情考验面前践行了以人民为中心的宗旨观念，决定在市主城区实行封城措施，现场组织、指导、督促开展集中隔离、居家监测、核酸检测和生活保障等工作。连续14天没有新增阳性病例，经省疫情防控指挥部批准已解除风险等级。

5. 对相互关系的处理不同

领导班子主要负责人是领导班子中的班长，为此，班子主要负责人报告不能只顾"秀"自己的业绩而忘了班子，写作上要以个人印证引带班子措施和成效。如例3中班子主要负责人报告虽然更注意展示班长个人作用的发挥，在讲全年成绩时也没有抢了集体功劳，而是写道"全年与班子其他成员共招引亿元以上项目162个……"。与此同时，班子是以班子主要负责人为首的班子，班子报告不能因为表现集体而"淹没"了班子主要负责人的功劳，而应该对班子主要负责人的主要作为或成效予以照应，有的述职报告甚至会直接写出班子主要负责人的作为。例3中班子报告招商引资部分基本上照应了班子主要负责人报告的内容，还直接写明"市长多次赴省发改委协调重大项目立项事宜"。

【例3】

领导班子报告：

出台招商引资过程性激励和长期性奖励政策，月月召开进园项目汇报会，对没有项目的单位主要负责人实行离职招商。在长三角、珠三角组织了太仓、滨湖、东莞招商说明会,邀请近千名客商与会,成功签约亿元项目94个,总投资89亿元。建立和完善经济服务网格化机制,由市领导领办、招引单位主要负责人帮办重点项目,绩效记入年度个人实绩档案,市长多次赴省发改委协调重大项目立项事宜,推动项目手续办理。全年共招引亿元以上项目162个,总投资1209亿元,其中超10亿元项目57个,50亿元以上项目21个。

班子主要负责人报告:

多次召集会议,研究招商引资激励机制。提议并组织了3次招商说明会,每次发布主旨演讲。领办重大项目4个,亲自参加洽谈,协调解决问题,全部完成年度计划,其中对总投资60.2亿元的×××项目,6次带队跑省发改委,推动项目成功立项。全年与班子其他成员共招引亿元以上项目162个,总投资1209亿元,其中超10亿元项目57个,50亿元以上项目21个。

5.8.6 述职报告范例

述职报告

总部人力资源部:

20××年9月至今年9月,受公司指派,本人在××公司挂职锻炼一年。在这一年的锻炼中,我深深感受到了新的角色定位带给我广阔的视野,尤其是市场化经营管理模式以及在压缩天然气、车用LNG、CNG业务中的历练,让我真真切切感受到了自身的进步,同时我更加清楚,机遇需要把握,事业需要奋斗,知恩更要图报。所以在工作中,我能够坚持对照职责,高标准,严要求,通过不断

第2篇 公文写作提升
（软剑无形，迅捷如风）

努力，综合素质有了一定程度提高，现对自己挂职锻炼情况进行述职。

一、把深入的学习实践作为素质提升的重要方法

到××公司挂职，我知道这是组织上对我的信任，更是一次难得的机遇，因此，我时刻牢记自身职责，从学习入手，从点滴着手，全面提高综合素质。

一是在强化理论学习中树修养。作为一名国有企业管理人员，必须具有扎实的政治理论知识，才能在工作中不迷航、不困惑。因此，我始终坚持把学习党的先进理论知识摆在重要位置，从点滴着手，努力提高自身道德修养。同时我严格执行党员领导干部廉洁从政的有关规定和各项廉政纪律，时刻提醒自己自重、自省、自警、自励，处处严于律己，为人表率，以自己的言行取信于众，不断完善自我形象，增强开展工作的感召力、向心力和凝聚力。

二是在深化业务学习中长才干。作为挂职干部，我深知专业技术学习是成长进步的重要途径，尤其是作为总经理助理，对现代企业管理知识必须进行深入的学习和研究，才能在工作中得心应手。为此，在这一年中，我从初始的感性认识，到实践中的理性思考；从表象的简单处理，到内在问题的分析判断，领导的决策与自我管理体验的交流；从接受任务，到领会执行；从知道到理解，都离不开我的深钻细研。尤其是我对如何使企管成为各专业线间有效的横向连接，同步管理目标、管理时限等方面进行了深入的思考和实践。

三是在全面岗位实践中强能力。公司作为集团压缩天然气市场化发展的领军企业，积累了丰富的市场化管理经验。为了尽快进入工作角色，我不仅经常向公司班子领导请教关于生产、管理有关知识，同时我坚持深入一线，积极参加工作，并从管理和实际业务工作两方面出发，将工作体会定期汇总拟定管理建议，完善对工作了

解的全面性,及时掌握各项工作的重点、难点,有效提高自身业务管理能力。一是在市场发展工作方面。针对市场发展相关工作受到外部不确定因素影响相对较多的特点,提出管理建议,以拟定《合同续签实施细则》为契机,明确日常业务工作中常规流程和记录等的细化和统一标准要求,达到对工作中的过程性文件及相关记录的控制,实现管理的透明化,同时,提出了公司全员营销的市场发展模式建议,通过制定销售服务手册、CNG推广宣传等方式,最大限度上将每一个潜在客户需求转化为公司经营业绩。二是在车用天然气工作方面。面对全新的业务内容,在公司领导的帮助和指导下,我从车用气加气站的设备、运行、管理学习入手,逐步向上游LNG液化工艺和下游双燃料汽车使用及技术拓展学习范围。同时与部门同事一起研读车用天然气相关标准,现场了解加气站建站条件及设备运行要求,讨论技术方案和发展思路。在主管副总的带领下,通过参加集团公司车用天然气各类研讨会、规范发展会、各项业务工作汇报和与相关合作单位的业务讨论会,不断充实自身业务知识。

二、把自身的工作岗位作为履职尽责的重要平台

岗位是实践的平台,只有找准定位,进行深入探索,才能让自己的能力得到提升,因此在这一年中,我坚持向领导学习管理艺术,向同事学习专业知识,向工人请教专业技术,靠在本职岗位上的锻炼提升个人能力素质。

一是充分认清自身定位。作为助理,要干好工作就要清楚自己所处的位置,清楚自己所应具备的职责和应尽的责任。所以在工作中,我始终坚持的原则就是为领导参谋到位但不越位;督促、催办到位但不"拍板";服务到位但不干预领导工作,在不断探索自身定位中既赢得了领导的尊重,同时也为自己在公司顺利开展各项业

务奠定了坚实的基础。

二是全面提高执行能力。执行是一个企业发展过程中最重要的环节，再好的计划没有严格的执行力都将一事无成。因此，在工作中，我坚持处事身先士卒，事事以身作则。同时我着力培养职工的团队意识，把建议和意见让职工共同探讨，研究处理，加强职工之间的交流和自我更新，提高他们共同的方向感、信任感，同时还着重培养职工的"精、气、神"，让他们在面对困难时不怨天尤人、畏缩不前，充分发挥自己的主观能动性，敢于争先，勇于创新。在挫折面前不叹气抱怨、萎靡不振，而是不怕困难、勇于开拓、奋力争先、拼命苦干，真正让大家在各自的工作岗位上各安其位、各尽其能，尽心竭力做好本职工作。

三是不断强化职责意识。作为总经理助理，能挂职锻炼，是组织上对我的信任，对我来说是也是一次难得的机遇，因此，在工作中我时刻提醒自己要全身心投入，少讲空话，多做实事，树立主人翁的意识，充分发挥主观能动性，立足自己岗位做好本职工作。尤其是进入××公司以来，工作环境的变迁、工作岗位的换新，并没有让我不知所措，反而使我兴奋不已。因为我受命而来，容不得半点迟疑。我不断地更新知识、钻研业务，为能尽快适应新环境进入角色中去。

三、把不断的研究思考作为能力提高的重要途径

作为一名助理，思考问题的角度和深度需要上升到更高层次才能跟上企业发展的需要，因此我坚持以多维视角看待问题，审视工作，同时，在不断的实践锻炼中我对企业的发展也有了一些浅薄之见。

一是一定要把以人为本的人文理念落实到管理中。人是企业发展的根本，作为企业主体的广大职工群众，不仅是企业物质文化的

创造者,也是企业精神文化的塑造者,能否最大限度发挥广大员工的主体作用,直接关系到企业发展的盛衰。尤其是对我们企业,"六有站队"建设的稳步实施使公司的精细化水平已经迈上了一个新台阶,但是在日常工作中,要想充分激发员工的工作热情,我们还应不断提倡尊重人、理解人、善待人、宽容人、创造人的和谐企业氛围,坚持职工利益至上,在企业内部努力营造有利于员工充分发挥创造才能的环境,把用事业留人、环境留人、感情留人、适当的待遇留人的人文关怀理念落实到具体行动中。

二是一定要把精益求精的工作标准落实在工作中。企业的生存发展,决定性因素在于管理决策的科学化和精细化。公司的"六有站队"建设明确指出在2012年站队建设工作中,重点突出站队业务能力和服务意识提升,明确站队业务、服务相关的规范、流程及要求,重点关注综合业务能力和服务质量的提升。通过业务能力、服务质量的提升促进公司的市场发展与业务推广,树立企业形象、打造行业品牌、全面增强经营管理效益。企业的发展方向已经明确,这里面牵扯最多的就是如何在工作中落实精益求精,我认为主要应该从三个方面抓起。一是要让员工掌握精细化管理的基本常识,精细化管理的主要内容、基本方法和重要意义,这样才能在工作执行中更好地落实精细化;二是要结合单位实际,通过不断教育培训,使职工掌握精细化的操作步骤和技术标准;三是要建立完善的奖惩机制,通过奖优罚劣,真正让勤勤恳恳为企业做出贡献、创造效益的员工得到实惠。

三是一定要把德才兼备的用人导向落实在选拔中。领导多次强调,选拔任用领导干部必须是"靠得住、有本事"的德才兼备干部。古语有云:策之不以其道,食之不能尽其材,鸣之而不能通其意,执策而临之曰,天下无马。每个人都有其闪光的地方,这就要看企业如何能够用其所长，避其所短。从自己一年多的工作实践来看，我认为一定要实现人尽其才，把在各自的岗位上忠于企业、尽职尽责、勇于拼搏、无私奉献的干部选出来用在专业技术岗位上。把讲政治、懂经营、善管理、重技术、会业务的干部选到管理层，真正让想干事、会干事、干成事的员工能够实现人生理想。同时要从细微处引导他们正确对待自己，正确对待组织，正确对待群众，让他们始终怀有感恩之心，感恩组织，感恩领导，感恩群众，这样才能让德才兼备的干部成为企业发展的顶梁柱。

四、存在的问题

一是作为总经理助理，在工作中为领导参谋的意识还不够强。

二是在平时的工作中，理论学习与岗位实践结合得还不够紧密。

三是工作中主动作为、开拓创新的意识还不够强。

总之，通过一年来的挂职锻炼，我开阔了视野，增长了才干，磨炼了意志。在今后的工作中，我将进一步总结经验教训，按照公司要求，在各方面严格要求自己，同时我也会积极听取各种意见和建议，努力调整自己的思维方式，着力培养分析问题和解决问题的能力，靠着不断的实践锻炼全面提升自己的综合素质，为企业的发展贡献自己最大的力量。

以上报告，请予审定。

报告人：××
20××年××月××日

5.8.7　工作总结和述职报告的区别

工作总结和述职报告在内容和结构上有相似性，但两者间的差异还是应该细加分辨，具体情况见表5-1。

表 5-1 工作总结和述职报告的区别

区别	工作总结	述职报告
	工作总结 ≠ 述职报告	
定义	把一定时期内的工作进行一次全面系统的回顾、评价、分析研究,总结成绩经验、检视不足。总结与计划相辅相成,需以工作计划为依据,对已经做过的工作进行理性的思考和复盘。	主要是领导干部向上级、主管部门和下属群众如实陈述自己在一定时期内的任职情况,包括履行岗位职责,完成工作的成绩、缺点问题、设想,进行自我回顾、评价、鉴定的书面报告。
本质	总结属事务性文书,关注点大多是事。	述职报告是自我评述性报告,属于应用文,关注的更多是人。
对象	更多的是自己写出来,用于梳理总结一段时间内的工作开展情况。	常见的情况包括向大会述职、在考核中向上级述职或是向监督工作实施的群众述职等。
类别	全面总结、阶段总结、专题总结、汇报总结、经验总结等。	任职或年度述职报告、专题述职报告、部门或个人述职报告。
特点	总结性、反思性。	实事求是、统筹兼顾、全面系统、重点突出。
作用	对工作内容的总结,对工作方法的总结,其目的是总结工作经验,方便以后更加有效地开展工作。	完善干部管理制度,作为群众评议干部的依据,有利于部门之间的协同。

5.9 工 作 汇 报

工作汇报是上下级之间一种重要的交流方式。下级机关或下属通过汇报将实际工作情况真实客观地反映给上级领导并取得其指导和支持,这是汇报工作的初衷和根本目的。从工作实际出发,撰写一份高质量的汇报材料十分重要,汇报材料质量的高低、优劣直接影响和决定着汇报效果。

5.9.1 工作汇报的类型

(1)按照行文方向进行划分,工作汇报可分为向上级机关或首长的汇报,向本级单位或领导的汇报,向友邻单位、地方党政机关和领导的汇报等。

(2)按照汇报集成度进行划分,工作汇报可分为综合工作汇报、专项工作汇报等。

(3)按照汇报内容进行划分,工作汇报可分为思想工作汇报、任务工作汇报等。

(4)按照解决问题的目的划分,工作汇报可分为基本情况工作汇报、组织协调工作汇报等。

5.9.2 工作汇报的写作要点

1. 对过去工作的评价

对所汇报工作的主要(亮点)措施、主要进展、排名位次、主要差距等四个方面进行自我评价。

2. 重要因素论证分析

对此项工作的重要影响因素进行论证,如财力承受、目标考核、责任追究等领导决策需要参考的因素。

3. 提出计划

提出计划是指在前面工作基础上提出下一步计划。

4. 提出建议

对上级提出建议或请求。

5.9.3　工作汇报的注意事项

1. 把握意图、准备材料

要仔细研究听取汇报的对象，逐字研读布置汇报的通知内容，弄清领导听取汇报的意图，做到"有的放矢"。

2. 观点统帅材料

写汇报材料时不能盲目地只谈情况、罗列数据、堆砌材料，要归纳总结提炼观点，要让观点统领每一部分内容，让大标题引领每一个小标题，并用材料支撑观点、印证观点。

3. 重点特色突出

通过突出重点和特色，给听者留下深刻印象，亮点特色工作主要来自对本单位工作经验的总结提炼以及对工作开展脉络的深入思考。

5.10　比赛演讲稿

演讲稿，是针对某一个主题或者话题将主讲人的个人观点、见解和主张在大众视野中进行阐述和表达时所需的文稿。它具有宣传、鼓舞、教育和欣赏的作用，演讲者通过语言、情绪和肢体动作将主张传递给听众，在思想认知和情绪价值中产生共鸣。

5.10.1　比赛演讲稿的特点

演讲是一种社会行为，是演讲者就人们普遍关注的某种有意义的事物或问题，通过口头语言面对特定的听众讲述内容，并且在演讲过程中，演讲者需要把握与听众实现双向交流互动的节奏，而比赛演讲稿在此基础上还需要遵守赛制的相应规则，因此，为比赛准备的演讲稿具备以下几个特点：

1. 规则局限性

演讲比赛一般会通过比赛主题、参与者的条件要求、比赛程序、评分标准等，为参赛者营造公平公正公开的比赛环境。

所谓的规则局限性，首先是对内容方向上的指定，多以当下时政、社会热点现象、教育等主流话题为创作范畴，写作时需要更多地融入参赛者对社会主流话题的观点，这就要求参赛者能够涉猎更多领域。

2. 竞争对抗性

有比赛就一定会有优劣竞争，演讲比赛的对抗性包括观点的新奇、内容的丰富、情绪的传递、结构的完整、逻辑的自洽、舞台的表达等，这些都是能够与竞争对手形成赛点的分支，也是能够征服评委和观众的关键所在。

3. 情绪感染性

演讲是一门艺术。好的演讲自有一种激发听众情绪、赢得好感的鼓动性。要做到这一点，首先要依靠演讲稿思想内容的丰富、深刻，见解精辟，有独到之处，发人深思，语言表达要形象、生动，富有感染力。

如果演讲稿写得平淡无味，毫无新意，即使在现场"演"得再卖力，效果也不会好，甚至相反。

4. 舞台表演性

无论是比赛的评委还是观众，都需要通过演讲者的舞台表现力、语言魅力、肢体张力等方面去感知演讲者的情绪，因此肢体的优美、声音的动听、舞台演讲中的表演行为都将会为演讲带来更深层次的润色，帮助演讲者传递观点，获得认同感。

5.10.2 比赛演讲稿的结构

比赛演讲稿的写作结构与一般文章的结构原理基本相同,大框架分为开头、主体和结尾三个部分。

1. 开头要抓住听众,引人入胜

演讲稿的开头,也是演讲过程中的开场白,就像一个人的自我介绍,需要具备自己的特色才能在听众的记忆中留下印记,因此它在演讲稿的结构中处于比较重要的地位。瑞士作家温克勒说:"开场白有二项任务:一是建立说者与听者的同感;二是如字义所释,打开场面,引入正题。"好的演讲稿,一开头就应该用最简洁的语言、最经济的时间,把听众的注意力和兴奋点吸引过来,这样,才能达到出奇制胜的效果。通常,演讲稿开头可以采纳以下几种方式:

(1)观点入手,直击主题。

针对比赛主题,以自身的观点开门见山地直击主题,能够快速地引起听众的好奇心,让听众一听就知道这场演讲的中心是什么,一下就调动起所有人的注意力。例如,一位老师参加的职业类型演讲比赛,就能这样直击主题:

亲爱的老师、同学们:

大家好!

今天我演讲的题目是《不让一个孩子掉队》,因为,我是一名老师,一名班主任。

但是这种方式,如果在后续的论据论证阐述中没有出彩的内容支撑,将会提前被听众预判结果走向,而因此失去继续听下去的兴趣。

(2)故事引入,伏笔主题。

将体现某种特定现象的故事简单地阐述出来,以故事中体现的社会现象或者场景,伏笔暗示即将揭露的论题。运用这种方式开头,需要把故事讲述出完美的反差和反转,以此来吸引听众的好奇心。但需要注意的是，故事必须真实存在于生活中，而不能凌驾于生活凭空捏造，否则会缺乏真实代入感而显得空洞。

（3）提问互动，引发关注。

根据主题和听众的特点，提出一些能够激发听众思考或者引发听众互动的问题，烘托和带动整个演讲的氛围，让评委和听众的情绪跟随演讲者的引导行进，能够使听众自然而然地产生一定跟随感。掌握演讲的主动性能够帮助演讲者把控整体节奏。

怎样提问？如何回答？选择这种方式，问题和回答成了关键。例如：

青春是什么？

有的人说青春是一朵盛开的鲜花，芳香四溢，美轮美奂；有的人说青春是一道明媚的阳光，没有丝毫的风霜；也有的人说青春是一道潺潺流淌的小溪，清澈欢快。而我认为青春是一团燃烧的火焰，代表着蓬勃向上的精神和朝气蓬勃的活力，象征着奋发向上、敢想敢做、敢为人先的活力。

2. 主体需要注意层次、节奏及衔接

主体是演讲稿的主要部分。在行文的过程中，要处理好层次、节奏和衔接等几个问题。

（1）层次：是演讲稿思想内容的表现次序，它体现着演讲者思路展开的步骤，也反映了演讲者对客观事物的认识过程，演讲稿结构的层次是根据演讲的时空特点对演讲材料加以选取和组合而形成的。由于演讲是直接面对听众的活动，所以演讲稿的结构层次是听众无法凭借视觉加以把握的，而对听觉层次的把握又要受限于演讲的时间。

那么，怎样才能使演讲稿结构的层次清晰明了呢？根据听众对听觉把握层次的特点，最能凸显演讲稿结构层次的基本方法就是在演讲中树立明显的有声语言标志，以此适时诉诸听众的听觉，从而获得层

次清晰的效果。演讲者在演讲中反复设问，并根据设问来阐述自己的观点，就能在结构上环环相扣，层层深入。此外，演讲稿用过渡句，或用"首先""其次""然后"等语词来区别层次，也是使层次清晰的有效方法。

（2）节奏：是指演讲内容在结构安排上表现出的张弛起伏。演讲稿结构的节奏，主要是通过演讲内容的变换来实现的。演讲内容的变换，是在一个主题思想所统领的内容中，适当地插入幽默、诗文、轶事等内容，以便听众的注意力既保持高度集中而又不因为高度集中而产生兴奋性抑制。优秀的演说家几乎没有一个不擅长于使用这种方法。演讲稿结构的节奏既要鲜明，又要适度。平铺直叙，呆板沉滞，固然会使听众紧张疲劳，而内容变换过于频繁，也会造成听众注意力涣散。所以，插入的内容应该为实现演讲目的服务，而节奏的频率也应该根据听众的心理特征来确定。

（3）衔接：是指把演讲中的各个内容层次联结起来，使之具有浑然一体的整体感。由于演讲的节奏需要适时地变换演讲内容，因而也就容易使演讲稿的结构显得零散。衔接是对结构松紧、疏密的一种弥补，它使各个内容层次的变换更为巧妙和自然，使演讲稿富于整体感，有助于演讲主题的深入人心。演讲稿结构衔接的方法主要是运用同两段内容、两个层次有联系的过渡段或过渡句。

3. 结尾要简洁有力，余音绕梁

结尾是演讲内容的自然收束。言简意赅、余音绕梁的结尾能够使听众精神振奋，并促使听众不断地思考和回味；而松散疲沓、枯燥无味的结尾则只能使听众感到厌倦，并随着事过境迁而被遗忘。怎样才能给听众留下深刻的印象呢？美国作家约翰·沃尔夫说："演讲最好在听众兴趣到高潮时果断收束，未尽时戛然而止。"这是演讲稿结尾最为有效的方法。在演讲处于高潮的时候，听众大脑皮层高度兴奋，注意力和情绪都由此而达到最佳状态，如果在这种状态中突然收束演讲，那么保留在听众大脑中的最后印象就特别深刻。演讲稿的结尾没有固定的格式，或对演讲全文要点进行简明扼要的小结，或以号召性、鼓动性的话收束，或以诗文名言以及幽默俏皮的话结尾。但一般原则是要给听众留下深刻的印象。

5.10.3 比赛演讲稿的写作要点

洞察并掌握演讲稿的写作要点，你的演讲比赛就成功了一半。

1. 找准主题，构建专属标签风格

针对比赛主题的要求，参赛者需要明确自身演讲稿的方向、基调以及自己需要阐述的观点、见解和主张。

演讲稿的形式包容性强，多样化的形式能够满足不同的演讲者。可以是引经据典、激昂飞扬；也可以理性分析、论证观点；或者故事分享、案例佐证。只是，无论结构形式发生怎样的变化，都要求主体内容观点鲜明、问题突出、推理严谨、结构清晰、情理交融。

同时，演讲者通过对评委和听众的分析，判断出评委们喜好的风格，探寻与自身特点和演讲风格更融洽的表述方式，构建整篇演讲稿的框架。

如果有幸洞察出评委喜好的风格正是自己擅长的，也不要太过兴奋，稳扎稳打才是获奖的前提保障。

2. 注重内容，制造亮点吸引眼球

明确主题后，构建内容成为整个演讲稿写作中的重点，一篇演讲稿的水平高低，内容结构和质量非常重要。

演讲稿中所有的理论依据与案例论据需要做到相辅相成，因此，针对每个推进主题的论点都需要搭配1～2个案例佐证其正确性，而

案例则需具有真实性、典型性和简洁性。

无论是从表现形式的创新、跨领域整理的素材，还是有温度的文字内容都能给整篇演讲稿加分。例如，评委和听众在极度轻松欢笑声甚至情绪高涨激昂中突然被戳中心中泪点，情绪张力由此产生，便能在认知中烙下印记。

3. 语言流畅，幽默风趣有深度

要把演讲者在头脑里构思的一切都写出来或说出来，让人们看得见，听得到，就必须借助语言这个交流思想的工具。因此，语言运用得好坏，对写作演讲稿影响极大。要想提高演讲稿的质量，必须在语言的运用上下一番功夫。写作演讲稿在语言运用上应注意以下五个问题：

（1）要口语化。"上口""入耳"这是对演讲语言的基本要求，也就是说演讲的语言要口语化。演讲，说出来的是一连串话，听众听到的是一连串声音。听众能否听懂，要看演讲者能否说得好，更要看演讲稿是否写得好。如果演讲稿不"上口"，那么演讲的内容再好，也不能使听众"入耳"，完全听懂。如在一次公安部门的演讲会上，一个公安战士讲到他在执行公务中被歹徒打瞎了一只眼睛，歹徒弹冠相庆说这下子他成了"独眼龙"，可是这位战士伤愈之后又重返第一线工作了。讲到这里，他拍了一下讲台，大声说："我'独眼龙'又回来了！"会场里的听众立即报以热烈的掌声。演讲稿的"口语"，不是日常的口头语言的复制，而是经过加工提炼的口头语言，要逻辑严密，语句通顺。演讲稿的语言受书面语言的束缚较大，但写作者一定要冲破这种束缚，使演讲稿的语言口语化。为了做到这一点，写作演讲稿时，应把长句改成短句，把倒装句改成正装句，把单音词换成双音词，把听不明白的文言词语、成语改换或删去。演讲稿写完后，要念一念，听一听，看看是不是"上口""入耳"，如果不那么"上口""入耳"，… 就需要进一步修改。

（2）要通俗易懂。演讲要让听众听懂。如果使用的语言讲出来谁也听不懂，那么这篇演讲稿就失去了听众，因而也就失去了演讲的作用、意义和价值。为此，演讲稿的语言要力求做到通俗易懂。列宁说过："应当善于用简单明了、群众易懂的语言讲话，应当坚决抛弃晦涩难懂的术语和外来的字眼，抛弃记得烂熟的、现成的但是群众还不懂的、还不熟悉的口号、决定和结论。"（《社会民主党和选举协议》）鲁迅也说过："为了大众力求易懂。"（《且介亭杂文·论旧形式的采用》）

（3）要生动感人。好的演讲稿，语言一定要生动。如果只是思想内容好，而语言干巴巴，那就算不上是一篇好的演讲稿。广为流传的恩格斯、列宁、斯大林的演讲，毛泽东的演讲，鲁迅的演讲，闻一多的演讲，都是既有丰富深刻的思想内容，又有生动感人的语言。语言大师老舍说得好："我们的最好的思想，最深厚的感情，只能被最美妙的语言表达出来。若是表达不出，谁能知道那思想与感情怎样好呢？"（《人物、语言及其他》）由此可见，要写好演讲稿，只有语言的明白、通俗还不够，还要力求语言生动感人。怎样使语言生动感人呢？一是用形象化的语言，运用比喻、比拟、夸张等手法增强语言的形象色彩，把抽象化为具体，深奥讲得浅显，枯燥变成有趣。二是运用幽默、风趣的语言，增强演讲稿的表现力。这样，既能深化主题，又能使演讲的气氛轻松和谐；既可调整演讲的节奏，又可使听众消除疲劳。三是发挥语言音乐性的特点，注意声调的和谐和节奏的变化。

（4）要准确朴素。准确，是指演讲稿使用的语言能够确切地表现讲述的对象——事物和道理，揭示它们的本质及其相互关系。作者要做到这一点，首先，要对表达的对象熟悉了解，认识透彻；其次，要做到概念明确，判断恰当，用词贴切，句子组织结构合理。朴素，是指用普普通通的语言，明晰、通畅地表达演讲的思想内容，而不刻意在形式上追求辞藻的华丽。过分地追求文辞的华美会弄巧成拙，使语言失去朴素美的感染力。

（5）要控制篇幅。演讲稿不宜过长，要适当控制时间。德国著名的演讲学家海茵兹·雷德曼在《演讲内容的要素》一文中指出："在一次演讲中不要期望得到太多。宁可只有一个给人印象深刻的思想，也不要五十个让人前听后忘的思想。宁可牢牢地敲进一根钉子，也不要松松地按上几十个一拨即出的图钉。"所以，演讲稿不在乎长，而在乎精。

4．巧妙构建情绪高潮

一场精彩的演讲需要有几次或大或小的高潮才能将整场的聆听效果放大数倍。而演讲高潮在演讲稿的设定中能够以特定方式进行构建。例如：一个思想深刻、态度明确，极具演讲者属性的主张观点；一次激昂澎湃、爱憎分明的情感表达；频频爆发的精彩语句，等等。

5．价值升华，观点营造认同感

传递正能量、提升思想高度是演讲稿甚至所有文稿中永恒不变的话题。在演讲稿有了更高的质量之后，还需要在精神层面为文章提升一个新的高度。

所谓的精神层面是从思想的角度而言，即这篇文章所蕴含的意义需要更加地深远，这样才能和其他同类写的文章区分开来，毕竟思想的高度是很难比拟的。

5.10.4　比赛演讲稿的注意事项

鉴于比赛和演讲稿的双重特殊性，比赛演讲稿在写作中需要注意以下几点。

1．主题鲜明且集中

由于时间和主题的限制，一篇比赛演讲稿一定要有一个集中、鲜明的主题。无中心、无主次、杂乱无章的演讲是没有人愿听的。一篇演讲稿只能有一个中心,全篇内容都必须紧紧围绕着这个中心去铺陈,这样才能使听众得到深刻的印象。

2. 内容深刻饱满

演讲是一种语言艺术,而语言艺术的核心是演讲内容。观点的浅薄说明只会让听众和评委觉得参赛者认知贫乏。没有深刻含义的观点都是喊口号式的嘶吼。

阐述完深刻又立体的观点后,需要有丰富的案例和数据来支撑观点,这样的演讲稿才有血有肉,让听众不会如嚼干巴巴的"咸菜"般难以下咽。

3. 语言朴实

演讲是情绪的传递,在语言上不需要太多华丽的辞藻去堆砌,征服听众的从来不是技巧,而是真心。

演讲是一种严肃的社会实践活动,演讲者应该充分考虑听众的文化水平、思想修养和审美情趣等方面。要尽量避免"讲故事"这个词,在演讲中要多用比喻、类比和对比的手法,务必做到力求真实、鲜明、生动。

此外,在演讲过程中还要注意运用一些口语化的表达方式。

4. 情感真挚

真正具有感染力的感情往往都是"真实案例",所以,演讲的内容需要以感情为基础,通过人的思想感情来表现。

演讲稿的内容要同自己的思想感情结合起来,使听众有"身临其境"之感,以真挚而强烈的感情感染听众、打动听者;使演讲具有感人的力量。

5.11　竞聘演讲稿

竞聘演讲是一种特殊的现场演讲，对演讲者的要求比较高，要求演讲者必须具备较高的综合素质与良好的精神状态，具有良好的性格品行、丰富的知识储备和良好的思维习惯；要能正确认识自我、塑造自我，并不断超越自我；具有强烈的自信心和坚定的理想信念；要有一种对未来高度负责，敢于挑战现状、迎接挑战和驾驭一切事物、处理各种问题、实现理想和抱负、不断追求卓越和完美等素质。

5.11.1　竞聘演讲稿的特点

如果我们能在短时间内掌握好竞聘演讲技巧，做到从容自信地面对挑战，那么无论竞聘哪一个岗位都能获得成功的机会。

1. 内容要鲜明，突出主题

竞聘演讲的内容是"任"，重点在"位"。因此，在内容上要突出自身优势、工作目标和竞聘条件，让评委听完之后能够精准判断竞聘者是否与竞聘岗位匹配。

2. 语言要活泼，形式新颖

竞聘演讲不同于一般的口头语言，其表达方式是多样的，这就要求演讲者有灵活多样的表现形式。

语言活泼生动、形式新颖是竞聘发言与一般讲演最大的区别之一。如果演讲者在自己的演讲中一成不变，不冷不热，枯燥无味，评委听得乏味就会渐渐失去兴趣。如果演讲的语言能够在内容和形式上有较大的创新，使评委觉得新鲜有趣，那么，他们必然会对演讲者刮目相看。

3. 表达方式要简洁、明了和自然

竞聘演讲的内容相对而言是比较全面的，如果长时间地用同一种方式表达会让评委产生乏味的情绪。所以，演讲者在演讲时要注意运用简洁、明了和自然的表达方式，使自己的演讲富有感染力。整体内容也需要体现层次分明的特点。

4. 措辞和语气应恰当、得体

竞聘演讲时措辞要灵活，语言要得体，不可矫揉造作，也不可故弄玄虚，更不能油腔滑调。例如：一位年轻的姑娘去应聘时说："我很珍惜这次难得的机会，我决心以百倍的努力去工作，为××事业贡献自己毕生的精力。"语气显得很自信。

5. 要突出演讲内容的说服力

竞聘演讲不像平时说话那样"信口开河""随口而出"，也不像一般的演讲会有一种演讲技巧。竞聘演讲更多的是一次语言能力的竞争，它对语言表达、逻辑结构、演讲技巧都有很高的要求，但这并不等于演讲起来便能天花乱坠、滔滔不绝，竞聘演讲一定要有自己的特点和风格，通过自己的语言和表达能力真正展现出自己对于竞争岗位的胜任能力，以赢得评委的信任和支持。

5.11.2 竞聘演讲稿的结构

在写竞聘演讲稿之前，要先确定所要竞聘的职位。如果是中层领导干部，就要明确中层干部的职责分工和工作要求。竞聘中要注意"三讲""三不讲"：讲清讲透政策，不说空话套话；讲清讲明自己的条件，不夸大自己的成绩；讲清怎么选和怎么干，不为荣誉和名利所迷惑。如果是专业技术人员，要明确所竞聘的岗位、主要专业特长和工作目标。如果是公司领导的话，要确定主要岗位、职责范围和具体

工作目标。

1. 开场介绍

和比赛演讲稿一样，竞聘演讲稿同样需要一个具有自身特色的开场白，如怀揣感恩之心的自我独白，或是具有岗位特点或者年龄特点的金句，这样能够体现竞聘者的内秀和谦逊。

开场白之后便是自我介绍，主要是对自己的姓名、年龄、学历、经历、工作经验以及意向竞聘的岗位做出简要说明。

因为竞聘演讲时间有限，因此，开场白精彩有力至关重要。常用的开场白方法有以下三种：

（1）表达诚挚谢意，和听众心理融合。

例如：非常感谢各位领导给了我这次竞聘的机会。

（2）简要介绍自己的有关情况，如姓名、学历、职务、经历等。

例如：我叫貂蝉，1993年毕业于三国大学舞蹈系，现任人事部副主任。

（3）概述竞聘演讲主要内容。开章明义，让评委第一时间明了演讲主旨。

例如：我今天的演讲内容主要分两部分：一是我竞聘人事部部长的优势；二是谈谈做好人事部部长的工作思路。

2. 竞聘理由

竞聘理由是竞聘者向竞聘面试团、领导和同志们介绍自己情况时使用的一种"工具"，它对听众来说是一种启发，对竞聘者来说是一种证明。首先，竞聘者可以对自身的优势作简单介绍，主要包括自身的技能优势、能力优势、附加价值、认知优势等，全面性的优势体现与竞聘岗位的匹配度。

其次，竞聘的理由还可以从自身的性格特点、政治素质等方面去谈。

3. 对竞聘岗位的体会与认识

通过学习、工作接触和了解，对竞聘岗位的特点和要求的正确理解是竞聘者竞聘成功的关键所在。其次，对竞聘岗位的主要职责范围了解，要具体到每一项工作，每一个管理环节，这样才能确保"做好工作"和"完成任务"。最后是专业特长，要突出重点，不能面面俱到。

4. 工作思路

假设竞聘成功后，针对新的工作岗位和工作目标，你将会有怎样的规划和思路？在工作落地的过程中，你希望大家怎样支持你的工作？完成新岗位的职责内工作后，你又将怎样突破自我局限，优化自身岗位工作中的问题从而提升工作效率和结果？这些问题都是在竞聘过程中评委会提出的问题，合理的回答将是衡量竞聘成功与否的关键。

例如：某老干部处副处长职务的竞聘演讲。

总结我自身的情况，我认为我有条件、有能力胜任副处长的工作。如果我能竞聘成功，我将做好以下几项工作：

首先，协助处长继续做好老干部工作，解决老干部亟须解决的问题。如老干部的政治生活待遇问题、老干部的晚年教育问题。

其次，积极组织老干部开展积极健康的文化和健身活动，使他们老有所乐。

再次，积极开展家访工作，特别是要加强对孤寡老人的服务工作，安排工作人员与他们结成帮扶对子，使他们感受到组织的温暖。

最后，设立一个意见箱，了解老人的思想状况，了解他们的需求，并将了解到的情况及时向局领导汇报，并及时解决问题。

5. 竞聘收尾

所有的内容已经结束，即将迎来竞聘的尾声，在表达竞聘决心的同时表明自己竞聘心态的稳定和奋进的态度，同时在最后形成最终印象的关键时刻，总结几句金句代表此刻自己的心声和格调，将会起到画龙点睛的效果。竞聘演讲常见的结尾方式有：

（1）表明对竞聘成败的态度，让评委感受到竞聘者的坦诚。

例如：作为本次竞聘上岗的积极参与者，我希望在竞争中获得成功。但我也绝不回避失败。不管最后结果如何，我都将继续"堂堂正正做人，兢兢业业做事"。

（2）表达自己对竞聘上岗的信心。著名演说家戴尔·卡耐基曾说："不要怕推销自己。只要你认为自己有才华，你就应该认为自己有资格担任这个或那个职务。"你能站在这里，就已经超越了很多人，这本身就是胜利！

例如：我今天的演讲虽然是毛遂自荐，却不是王婆卖瓜，自卖自夸。我只是想向各位领导展示一个真实的自我。我相信，凭着我的理论修养，我的爱岗敬业、脚踏实地的精神，我的工作热情，我的管理经验，我一定能把副处长的工作做好。给我一个机会，我绝不会让大家失望。

（3）希望得到评委的支持。

例如：各位领导、各位评委，请相信我，投我一票！我将是一位合格的处长。

5.11.3 竞聘演讲稿的写作要点

为了使评委能够正确地把握和理解演讲要点和意图，竞聘演讲者必须掌握竞聘演讲活动的技巧和方法，使演讲具有说服力、感染力、吸引力、感召力，进而在竞争中胜出，实现自己既定的目标。

1. 竞聘演讲的基调要准

每个企业或者公司的评委都有着符合企业和个人的面试特点，因此，根据自身企业的文化属性、面试领导的工作风格，结合竞聘者自身的特点来定夺竞聘稿的基调，才能体现出竞聘者的优势，为竞聘演讲加分。

当然,这个基调的确定也要量力而行,为了迎合企业文化和领导风格而去强行立人设,最后往往会让竞聘稿与后期的答辩产生貌合神离感,反而会出现扣分现象,最终适得其反。

2. 竞聘演说的内容要聚焦竞争

竞聘演讲是面试官不断比较和筛选候选人的过程,竞聘者如果过分谦虚、不好意思展现自己的长处,便不能战胜对手,因此竞聘者必须尽最大可能展示"人无我有""人有我强""人强我新"的优势。有的人甚至还要把"劣势"换一个角度讲成"优势"。

例如:在一次竞聘厂长的演讲中,一个年轻工人在介绍自己时这样说:"我一没有深厚的背景,二没有金灿灿的大学文凭,三没有丰富的阅历,我只是一个初涉人世的二十五岁的小伙子。你们有百分之百的理由怀疑我是否能担得起化肥厂厂长的重任。然而,我的朋友们,请你们仔细想想,我们化肥厂长期处于瘫痪的状态,难道是因为历届的厂长没有背景、没有文凭、没有阅历吗?"(掌声)最后,这个年轻工人竟以大票数获胜。

3. 竞聘演说的语言要简练有力

老舍先生说:"简练就是话说得少,而意包含得多。"竞聘演讲虽是宣传自己的好时机,但也决不可"长篇累牍"。

(1)讲措施需条理清楚,主次分明。

如"第一点""第二点"或"其一""其二"等。

在每一"步"之间要用"过渡语"来承上启下。如,当自我介绍之后,可以说:"我之所以敢于来竞聘,是因为我具备以下条件。"以此来引起下文;讲完条件后,可以再搭一个"桥":"以上我说了应聘的条件,那么,假如我真当了校长(或乡长、厂长),会采取什么措施呢?下面就谈谈我的初步设想。"这样不仅条理清楚,而且使演讲上下贯通，浑然一体。

（2）简练有力还需要语言准确。

一是所谈事实和所用材料、数字都要"求真求实"，准确无误。例如，介绍经历时，是大专毕业生，就不能说是大学毕业；在谈业绩时，三次获奖，就不能虚报说曾多次获奖。（最好把什么时间什么范围什么奖项说得清楚明白）；涉及数字也要尽量具体。

二是注意分寸，因为竞聘演讲的角度基本上是以"我"为核心，如掌握不好分寸，夸大其词，就会让听众产生逆反心理，导致演讲失败。

4. 竞聘演说的节奏要恰当

竞聘演讲需要将完整的结构表达出来，同时还要将情绪表达饱满，并且满足时间限制的要求，需要对演讲稿做出恰当的安排。整体结构中，重点表现的模块与常规模块的节奏不仅仅体现在内容的多与少，更加在于内容的凝练程度。对自己的认知剖析和对竞聘岗位的透彻了解才是评委透过竞聘演说节奏表象看到的本质。

5. 竞聘演讲的态度要诚恳

竞聘演讲的主要目的是让组织考察、选拔优秀人才，而不仅仅是为了争取个人的职位，因此，演讲者要抱着诚恳的态度去接受大家的检验和评议。

如果把诚恳当作竞聘演讲成败优劣的决定因素来看待，那么就可以看到，在竞争中要取得成功，真诚是必不可少的。

在公开竞聘演讲中，演讲者真诚地表达自己的意图、决心和能力素质，可以使竞聘者获得听众最大限度的理解和支持。

5.11.4 竞聘演讲稿的注意事项

不打无准备之仗是对战役最起码的尊重，竞聘演讲就是上战场，关键的信息点需要提前注意，这样才能避开不必要的雷区，最终竞聘成功。要实现这一目标,需要注意以下几方面。

1. 认真研究竞争对手

研究竞争对手的目的,主要是了解竞争者在这一方面有哪些优势和劣势,以及他们在这一方面的打算是什么。

知己知彼才能百战百胜,只有充分地了解对手,才能用自己的长处去击败对方的短处,同时建立壁垒抵挡对方攻击自身的短处,这样才是最有效的进攻与防守。

2. 不信口开河,杂乱无章

竞聘演讲需要较强的针对性和时效性,这就要求竞聘者必须事前对目标职位作大量的调查研究,全面了解职位特征和胜任素质。有的竞聘者没有完整清晰的认识,翻来覆去解释鸡毛蒜皮的小事,抓不住重点,弄晕了听众。

3. 做到真实分享,实事求是

(1)不要狂妄自大、目空一切。

有的竞聘演讲者过高地估计了自己的能力,在谈工作优势时好提当年勇,自认为条件优越,某职位"非我莫属",做好工作不过是"小菜一碟";在谈工作设想时,脱离实际,来一些"海市蜃楼"般的高谈阔论。殊不知,这样的演讲极易引起听众的反感。

(2)不要妄自菲薄、过分谦虚。

竞聘演讲稿评价自己的竞争优势需客观公正,大胆发表行之有效的规划举措。切不可因过分担心自己的"标榜"引起听众不悦而把对自我的认识和评估弄到"水平线"以下。过分谦虚不仅不能反映自己真实的能力、水平和气魄,也不利于听者做出正确的评价。

4. 做好充分的准备工作

在进行竞聘演讲之前,一定要做好充分的准备。在演讲前做足充分的准备工作并不是一件容易的事情，它不仅需要竞聘者拥有丰富的知识，而且需要竞聘者具有良好的心理素质和应变能力。

5. 语言简洁流畅

无论竞聘演讲的内容多么精彩，如果不能做到语言简洁流畅，听众也很难接受。想要获得内容上的优势，必须做到以下几点：

（1）要实事求是，切忌弄虚作假。

（2）要以事实为依据、以法律为准绳。

（3）要做到观点鲜明，重点突出，言简意赅。

（4）在表达时，注意咬字发音的准确精练和语调的和谐自然。

5.12 宣 讲 稿

宣讲稿是把一种理论、思想、观点，用比较简单、浅显的语言，向听众进行阐述和说明，是口头语言表达能力的一种体现。

宣讲稿是通过口语化的形式表达出来的文字。在我们所说的宣讲活动中，为了让听众更好地理解宣讲内容，我们会事先准备好宣讲稿或提纲，宣讲稿可以是一个主题（也可以是几个主题），还可以在其中穿插故事。

5.12.1 宣讲稿的特点

宣讲稿，顾名思义，就是宣讲活动中所用的文稿。宣讲稿以演讲为主要表达方式。与一般文稿相比，宣讲稿有其独特的特点。

1. 目的性

宣讲稿是向听众宣传党和国家的路线、方针、政策，是为了加强思想政治工作和精神文明建设，普及科学文化知识，提高人们的道德水平。这是宣讲稿最突出的特点。

一篇好的宣讲应该具备一定的目的，如响应党和国家号召宣传党的路线、方针、政策。在内容上要讲清为什么要这样做，而不能含含糊糊地说自己是"怎样"去做这件事的，否则便失去了宣讲的意义。

有些宣讲员把自己当作"宣传员"；有些宣讲员宣讲时不明白为什么要讲道理；有些宣讲员宣讲时只顾着自己在讲话，而忽略了听众；还有一些宣讲员把讲话当作"演戏"。

这些问题都是宣讲稿所存在的缺陷。

2. 针对性

宣讲稿的针对性，就是指针对特定内容而写，针对特定听众而讲。

这种针对性主要表现在两个方面：一是所讲内容的针对性，即围绕着某一中心任务和重要问题展开；二是对象的针对性，即根据听众对象和受众需要来确定宣讲内容。

例如，作为学生为进一步加强青年学生思想政治工作而做出的宣讲，开场可以这样来写：

大家好！

我是来自化学与材料科学学院的学生××，今天我为大家宣讲的内容题目为《新时代青年责任担当》。

中国共产党领导下的共青团、少先队事业，是党的事业重要组成部分。

共青团、少先队必须紧紧围绕举旗帜、聚民心、育新人、兴文化、展形象的使命任务，全面贯彻党的教育方针，坚持马克思主义指导地位，坚持中国特色社会主义道路不动摇，以培养有理想、有纪律的社会主义建设者和接班人为己任。

3. 灵活性和生动性

因为主题的统一和宣讲对象多样化的不对称性，宣讲稿要做到灵活多变才能实现不同层级的人都能领悟主题思想的内涵，这是它的基本要求。

另外，宣讲稿还要有生动性，主题内容统一、深刻而全面，需要宣讲人通过自身的理解将其拆解成更加具体的内容，以深入浅出的生动表达让听众听得懂、听明白、被感染、被感动。

4. 群众性

群众是我们党的力量源泉，群众工作是我们党的生命所在，是夺取革命和建设事业胜利的重要保证。因此，我们必须把"一切为了群众、一切依靠群众"作为一切工作的出发点和落脚点。

在具体工作中，我们必须善于深入基层、深入群众中去，把党对人民群众的关心与爱护传达给广大群众，把党在新时期提出的一系列方针政策传达给广大群众，把广大干部和人民群众的智慧和力量凝聚起来。

宣讲稿内容必须紧紧围绕宣传教育这一中心主题，紧扣形势任务这一工作重点，立足于人民大众这一根本立场。

5. 艺术性

艺术是宣传工作的重要内容，没有艺术性就不可能产生感染力。宣讲稿应具备一定的审美价值，给听众以美的享受。

此外，宣讲稿文字要规范，语言要准确、生动，避免使用口语化的词语和句式，避免用一些容易产生歧义、令人费解的词句；还要注意文字上的整齐、平实，不要使听众感到生硬或呆板等。

5.12.2 宣讲稿的结构

宣讲稿是演讲者对演讲主题进行阐述、介绍的文稿。

一般来说,要把宣讲稿写好,有一个必要的前提,那就是对宣讲文稿结构进行系统分析。常见的宣讲稿结构比较统一,一般分为以下四部分。

1. 题目

宣讲词一般以简洁、明了的题目为宜,例如:为了加强农村干部群众思想道德建设,提高农民素质,促进农业增效、农民增收,加快社会主义新农村建设进程,以《社会主义文明新风在"三农"》为题进行宣讲的稿子。

题目一般要注意以下几点:

(1)紧扣主题,突出重点;

(2)不能过大或过小、过于笼统;

(3)应简明、具体、易读。

2. 开头

开头要简单、明确,切忌拖泥带水,要把宣讲者想表达的意思说清楚。一般是先提出一个主题,然后通过一系列事实和数据来证明这个主题。

如果用了一个新的观点,在开头就必须把它解释清楚,否则听众听起来会感到似懂非懂;如果用了一些具体的数字,可以先举个例子来说明这些数字在实际工作中的作用和意义,然后再列出数字。开头还可以采用一个比较新鲜而又带有一定吸引力的故事来引入主题。

3. 主体

主体是宣讲稿中的"重点",是对整个宣讲内容的总结和概括。在主体的结构中,要注意突出重点、突出观点。

首先，要写好标题，写出中心思想。

其次，要把每个小点都联系起来，紧紧围绕主题展开论述；

再次，要善于用好排比、比喻等修辞手法，让人感到语言生动形象、富有表现力。

4. 结尾

一般的宣讲稿结尾都是在总结归纳宣讲的主要内容后，再用一两句话来总结宣讲的主题。这是很多人惯用的结尾方式，其实，除此之外，还有很多出彩的结尾方式。如采用"润物细无声"的方式结尾。当然，不管以哪种方式结尾，都要卒章显志，干脆利落，简洁有力。

5.12.3 宣讲稿的写作要点

宣讲稿一般在报告会或者说明会上使用较多，通常是宣讲者用来向听众介绍政策方针、研究成果和解决问题方案的文稿。因为其场景使用的特殊性，在写作中需要注意以下几点。

1. 选择主题

任何宣讲都是一种思想的传递。思想是由观点和设想组成的，观点必须经过证明才能被人接受。因此，宣讲稿的主题必须能够证明其观点或思想是正确的。

例如，一篇关于疫情防控的宣讲稿，不能写成"疫情防控无小事""疫情严重不要外出"之类没有说服力和吸引力的主题。

正确的主题必须包括以下几点：

（1）反映与人民息息相关的国家大政方针。

（2）能够引起人们对该政策或者国家的关注。

（3）能够引起国家或政府机构的关注。

（4）主题能够引起观众关注，引起观众讨论。

（5）该主题能够被认为是一个非常有意义并且重要的信息。

如果一篇宣讲稿没有明确地提出某一个问题或者讨论某一个问题，那么它就不是一篇好的宣讲稿，而可能会成为一篇坏稿。

2. 提炼观点

如果我们在写宣讲稿时不能很好地提炼观点，将会使整个文章变得没有深度。因此，我们在写稿子之前，需要对文稿的主题进行思考，然后将主题转化为论点加以阐述。

例如，一个单位的领导如果想要通过"宣传报道"来反映单位的工作情况，在写宣讲稿之前需要考虑以下几个问题：

（1）"宣传报道"宣讲的是一个什么样的主题？

（2）这篇宣讲稿中的"宣传报道"是否包含单位内部各个部门之间的工作情况，是否包含一些好的信息？

（3）如何对这些"宣传报道"进行归类？

（4）哪些内容是最有价值的信息？

（5）应该采用什么样的方法对这些信息进行宣传报道？

3. 围绕中心构建内容

写宣讲稿，要围绕中心、服务大局，既要全面又要突出重点。一篇宣讲稿的好坏，很大程度上取决于是否能够紧紧围绕一个中心、抓住一个重点进行写作。例如，很多宣讲稿都是围绕"教育"这个中心展开的，那么，我们就应该围绕"教育"这一核心思想来进行写作。

宣讲的目的是要向听众传递信息和道理，这便需要我们在写宣讲稿时做到"六个凡是"，即凡是有内容的地方都要有；凡是能够引起人们关注的地方都要引起关注；凡是能够给听众带来启发的地方都要引起启发；凡是与听众密切相关的事都要引起注意；凡可以让人引发讨论和争论的事都要积极展开讨论和辩论。

这样的宣讲稿才能吸引听众，激发听众的学习热情，让听众对我们的宣讲内容感兴趣。

4. 结尾处呼应

宣讲稿除了最后一段的结尾，还有一个"收尾"。

如果说结尾处的语言对整篇宣讲稿至关重要，那么，如果没有"收尾"，就等于没有写完宣讲稿。如果没有"收尾"，那么结尾处的内容也就是白写了。所以，结尾处的语言一定要与主题呼应、要与全文呼应。

好的宣讲稿结尾处一般都会用"再次重申""最后强调"等词，以起到呼应主题、深化主题的作用。在结尾处要注意以下两点：

（1）语气要积极肯定。

（2）适当重复。（这里的重复不是指重复内容，而是重复宣讲的主题）

5. 文字通顺

宣讲稿的语言一定要通俗易懂。

在具体操作中，可以将语言的特点归纳为：多用口语、多用方言、少用书面语（多是指那些很正式的文章）、少用虚词和副词；多用短句、中句和长句。

需要特别强调的是，在写宣讲稿时，千万不要在文字上"搞花架子"，那些虚华不务实的句子切忌写进去。

此外，对于宣讲稿中出现的一些明显违背法律法规和上级指示精神的语句或词语，一定要及时进行修改或替换。

5.12.4　宣讲稿和演讲稿的区别

宣讲稿是指在各种会议、报告会、展览会等公开场合发表的演说文稿。它能激发听众对某一主题的关注和兴趣，使其产生强烈的共鸣。宣讲稿与演讲稿的区别有以下几点：

第 2 篇　公文写作提升
（软剑无形，迅捷如风）

1. 写作主体不同

演讲稿是一种以讲演人为主体的文稿，它的写作主体是演讲者，演讲是由演讲者和听众共同组成的。

宣讲稿的写作主体应包括演讲者和听众两个部分，二者之间形成一种互动关系。宣讲稿是为激发听众热情而撰写的，它不可能让所有人都参加这个活动；但是它可以使某一群体积极地参与进来。

2. 文体不同

演讲稿一般由作者独立完成，主要是对听众的演讲，可以根据演讲的内容和要求自拟题目和内容，但必须按照演讲的要求和形式进行编排。

宣讲稿由作者根据演讲的任务，有选择、有目的地编写，主要是为了满足听众接受某种教育的需要而写出某一方面内容的文章。

3. 内容不同

在这方面，演讲一般只讲一个问题。而宣讲稿一般是对听众的某一范围，某一问题、观点或某一事件的阐释与评论，具有鲜明的针对性，往往能把听众带到特定环境中去。

4. 受众不同

宣讲稿的受众主要是那些机关、团体、学校、企业和社区的领导同志，主要任务是组织领导，宣传党的路线方针政策，普及科学知识以及开展各项工作。而演讲稿的受众不仅有机关部门领导以及广大职工，还有不少是社会上的普通群众。

5. 表达方式不同

演讲稿是用口头语言来表达思想感情，所以，它必须是有声的语言，并且要以有声语言来支撑口头语言。

宣讲稿则是用书面语言来表达思想感情，所以，它可以不用使用有声表达的方式来进行。同时，宣讲稿也不必使用书面语言进行传情达意。

5.13 发 言 稿

从广义上来讲，公文中的发言稿是各级党政机关、人民团体、企事业单位广泛使用的一种会议准备文体，采用"以文辅政"的表达形式，多数是会议上发言的稿件。从狭义上说，发言稿是指与各关联部门之间工作关系最直接、最常用的各类通用公文写作。

发言稿与"讲话稿"的区别在于撰写发言稿一般是以与会人员发表的书面或口头言辞为"发言"，它是代表人、本单位、组织或本人发言的与会议有关的意见、工作汇报、看法或经验、心得体会等情况陈述和形势解析，直接反映了上级精神、讲话意图是否传达到位，工作是否部署到位，沟通联络是否顺畅，便于工作人员在实际工作中操作。

5.13.1 发言稿的核心要点

一篇好的发言稿，首先要找准找发言定位，汇报人是谁，发言主题是什么，用于什么场合，传达什么思想，达到什么目的，等等，都要有理论政策依托，要有真情实感融入，但是，整体文类要偏口语。

1. 层次清晰、结构严谨

发言稿的核心架构是观点要清晰，确定大主题方向后，分化为小主题内容，各小标题、段落之间要有层次感和关联性，各主题内容之间要点题、分明。整体文章结构严谨条理清晰，在组织素材时要重点整理，抓实际重点，切勿"假大空"。如果文章层次感弱，前、后内容很容易造成重复或不点题的现象，使与会人员听后有种云里雾里的感觉，不清楚发言人表达的重点和传达的内容。

2. 内容简明扼要

发言稿是要表达发言者的看法和对工作汇报等情况的陈述，整体内容要"浓缩"，不要长篇大论、面面俱到，要着重贴切观点并能融入个人观点，把具体看法表达得有深度有内涵，内容上要有新观点，论点要鲜明，引用要精准，这样才能快速切入主题。

3. 言辞、形式不拘一格

首先，发言稿在标题及前言用词上要能吸引与会人员的注意力、引人入胜，对整文形成至关重要的开篇拓题及引导作用，同时形式及内容要新颖有创新，不拘泥于传统行文言辞，在风格"灵、变"的前提下，行文用词要言辞精确，语言通俗易懂并统一，多用赋予时代感和生动的例子，才能给与会者留下深刻印象。举例：标题可以由"关于×××的发言"概括为"树立思想××，构建××"的标题句式。

5.13.2 发言稿的类型

发言稿的行文规范较为灵活，一般依据会议内容性质、需求用途等来区分，常见类型有：

1. 综合类

综合类发言属于开展全面性工作的发言形式，行业涵盖面广，内容涉猎多，多数是对总体工作进行总概括、总分析，属于总结性发言。常用总分总的书写方式。

2. 专项类

专项类发言属于针对某一项工作内容进行的发言，抓住专项特点展开，立明观点，摆好思路，对具体问题做出具体分析并找出解决方向。书写方式可采用论点提问式或问题总结式。

3. 总结类

总结类发言是对某一阶段工作进行回顾与研究，找出经验和教训，针对具体问题做出分析评论和结论，书面形式上条理化、系统化，从中得出规律性的内容，并对今后此类问题做出指导性总结意见。

4. 汇报类

汇报类的发言稿大致分为简报、陈述等形式，多数以数据类总结的阶段性发言为主。

5. 指导类

指导类发言稿是带有一定的指示性、权威性和强制性，使用范围多用于某些具体工作对象上。与命令类公文有明显区别，即不带有其他法规性和约束力。写作时除了要注意行文核心要素外，还要下达具体的指导性意见、建议、措施等。

6. 致辞类

致辞类发言是特定场合下发表的讲话，主要作用是向与会人员通报了解情况、营造氛围及活跃气氛等，多数在节日、庆典、迎宾、答谢等场合中使用。结构包括标题、称呼、主文、结尾四部分内容。

7. 表态类

表态类发言一般用于落实某个精神会议，对事项的态度或下一步工作的落实的针对性发言，以简短、态度明确为主，要根据发言场合明确中心思想。常见的适用场合有：任职表态、落实表态、立场表态等。

5.13.3 发言稿的结构

发言稿一般由开篇、中间、结尾三部分组成。

1. 开篇——引导

大多发言稿的开篇由具体内容为主导,由某个观点为依托,概括揭示发言的内容或主要观点。写作时需掌握两个要点:一是简明,二是有吸引力,以引起与会人员的关注。

2. 中间——点题分析

主体部分主要是用来分析问题的,这一部分要紧承开头提出的问题或观点,围绕中心展开论述。比较常用的层次格式有两种:一是递进式,即各部分之间步步推进、层层深入地展开;二是并列式,即各部分之间根据表达主题的需要,把内容分割成相对独立的几个部分,形成一种并列关系。不论是递进式还是并列式,都要紧扣中心,有主有次。层与层、侧面与侧面,都要有向中心的凝聚力,力求把主要问题讲深论透。

3. 结尾——陈述总结

对正文做总结性发言,紧扣主体部分提出的问题,加深与会人员的印象,有感谢上级、公司、其他同部门、下属等多方面人员协调配合的;也有表达希望、号召等功能,激励鼓动与会人员的,以此来升华主题,这是常见的结尾形式。

具体来说,发言稿结构有以下几种:

(1)"三段式"结构。

新手常用"三段式",即标题+主体+综述总结。标题是以"关于+主题+文种"为主,例如:"进一步强化××建设的基层××的发言",主体由事实事件名称与理论相结合,根据工作目标分段式归纳概括方法、找准定位总结标题,根据主体分析进行点明题目的总体概述，要有应对策略或积极方向的内容，简洁明了。

（2）开门见山型结构。

公文类发言稿格式中，最为常见的是点题式开篇，即直接奔主题进行分段式发言。用总结性陈词来概括会议发言内容，阐述清楚会议召开的时间、背景、目的、议题和任务等。

可由提问式发言引出会议主题，引导与会人员的思考并产生共鸣。

（3）引导、提问型结构。

以引出观点式的方式开篇，直接引起与会人员的思考，增强发言稿的说服力和互动性，提高对主题的关注度。运用内容、层次有联系的过渡段或过渡句把各层次内容衔接起来，层层递进、层层深化，从而使内容层次的变换更为巧妙和自然，使发言稿更富有整体性、层次感，主题深入人心。

5.14　领导讲话稿

领导讲话稿，遵循发言稿的适用范围，内容主要是传达上级领导机关的会议精神。领导讲话稿的讲话人的身份可以是本单位领导人，可以是其部门、单位邀请的或上一级的领导。领导讲话稿一般具有指示性、指导性、总结性和号召力，多用于传发政策，阐明思想，学习、领会精神，解决问题，交代事情、问题等，体现着上级机关的意图和精神。

5.14.1　领导讲话稿的核心要点

领导讲话稿，首先要明确讲话人的身份定位，明确会议召开的背景、具体内容、最终所达到的目的，行文所用的语言。

第 2 篇　公文写作提升
（软剑无形，迅捷如风）

1. 立意明确

多数讲话稿是以会议主导人或执行主席身份进行讲话，对会议进行中需要讨论的问题或倡导的有关精神进行针对性讲话，引导与会者用文件、上级指示精神统一认识。讲话稿的内容要立意明确，讲话人围绕主题进行宣讲，不能脱离主题或者毫无目的性地长篇大论。

2. 引用有针对性

讲话稿是针对某项问题、研究或者会议开幕、活动等的稿件，对于引用到的上级或者一些佐证文章、词条要对应到主题思想，有一定的针对性，以此来拔高讲话稿立意，给问题指明方向。结尾处多用鼓励号召性文字，以激发决心和表达某种信念。

3. 贯彻性总结

对于部署工作类的讲话稿，要抓住层次、提出要求、明确方法，在结尾部分贯彻整体稿件的完整性，提升对与会精神的理解程度。

5.14.2　领导讲话稿的类型

1. 指导、指示性讲话

在工作报告之后，对会议中的主要议题做重点阐述性指导发言，结合当前形势或议题中的实际发生问题，向与会者提出一些适当的分析和认知具体问题的解决措施等，其中，提出的某些实质问题的处理原则往往具有明确的指示性、指导性。

2. 导向性讲话

会议开始时，多以主导者、执行者讲话的形式引出会议的背景、主题、目的，在会议进行中，就引出的问题结合有关文件进行针对性的讲话，引导与会者用文件、上级指示精神统一认识。

3. 总结性讲话

此类型的讲话，可以分为阶段性总结或会议总结讲话。阶段性总结讲话一般按会议流程转入下一议题，就会议讨论的问题，针对讨论中的发言、讲话情况做客观的评价，肯定成绩、指出不足，作为阶段小结，或会议结束时的总结，提出贯彻性统一的总结式的会议精神意见和要求。

按照参加会议的性质，讲话稿可分为专题会议的讲话稿，代表大会讲话稿，座谈会、研讨会的讲话稿等。

5.14.3 领导讲话稿的结构

领导讲话稿从结构格式上来说，首先要有秩序感，层次分明。对已有问题的指出要明确，并能提出对应策略。

1. 两段式结构

由大小标题和正文两部分组成。

首先，标题可划分为简式标题和复式标题两种，简式标题一般由主讲话人的职务、事由及文种构成，例如:《关于×××单位负责人在全区教育工作会上的讲话》。

复式标题由一个主题标题和副标题组成，主题标题主要概括讲话主旨或主要内容，副标题介绍讲话稿的主题内容。例如：

> **进一步学习和发扬 ×× 同志的精神**
> ——深挖 ×× 大报告精神，体会讲话内容
> （×× 年 ×× 月 ×× 日）

之后开始讲话的正文。

第2篇 公文写作提升
（软剑无形，迅捷如风）

其次，正文部分分为两部分内容，即对前一时期或阶段性工作的总结汇报和后一阶段工作的任务分布、方针等，把这两部分与总结并列提出。

每部分内容用小标题分成板块，内容由浅入深或者由递进关系展开。也可把"工作总结"分为"成果"和"阅历"两部分，或在"工作任务"部分将基本任务与其他任务分开陈述。讲话稿需要参照依据行文结构逻辑来安排书写，要强调主题，突出重点。

2. 三段式结构

三段式讲话稿结构比较普遍，主要包括开篇、主体、结尾三个部分。

（1）开篇，先点题将主要回顾内容、展望内容做梗概性描述，一般性工作汇报可以灵活掌握开篇内容描述，篇幅根据既定会议时间调整长短，言语描述自然且通俗。

（2）主体，内容要符合观点叙述情节，一要符合"上情"，要符合党的方针、路线、政策以及上级部署、指令，二要符合"下情"，符合当地政策、民情，与下相贴合。观点方面要能打动人心，升华思想高度，修辞连贯且与形势紧贴。

（3）结尾，呼应开篇且再次点题，把提出的问题总结归纳，先引申出工作方法或问题解决方案，在修辞上可用排比句、典故等做收尾的点睛之笔，起到启发、激励、立提新意等打动人心、提升讲话结尾境界的效果。

3. 并列式

横向拓展正文内容，在大主题引导下，平行列出几个不同观点，独立表达各观点意见，互不交叉，分开论述，最后再与大主题内容归拢。

5.15 主 持 词

会议主持词是公文写作常见的一种形式，它不等同于其他材料形式，是一种带引导性的阶段行文。一篇优秀的主持词，是贯穿整体会议的串词，起到承上启下的说明、介绍作用，将会议或节目中各部分内容串联起来。好的主持词是会议灵魂的所在，能积极调动起与会人员的热情，加深与会者对内容的了解，获得更好的会议效果。主持词在不同场合下使用的行文形式和风格有所不同。

5.15.1 主持词的特点

摆正主持词在整体会议中的地位，掌握主持词的特点，使主持对会议起到陪衬作用。主持词有引导性和指挥性的特点，控制着会议的进程。主持词是会议的"附件"，是为会议中的领导讲话和其他重要文件服务的，所以切忌喧宾夺主，而要主次分明，在开场、结尾部分可用词华丽一些，但是在会议主体部分，语言要简明扼要，引导或总结出发言内容。

5.15.2 撰写主持词的注意事项

召开会议是日常工作的一部分，不论什么类型的会议，大多需要准备一份贴合会议的主持词，主持词对会议的开场、进程的紧凑、内容有序进行、重点内容的突出都有重要作用，能起到事半功倍的效果。

1. 核对好会议流程

议程的准确性是会议的主框架，核对好议程顺序，主持词才能更贴合会议中心思想，不会使会议出现顺序错误。主持词的结构和布局都是由会议议程决定的,严格按照议程来撰写主持词是必须遵循的定律之一。

2. 核对与会人员信息

随时跟进并落实会议发言人或参会团体的名单,并在主持词中标注好人员具体信息,以便准确无误对接会议内容,如出现人员变动情况,需要及时和与会领导沟通,调整会议流程及主持词中的内容等重要信息。

3. 掌握会议节奏

会议进行前,反复确定各部分发言时间,避免整体会议安排的时间不紧凑,而应使每个环节都能在既定时间内完成。

5.15.3 主持词的写作要点

1. 语言精练、言简意赅

公文类的会议主持词是整体会议的重要开场白和内容上下衔接的润滑剂,各层次之间要衔接紧密,语言精练。

2. 各层次之间承上启下

很多会议中的汇报年代、行业的跨度较大,这便需要更高层次的内容统领主持词,即从多层次、融合点、寻求发展及战略策略等方面总结,例如,"建设工业、产业兴市"可转化写为"紧紧围绕'工业强市,产业兴市'的战略,连续打出稳增促调系列组合拳,从现行产业的角度抓稳资本市场的利用和金融新业态培育,本质上是这一套组合拳的重要一环和关键一招"。

3. 总结会议精神实质

在最后对会议的总结上,要整体提炼会议精神与实质性措施,吃透内容，把内容类多用排比句形容词进行精神升华，对措施类多用精准、高度重视等可落地执行的形容词，给听众踏实稳健的感觉。

5.16 简　　报

简报是党政机关、企事业单位用于汇报工作、反映情况、交流信息的事务性文书，是一种常见的、应用比较广泛的文体。简报的基本作用是向上级领导机关汇报工作、反映情况；向同级或下级单位沟通信息、交流经验等。

5.16.1　简报的特点

简报被称为"动态""摘报""工作通讯""内部参考"等，也是简要的调查报告、情况总结报告、消息渠道报道等。是一种具有新闻性、实际性的汇报形式，必须贴合客观实际情况、事物发展规律和党政方针政策，主要是各级机关单位内部汇报工作，沟通、反映情况，指导工作，交流经验，传递信息时使用的专用文件，具有如下特点：

1. 快速、公正性强

公文简报首先要有公正性，符合客观事实及事务事实发展规律，符合党政国家政策方针，类似像新闻通稿一样，要突出真实性、快速、简便、公正性的原则。

2. 鲜明、逻辑性强

公文简报的主题要表达得明确，清晰，意图精准，指出的要素除了要真实还需要反映新动向、新趋势，逻辑缜密，是机关单位之间的情况通报晴雨表。

3. 集中、指导性强

公文简报要篇幅精悍而内容集中，通过将若干信息集结在一起发表，形成集束式状态，既能点面结合、相辅相成，加大信息量，又避免单薄感，促进各兄弟单位之间的沟通和经验交流，便于工作内容的开展和推进。

5.16.2 简报的结构

公文类的简报通常使用的是范本格式。常见的简报分为工作简报、动态简报、会议简报三种，也可以按编发时间划分，如定期简报和不定期简报。简报虽然种类众多，但是结构有很多共通之处，常用的格式包括报头、标题、导语、正文、报尾五部分，其中，导语可以作为标题的副题，所以，简报也可以化简为四部分。

1. 报头

书写位置在第一页上方，占版面三分之一位置。字体醒目居中，内容为大字名称即标题，标题附带简报期号，期号下面左侧是主编单位的全称，如"××公司××部门"等，右侧是印发日期。

2. 标题

简报中，标题要提炼和总结整体内容，有的具有一定的鼓动性和号召力，有的具有明确指向性，起到了揭示主题的作用。

3. 正文

正文一般使用宋体四号字书写，一份简报内容会分层级书写小标题，内容还会配合附带材料，末尾部分再对整体内容进行总结。

4. 报尾

在简报的末页最后一部分，输入两平行的水线，中间空出，注明发送范围，区分分印发对象，标注本期印发分数，以便查考。

5.16.3 简报的写作要点

写作简报时题目要醒目，明确性强，使人看了就知道传达事情的主题思想；正文要短小精悍，内容简单明了，阐述观点和指令性、指导性内容要切实，让对应部门对事情内容能一目了然。以下是几点书写要素：

1. 内容主旨突出，词语简洁明了

标题中要用精干的词语突出主旨含义；正文要善用导语小标题，对多层次段落进行分化解析，概括想要传达的重点信息，体现统帅全局的特点，起到引导阅读的作用。

2. 主体中准确引用材料

公文简报常会引用相关会议记录、观点等具有说服力的材料，引用时要带有具象性的阐述中心内容和主旨，要准确，不能虚构。

3. 格式中的注意事项

在简报末尾，要设置分印发对象，对上级机关及其领导人用"抄报"，平级机关用"抄送"，对下属单位及本部门或人员用"发"，非正式的汇报工作及向下传达情况，需要附带交流信息的文字材料。

5.17 简　　讯

简讯一般指反映某方面情况的短小文体，是一种新闻和信息传播的重要手段。简讯既可以在纸媒上刊载，也可在互联网上发布。

5.17.1 简讯的特点

1. 简讯文字简略，内容简单直接

简讯一般不讲事件的过程，不写细节，略去一些背景材料，只报道梗概，同一般消息的导语大体相似。

2. 简讯结构单一，大多配有标题

简讯的内容与形式简单，人们给了简讯一个相当形象的称呼——"单细胞新闻"。

3. 简讯篇幅短小，可以高频发稿

简讯作为传播信息的有效手段，客观上可以提高发稿频率，从总体上增加媒体的信息含量，多发简讯不仅可以活跃线上线下媒体的版面，还可以提供能够再利用的新闻线索。

5.17.2 简讯的写作要点

1. 结构清晰，语言精练

简讯主要是针对某一事件、工作事项，表述简单明了，结构简单，行文思路越清晰，语言越精练，便越能说清传达内容。

2. 叙事简明，直击事实

简讯只需要构成事实的基本要素、只提示新闻事实中最有价值的部分。秉承"何人、何事、何地"的叙事要求，交代内容过程要找准重点关键词，提炼细节要到位，不要长篇大论地多加修饰词语，牢记要紧扣主题传达内容，尽量做到一事一报，不要节外生枝提其他内容，避免造成内容理解歧义。

3. 简而不陋，用词精准

简讯要做到用词精准、活泼，具有一定的时代特性，短小精悍而不缺乏用词美感，叙述要活泼生动，有吸引力，富有表现力。

5.18 评　　论

以新闻评论为例，在新媒体大背景下，热点事件的更新速度不断刷新认知，舆论呈现出扁平化、圈层化、非理性化的趋势，舆论分歧正在不断加剧，写出可读性强且有相当深度和广度的高质量评论，更能在传播中赢得主动。

5.18.1　评论的特点

评论与简报、简讯等行文不同，它不是对某事件、某工作、某人的宣传，而是针对事件直接提出问题阐明道理，运用科学的判断和逻辑的推理加以分析综合，指明问题的性质，给予解决方法，让读者对道理充分赞同和信服，行文目的是对某些现象或者观点进行评价。

评论最重要的特点在于"评"，一篇好的评论首先得有正确的立场观点、独到的想法与创新的思想，依托道理时要有分析感、说服力。只有"评"得精彩、准确，"论"才有价值，评得不深入、不到位，则很难具有说服力，也自然失去了评论的真正功能和意义。

5.18.2　评论的结构

评论类公文的标题在写作时要突出评论对象，正文部分的写作格式与一般公文的格式大同小异，分为开头、主体、结尾三个部分。评论通常分为短评、时评等，结构是标题+正文。

5.18.3 评论的写作要点

1. 观点明确，紧扣主题

对所评论对象进行表态，表达出观点，一般放在开头部分的最后一句。通常有三种情况：支持、反对和辩证看待。论点、论据、论证要有所见解和主张。

2. 逻辑性强，言语流畅

给评论对象下定义、阐述观点或社会现状等，如果评论对象是专有名词、抽象词汇，可对其概念进行解释。

主体内容是评论类的重点部分，需要对观点进行充分的论证，论证时要紧扣观点，立足于材料所体现的内容，由内容引出相关联的意义、危害、原因、事例等，再加入个人观点，与材料、事实情况充分融合，达到评论的目的。

3. 短小精悍，层次分明

找准论点，经过提炼、浓缩，融入评论观点，确保论点用语简洁干练。主次分明的分化成主导论点和辅助材料，主导论点划分展开成各小论点，补充材料和阐明论点，充实完善整体行文。

5.19 心得体会

在职场中、体制内，单位常常开展理论学习或培训，无论集中学习还是个人自学，常常需要我们提交个人的心得体会。

5.19.1 心得体会的特点

心得体会属于个人感受性行文范畴,这里特指在工作、会议或学习等参与后的体会与领悟。

心得体会通常具有个人观点、主观性、总结性等特点。

1. 个人观点

心得体会的发文对象都是以独立个人为主,极少涉及组织撰写,多数是参加某项工作或会议后的切身感受,领悟参会的主导思想、方法及工作内容,总结出的感悟及工作方法。

2. 主观性

心得体会是从自身角度出发来阐述感悟,具有较强的主观性,是对自己工作学习中的体验和领会的总结。

3. 总结性

在撰写心得体会的体验和感悟时,要深挖主导思想或活动的含义层次,将多层次的观点紧密联系在一起并认真书写,也可以结合某一时期的工作或学习,进行总结性的概述。

5.19.2 心得体会的结构

心得体会一般由标题、正文和落款组成。

1. 标题

心得体会的标题最常用的是"事项+文种"的结构,例如"××会议的心得体会""在××活动中的心得体会"等。有些心得体会篇幅较长,内容丰富也可以采用双标题的形式,正标题可用一句概述心得的话,小标题按照"事项+文种"的结构书写,例如:正标题——主观能动性推动着发展的方向速度,小标题——参加科教兴国政策产业发展论坛的心得体会。

2. 正文

心得体会的正文包括开头和主体两个部分。开头部分可以先概述工作（或会议、活动）的基本情况，包括参加活动的原因、时间、地点，以及所从事的具体工作的过程及结果等，要对整体内容进行提炼、回顾和总结；主体部分则重点表达参加此次活动后的体验、感受。

3. 落款

心得体会的落款包括书写人和成文日期，其中，书写人可以在标题下方另起一行标注，成文日期则一般放在文末右下角。

5.19.3　心得体会的写作要点

写心得体会能让自己更深刻地领会所学政治思想内容和主旨，联系切身工作、学习中的实践内容，写出当事人的认识、感想、体会和得到的启发与收获，或者综合观点、见解，并且能提出自己的看法。心得体会能提高自身思想觉悟，培养清晰的头脑、敏锐的眼光、独特的见解和站在全局的角度上来看待问题的方法。

总结心得体会可以从以下几方面着笔：

1. 罗列思想要点

简略地把个人在会议、学习中的内容、观点罗列出来，挑选配套辅助书籍或文章内容，用自己的话语将会议观点和辅助内容结合，浓缩成精华的文字，并且提出自己的看法或意见。

2. 从自身出发，写出真情实感

心得体会的写作视角是第一人称，必须写出真情实感。某些适当的地方可引用原文作例证，并结合一些当今时政、金融、经济等方面的理论或实际案例为思维拓展辅证。提炼最受触动或启发的部分，丰富自己在学习教育中的一些想法和见解，这样写出的心得体会才更加有真情实感。

要善于捕捉学习和生活中的细节之处，对某一观点要从简单的提问开始，经过思想的论述，事实的验证，记录下来汇总成心得体会，这样才能让得出的结论更好地帮助我们达到更高的思想境界乃至走向成功。

3. 尊重事实依据，切防形式主义

心得体会在紧密联系自己思想的同时，要尊重客观实际生活，以事实为依据，不要长篇大段地照抄照录，严防形式主义，否则会使心得体会失去它原有的自身价值。

5.20 读 后 感

在单位里，领导推荐的一本好书、上级发的学习材料等，后面常跟着一个作业——读后感。读书不知味，不如束高阁，这也是让阅读更有意义的极佳方式。写读后感不但可以把别人的知识转化为自己的，也可以锻炼思维的深度、高度和广度，最后运用到生活和工作中。

5.20.1 读后感的选题

读后感的选题方式有两种，一种是通过稿件直接选题，如《读×××的有感》，另一种是以中心思想的感受为题，例如《新时代下的新征程——记××报告有感》。

读后感通常是经过了阅读、学习后，自己心得体会的有感而发，

带来的是震撼或意义等。在整体的行文措辞方面可以多用一些概括性的带有启发和感触的语言，并通过引用原文段落，提出感触和意识以及重要性等，例如：认真学习了《关于×××的工作方法的报告》，令我感触颇深，这份报告使我意识到……的重要性，指出了平时工作的……问题，加深了我对……的感想……最后引出启发和感触。读后感中对原文引用的段落要重点情节详细说，再加入感受启发，这样写出来的读后感才会文体连贯不突兀。读后感最后要围绕主题进行内容升华，发出号召。

5.20.2 读后感的结构

读后感一般由引题、主体、总结三部分构成，通常有三种表现手法，罗列如下：

1. 浓缩提纲

一种是缩写内容提纲，良好的提纲对整篇读后感起到了归纳和提炼的作用，能让每一部分都不偏离主题、拖沓冗长，增加读者的阅读兴趣。

2. 阅读后的体会感想

以阅读或学习后的个人体会感受撰写的感悟感想，需从个人主观情感出发，选择自己感受最深的东西去写，贴合原文后引申出真情实感才是写好读后感的关键，才能引人入胜，并给人留下深刻印象。

3. 引述性结构

在主体中，从每一段落层次中摘录好的句子展开论述自己的观点，围绕观点引述材料有的放矢地简述原文相关内容，交代感想从何而来，并为后文的议论做好铺垫。

5.20.3 读后感的写作要点

区别于其他文体，读后感是从个人主观意愿出发而写的，写作时需要注意以下几个要点：

1. 简述干练有层次感

多数读后感需引述原文的观点，但切记不要大段地复述和摘取无关的内容，引述原文要精简，材料要简短，篇幅较长的可划分为多层次，分几篇撰写，不需拘泥在一篇中陈述过多。

2. 观点要准确、有针对性

对述读材料要精简、准确、有针对性是写读后感的关键。在联系实际方面，对材料进行评析，既可就事论事，对所引的内容作一番分析，也可以由现象到本质、由个别到一般地作一番挖掘，对寓意深的材料要深入剖析，必须紧扣感点，而不能泛泛而谈，不能脱离感点随意联想，不着边际，所选例子和所讲道理和感点要有共鸣，不能另立一个论点。然后水到渠成地亮出自己的感点，也就是中心论点。

3. 论述点引出感官点

首先要述读，才有感点的成立，如果没有述读的这部分材料，感点就是无源之水，流而不远；感点也只能是空发议论，泛泛而谈。发感就是对感点中心论点进行论证。这一部分是读后感的主体部分，是对感点的阐述，通过摆事实、讲道理证明感点的正确性，或正面论、反面证证明感点的合理性，所摆的事实、所讲的道理都要围绕感点来展开，而不能游离于感点之外。联系实际，既可以由此及彼地联系现实生活中相类似的现象，也可以由古及今联系现实生活中相反的种种问题，有时候还可以是个人的思想、言行、经历等。

4. 结尾要首尾呼应

结尾既可以回应前文，强调感点，也可以提出希望，发出提问，融入观点结尾。不管怎样的结尾，都要与前面的几个部分构成一个有机整体，不能是横空出世、不贴合实际内容，要结得自然，顺理成章收束全篇。结尾或发人深思，或气势磅礴，或首尾呼应，暗合标题、表决心式的结尾也不失精彩。

5.20.4 观后感是视觉化的读后感

读后感建立在"读"的基础上，侧重一个"感"字，熟读深思有感而发，才能对所读的书、文件或其他材料确有感受再下笔，感受丰富写出的读后感才能水到渠成，给观者视觉化的体验。

1. 读议结合，言由心生

写读后感需概括作品的主要内容，用边读边议的写法，一边引用所读材料中某些精彩的词句，一边谈自己的阅读感受，确保引用准确，感受真实自然，避免用大量的篇幅复述原文。概括不等于复述，读后感务求简洁明了，让观者读后能体会到原文或会议的精神，起到视觉化的作用，加深感受意义。

2. 立意新颖，点题升华

如何让观后感更好地体现出视觉化，可以通过亲身经历，以小见大，联系生活和工作的实际方法来写作，并引发自己的观点，也可以是所见所闻；可以是正面经验，也可以是反面教训，只要能证明自己的观点，把自己的"感"写得深刻、通透，让认识和体会都表达出来，这样便能让读后感更上一层楼。

5.21　调 研 报 告

调查研究是人们有意识、有目的地通过对社会现象的考察、了解和分析、研究来认识社会生活本质及其发展规律的一种自觉活动。调查研究的目的是反映问题、分析问题并提出解决问题的方案，其成果则以调研报告为表现形式。

调研报告不仅可以作为决策的依据，还可以通过介绍典型来指导和推动面上的工作；不仅可以宣传和推广好的经验，形成扶正压邪的强大社会舆论，还可以通过对事物表面现象的分析来揭示事物发展变化的规律，给人以启迪和教育。因此，了解调研报告的特点、类型和结构，掌握其写作要领，对于写作来说具有重要作用。

5.21.1　调研报告的特点

1. 目的明确

这是调研报告最鲜明的特点。不管哪种类型的调研报告，总是要密切配合现实生活，从实际需要出发，以解决政治、经济、文化等领域中最迫切需要解决的或突发性的理论或现实问题为目的。调研报告的目的非常明确，具有很强的针对性——有关新人、新事、新经验的调研报告可以指导工作；有关重大问题的调研报告可以预测未来，推动和指导工作；有关历史或现实问题的调研报告可以辨清真相，得出符合实际的结论。所以，调研报告的目的性越明确，针对性越强，其所起到的作用就越明显，就越能发挥现实意义。

2. 真实可靠

这是调研报告最根本的特点，也是调研报告写作过程中必须遵循的重要原则。调研报告不仅是反映群众意见和愿望、沟通上下的信息纽带,也是制定方针和计划、做出决定和决策的依据。只有尊重客观现实,实事求是,才能还原事物真相,调研报告才具有现实指导意义,才能为实施科学决策提供可靠依据;否则会给工作带来损失,造成危害。因此,真实是调研报告的生命。

3. 严谨科学

调研报告写作是对调查得来的各类事实、情况、经验、问题等进行科学客观的分析、总结和归纳,并用合适合理的表达方式叙述出最终结论的过程。写作调研报告一定要严谨,分析要细致深入。只有依据事实引出观点和结论,才能使调研报告具有可信度和可行性。

5.21.2 调研报告的类型

1. 探索性调研报告

探索性调研报告旨在探索未知的领域,以期找到解决问题的方法。探索性调研报告不仅可以探讨已有的问题,也可以深入挖掘尚未解决的潜在问题,从而为社会发展提供有价值的信息。

2. 理论性调研报告

理论性调研报告旨在深入探究事物发展和演变的规律,通过对历史和现实的大量信息进行分析,将其转化为理论,以便更好地理解事物的发展和变化。

通过理论性调研报告,可以将其结果分成两类:基础理论和应用研究。基础理论旨在阐明事物的本质,确定调研对象的基本概念、特征、性质及其规律,并阐明其在研究中的重要地位和作用。应用研究是一种基于基础理论研究的方法,旨在探究调查对象形成的过程,分析影响其成长的各种原因,并找出解决的方法、步骤和对策。

3. 描述性调研报告

描述性调研报告旨在通过客观、准确、周密的方式来描述调研对象,其中"是什么"和"怎么样"是主要问题,而"会怎样"和"为什么"则是次要问题。描述性调研报告可以为当下提供宝贵的资料,从而为未来的研究奠定坚实的基础。

4. 解释性调研报告

解释性调研报告重点放在深入探究"为什么"背后的原因上,这类调研报告被称为解释性调研。相比于描述性调研,解释性调研的难度要大得多。一般来说,人们不仅希望了解"怎么样",更希望能够了解"为什么"和"将会怎样"。

5.21.3 调研报告的结构

在开始撰写调研报告之前,应该根据前期数据分析结果来构建调研报告的框架,以确保报告的逻辑性和准确性。

在撰写调研报告时,应该从宏观到微观,从普遍到特殊,从现象出发深入探讨问题,尽可能多地将问卷和访谈的内容与报告的结构相结合,以便使每一部分的内容都有充足的依据和论据。

首先,基本遵循调研背景、基本情况概述、核心信息点报告及分析、工作建议的四部分文章结构。其次,报告标题应当简练明了,突出重点,归纳第一级题目的主要内容。第二级题目则应按照第一级题目的叙述次序逐条论述。通过统筹安排大题目和小题目,并确保正文与小题目之间的相应联系,能够有效地确保报告的逻辑清晰度、层次分明。此外,在叙述现象时,要从数据出发,仔细分析现象背后的风险和原因,使用准确多样的词汇,清晰地表达思路,客观地展示事实,使阅读更加流畅自然。除了要突破传统的三段式,报告的框架也应当不断创新,不拘泥于一种模式。在实践中,我们常常使用经验、做法和意见相结合的框架,这种框架属于纵横交错的形式,但并不是一成不变的,我们必须在实践中继续寻找新的突破。

5.22 课题研究

课题研究一般是对正在学习、研究、讨论的问题,或亟待解决的问题、题目的统称。课题研究成果的表现形式可以是论文或报告,可以发表也可以不发表。课题研究的基本程序主要包括制订课题研究方案、研究课题开题、实施课题研究和课题总结等。

5.22.1 课题研究的特点

1. 鲜明的针对性

课题研究主要以问题为中心,有鲜明针对性,重在如何解决问题的操作过程。新的理念、观点等只是作为一种指导思想来指导研究和实践的全过程。整个课题研究针对的是问题,解决的是问题,所以它解决问题的方式、方法、过程更具有操作性。

2. 立项的超前性

课题研究虽然需要对已解决问题的成功经验进行总结,但重点还是在于进行再尝试,以求进一步的实践验证。其更多主要是针对待解决的问题进行立项研究,并且在问题解决之前即可进行课题立项,通过学习和实践进行研究,以求解决问题,这便是课题立项的超前性。

3. 过程的系统性

课题研究是个系统的过程,从课题研究的内容构成看有以下几点:
(1)课题的提出,包括为什么要立项研究、问题的负面影响、必要性、课题的特色及意义是什么。

（2）课题的内涵及主要内容。

（3）解决课题的理论依据。

（4）解决课题的实践操作过程，包括方式、方法、途径等。

（5）各种必备资料、数据的调查整理。

（6）成果验证。

整个过程按逻辑顺序依次展开，形成一个统一的整体，客观且系统。研究过程是重点，关注过程中做法与效果的不断反馈及调整、完善、迭代。最终文字材料只是整个研究过程的客观记录或理论化、系统化。

4. 全局的整体性

课题研究通常都是团体协作的过程。拿教育类课题研究举例，教研组立项选题，可基于教研组成员日常教学过程中普遍存在的且亟须解决的问题，进行立项研究。要完成小组的立项研究，涉及教学的多个环节和方面，需要小组成员从具体环节或方面进行人员分工，分别进行研究尝试，以求突破。教师个人的课题研究与教研组的课题研究紧密联系，每个成员的子课题构成了小组课题的整体内容，所有成员分工协作共同实现科研目标。

5.22.2 课题研究的类型

一般来看，课题研究有以下类型：

1. 按研究的深度可分为描述性课题、因果性课题和预测性课题

描述性课题是指对社会现象的真实情况进行具体、详细的描述，这是最基本的课题，难度小，层次低。

因果性课题指揭示两种或两种以上社会现象之间的因果关系，主要回答"为什么""怎么办"，层次较高，难度较大。

预测性课题指在弄清了社会现象的因果关系的基础上,对事物未来发展趋势和状况进行预测,研究层次最高,对实际工作和理论研究都有着重要意义。

2. 按研究的层次可分为面上课题、重大课题和重点课题

(1)面上课题:面向大多数科研人员,也称为自由申请课题。

(2)重大课题:少而精,目标明确,有重大科研意义,对课题组织者和承担者要求非常高。

(3)重点课题:针对学科发展和布局中最急需、最重要的问题和新学科新领域的增长点开展深入研究而设立。

3. 按研究目的可分为理论性课题和应用性课题

(1)理论性课题:以揭示社会现象的本质及其发展规律为主要目的。

(2)应用性课题:以提出解决社会实践问题的具体方案或对策为主要目的。

如果一个课题两个目的兼而有之,可叫作综合性课题或理论应用性课题。

课题类型当然还有其他方面的划分,比如国家级课题、省部级课题,或者重点课题、一般课题等,了解即可。

5.22.3 课题研究的结构

1. 问题的提出

问题的提出部分主要说明研究课题的设想以及选题的背景和意义。包括一些基本变量的辨析、界定,课题的理论价值和实践意义,课题在国内外的研究状况及文献综述等。

2. 研究依据和假说

研究依据包括政策依据、法律依据、教育科学理论依据等。提出理论假说，即用陈述的方式对变量间的关系进行推测。

3. 研究对象和方法

应根据课题的性质、要求等情况运用适当的研究方式。对于科研来说，多采用抽样研究方式。若是实验研究，需对实验组与控制组的确定原则、方法加以说明。研究方法主要指具体的研究方法、手段和工具。

4. 研究目标

研究目标指课题研究要达到的目标，主要是直接目标。目标要求明确，具有可行性。

5. 研究内容

研究内容的确定就是对教育研究中各种变量进行考察、探讨、调查、实验，以揭示其本质特征，揭示各变量之间的关系，达到对教育现象的本质和规律的认识。在研究内容的设计中，要确定变量的类别和性质，划定变量的范围等。其语言应简明扼要。

6. 研究步骤

研究步骤为确定研究实施过程和时间规划，对研究的具体阶段、安排等做出设计。研究的每一步骤、每阶段的工作任务和要求等都要有明确的说明。

7. 保证措施

保证措施主要是对研究材料和设备、测试工具以及经费等问题提出具体的落实措施。

8. 成果形式

成果形式包括阶段性成果，也指最终成果形式，即研究的过程和研究的结果以什么模式来表现。一般有论文、专著、研究报告、电脑软件等。

5.23 公约

本节主要介绍公约的基本概念、结构及写作要点。

5.23.1 公约的定义

公约是条约的一种。原指国际上关于经济、技术或法律等方面专门问题的多边条约,如 1874 年的《万国邮政公约》、1930 年的《国际船舶载重线公约》、1949 年关于保护战争受难者的四个《日内瓦公约》。某些重大政治问题的国际条约,也有以公约为名称的。也用于社会群众基于共同的意愿所制定的共同遵守的章程,如《拥军公约》《爱国卫生公约》等。

现实生活中,人们为了保证日常工作、学习和生活的正常秩序,常常在自觉自愿的基础上,经过讨论协商,确定一些共同遵守的事项,并用明确的文字写下来,即形成了公约。所以,通常我们所说的公约主要是指在一定范围内使用的、带有公共性和督促性的文书。

> **注意**:公约是条约的一种,但条约不同于公约。条约是由两个或两个以上国家签订的权利和义务的协议,具有时间性,如果期满不再续签即失效。

5.23.2 公约的结构

公约的结构一般分为标题、正文、署名与日期。

1. 标题

公约的标题有两种形式：

（1）公约的涉及事项＋文种，如"服务公约""卫生公约"等。

（2）公约约定主体、行业或单位＋事由＋文种，如《首都市民文明公约》《校园文明公约》《互联网终端安全服务自律公约》等。

2. 正文

公约的正文由总则、细则和附则组成，分条写明应该共同做到的事情以及不应该做的事情。其中，总则用来写明制定公约的目的、意义，适用的范围人群，所包含的内容、产品释义。常用固定格式为"为了……特制定本公约""本公约适用于……""本公约所称……是指……"。

细则通常采用条文式写法，将具体内容一一列出。做到系统完整，层次清楚，言简意明，朴实通畅；附则用来写执行要求、生效日期等。如无必要，可免除这一部分。

> **注意**：对于通用性大众规范公约，由于已经明确制定目的、约定人群，可省略总则和附则，直接体现正文，如《全国青少年网络文明公约》。

3. 署名

对于有些公约而言，署名是很重要的一项，意味着承诺，表明遵守公约的意向，表明愿意为违背公约承担责任。特别是行业公约，这一点显得更为突出。如果标题已有单位名称，此处可省略。

5.23.3 公约的写作要点

公约虽有约束性，但由于其不是行政管理部门制定的强制性法规，而多是社会团体或民众之间的约定,故具有公众约定性、长期适用性、集体监督性、基本原则性和一致认同性的特点,把握公约的特点才能更精准地掌握写作要点。

1. 广泛征求适用人群意见

公约所涉及的内容一般都具有长期的稳定性,因而公约也具有长期适用性,不会在短时间之内就因为时过境迁而成为废文。因此制订公约前应广泛征求适用人群的意见,选择大家共同关心、有长期意义的原则性事项进行讨论。如果发现原有的公约已经过时,则要讨论制定新的公约来取代它。

2. 标准通行可行容易达到

公约一经公众认定,就是订约人的行为和道德规范,每个加入公约的人都有履行公约的义务。因此公约的标准应适用于大多数的人群,是大家经过努力能做到的。标准太高,即使订了公约,也等于一纸空。

3. 条文简约明了不宜过多

公约的内容在多数情况下都是一些基本道德准则和精神文明建设的原则要求,一般不涉及具体的行动方法和实施措施,不像细则那样详尽具体,因而公约大多短小精悍。

注意:公约是在一个公共协商的基础上拟定的,应得到每个缔约者的认同。在特殊情况下,在有否决票的情况下可以强制通过,但投否决票者可以选择不加入该公约,如美国未加入《联合国海洋法公约》,所以美国科考船进入中国南海而不受该公约的约束。

公约范例 1

互联网终端安全服务自律公约

（2013 年 12 月 3 日发布）

第一章 总则

第一条 为规范互联网终端安全服务，保障互联网用户的合法权益，维护公平和谐的市场竞争环境，促进互联网行业的健康发展，制定本公约。

第二条 本公约适用于中国互联网协会会员单位，以及加入《中国互联网行业自律公约》的从业者，并且倡议其他从业企业、组织和个人积极遵守。

第三条 本公约所称互联网终端安全服务，是指为用户终端（包括移动终端）提供的系统运行安全、数据安全、通信安全以及系统性能优化等服务。

第四条 互联网终端安全服务产品是指提供互联网终端安全服务的软件硬件产品，其功能包括病毒防护、木马查杀以及软件管理、系统优化等。

第五条 开展互联网终端安全服务的企业，应当拥有具有合法知识产权的安全产品。根据国家有关规定，产品必须经过国家相关主管部门检测的，在检测合格并获得正式许可后方可开展相关安全服务。

第二章 互联网终端安全服务企业应遵守的原则

第六条 遵纪守法原则。开展互联网终端安全服务，应当遵守国家有关法律、法规和规章，遵守互联网行业自律公约和规范，合法经营，公平竞争，维护互联网行业声誉和利益，不得滥用安全服务功能危害国家利益和社会公共利益，不得侵害其他企业正当权益。开展安全服务应当自觉接受国家有关主管部门监管和行业协会监督。

第七条　诚实信用原则。遵守社会公认的诚实信用原则，对本企业提供的安全服务功能或效果的宣传应当实事求是，不做虚假和夸大描述，不得不公正地毁损其他企业的产品性能或企业形象，禁止使用虚假、夸大或晦涩语言欺骗、误导用户使用或不使用特定服务或产品。

对其他产品或服务的评价及服务提示应当客观、公平，评价方式或提示用语范本另行制定供互联网终端服务企业参照使用。

第八条　公平竞争原则。提倡公平竞争，反对滥用市场支配地位侵害其他企业和用户的合法权益，维护公平有序的竞争秩序。

互联网终端安全服务企业同时提供非安全类终端软件服务的，应当客观公正对待本企业和其他企业的终端软件。

第九条　自主创新原则。尊重和保护安全软件知识产权，提倡自主创新，努力提高自身研发能力和技术业务水平，反对和抵制各类侵权行为，维护规范有序的发展环境，提升中国互联网行业的竞争力。

第十条　优化服务原则。互联网终端安全服务企业有责任根据技术发展和用户需求优化安全产品的安装与运行，提供升级更新等服务。

第三章　保护用户合法利益

第十一条　保证用户享有知情权。收集、使用和保存用户个人信息时，应当明确告知用户；对用户提供安全服务时，对用户的服务提示应当清晰、客观、公正；互联网终端安全服务软件在用户系统中所进行的安全服务操作及处理结果,应当明示用户。

为使用户信息安全免受病毒或者木马、蠕虫等恶意程序的侵害,可在用户服务协议中做出明确约定的前提下,直接采取安全防护操作。

第十二条 保证用户享有选择权。尊重用户的自主选择,互联网终端安全服务产品在安装、运行、升级、修改默认设置等时,应当明确提示用户并经用户确认,但病毒库更新和查杀引擎升级除外。

除恶意程序外,互联网终端安全服务软件发现其他软件运行中存在对用户终端造成或可能造成危险的情况可以提示用户,但不得代替、欺骗、误导或强迫用户做出选择,不得违背用户意愿修改用户已确认的选择设置。用户忽略提示而选择进一步操作的,应当尊重用户的选择。

允许用户自主选择是否卸载,并提供通用可行的卸载方式。不得在用户选择过程中采用故意隐藏选项或其他手段妨碍或剥夺用户选择权。

第十三条 保护用户个人信息安全。用户个人信息包括个人身份信息、个人网上通信内容、个人上网行为日志、个人文件(用户在终端上创建或者保存的文件),以及其他能够据此直接或者间接识别出用户个人身份或者其他与用户个人利益相关的信息。收集、使用和保存用户个人信息时应当明确告知用户,包括告知用户收集、使用和保存的目的及范围;未经用户同意,不得擅自收集、使用和保存用户个人信息。收集、使用和保存用户个人信息,应当遵循合法、正当、必要的原则。

第十四条 未经用户许可和同意,移动终端的安全服务产品,不得打开各种通信接口,如WLAN、GPRS、蓝牙、红外、NFC等。未经用户同意,不得扫描及上传用户通信录、短信、电子邮件正文等个人信息。不得违反中国互联网协会所发布《移动互联网恶意代码描述规范》中对于恶意行为的相关规定。

第十五条 履行企业社会责任,推进网络安全普及与应用,客观公正地对用户进行网络安全科普宣传。

第四章 禁止恶意行为

第十六条 禁止恶意排斥。恶意排斥是指互联网终端安全服务产品在设计、安装、运行过程中,无正当理由,故意给其他合法产品设置障碍,妨碍用户安装或者使用其他合法产品的行为。不得恶意干扰或者破坏其他合法产品的正常使用,不得以任何形式欺骗或者误导用户使用或者不使用其他合法终端软件。

第十七条 禁止恶意拦截。恶意拦截是指互联网终端安全服务产品在安装、运行、升级过程中,欺骗、误导或强迫用户修改默认设置,或强行修改用户设置,导致其他合法产品功能受影响或无法正常使用的行为。

第十八条 禁止歧视性对待。歧视性对待是指互联网终端安全服务企业,对待和本企业产品具有竞争关系的其他终端软件产品,利用安全软件的功能,在同等情况下采用歧视性处置标准的行为。不得滥用安全软件的功能及权限干扰或破坏其他企业的终端软件服务。

第十九条 互联网终端安全服务企业对其他企业的终端产品进行评测时应客观公正,不得利用评测结果欺骗、误导或强迫用户对被评测产品做出处置。

第五章 公约的执行

第二十条 中国互联网协会行业自律工作委员会作为本公约的执行机构,负责组织本公约签署和实施,并及时向签署单位宣传国家相关政策、法律和法规。

第二十一条　签署单位应当自觉遵守本公约各项规定,违反本公约并造成不良影响的,任何单位和个人均有权向本公约执行机构进行举报。本公约执行机构在查证核实或者组织测评后,视情况给予内部警告、公开谴责等处罚。中国互联网协会行业自律工作委员会将委托中国互联网协会举报中心受理互联网终端安全服务领域中的违规现象,受理用户举报,企业和用户均可对互联网终端安全服务企业的违规现象进行投诉。

第二十二条　互联网企业之间发生争议和纠纷时,应当本着互谅互让、维护行业团结和整体利益的原则,争取以协商方式解决;协商无法解决的,可以提请本公约执行机构进行调解;本公约执行机构有义务通过合理合规的方式在接到申请后一周内完成调解工作;同时,如需要第三方机构测评的,可由本公约执行机构委托的或双方均认可的第三方机构同步组织测评。本公约执行机构根据调解结果督促相关企业限期整改,如相关企业有异议的,由本公约执行机构组织专家或机构论证后进行裁定。

第二十三条　建立互联网终端服务白名单机制,降低互联网终端安全服务产品对其他终端服务产品的误拦、误报等操作,维护互联网公平竞争环境。白名单机制另行制定。

第六章　附则

第二十四条　本公约的签署单位为在中国境内提供互联网终端安全服务的企业,本公约经签署单位法定代表人或者其委托的代表签字并加盖单位公章后生效,由中国互联网协会向社会公布,自公布之日起施行。

第二十五条　本公约遵循"动态修订、逐步完善"的原则。经本公约执行机构或者本公约三分之一以上签署单位提议,并经三分之二以上签署单位同意,可以对本公约进行修改。

第二十六条 本公约关于恶意程序的描述,执行《互联网主机恶意程序描述格式》(YD/T 2383—2011)、《移动互联网恶意程序描述格式》(YD/T 2439—2012)。

第二十七条 本公约由中国互联网协会行业自律工作委员会负责解释。

签署单位:

腾讯、百度、奇虎360、金山、瑞星、江民科技、天融信、网秦天下、搜狐、UC优视、搜狗、天极传媒、空中网、搜房网、迅雷、小米科技、鸿联九五、19e、宝库在线、维那多、易介华通、亿美软通、中科聚盟、中国软件行业协会过程改进分会、公信卫士、梆梆安全、91无线、安智市场、小红伞、应用汇

公约范例2

《全国青少年网络文明公约》

要善于网上学习,不浏览不良信息。

要诚实友好交流,不辱骂欺诈他人。

要增强自护意识,不随意约会网友。

要维护网络安全,不破坏网络秩序。

要有益身心健康,不沉溺虚拟时空。

5.24 组 织 章 程

按照规范对象的不同,章程可分为组织章程、规范章程和企业章程三种类型,本节主要介绍组织章程。

 注意:章程与规则的关系类似于宪法和法律的关系。

5.24.1 组织章程的定义

组织章程是由各类社会组织经特定的程序制定的关于组织规程和办事规则的规范性文书,是一种根本性的规章制度。用以对本组织的性质、宗旨、任务、组织原则、机构设置、任务职责、成员资格、权利义务、活动规则、纪律措施、经费来源等做出明确规定,如《中国共产党章程》《××公司章程》《××基金会章程》等。组织章程是组织民主决策和自律的重要依据,既确定了组织发展方向,又保障了组织的健康发展。

5.24.2 组织章程的结构

组织章程由标题和正文两部分组成。

1. 标题

标题一般由组织、活动、事项、单位或团体的全称加文种构成。标题下面用括号标注什么时间由什么会议通过。如经有关组织的代表大会通过,就算正式章程。若尚未经代表大会通过的,在标题末尾加上"草案"字样。如:

第 2 篇　公文写作提升
（软剑无形，迅捷如风）

中国共产党章程

（中国共产党第二十次全国代表大会部分修改，2022 年 10 月 22 日通过）

---

2. 正文

章程正文包括总则、分则和附则三部分。

总则又称总纲，是章程的纲领，对全文起统率作用，应说明组织的名称、性质、宗旨、任务和作风等要求。

分则一般阐述四方面的规则：

（1）成员规则：包括成员参加的条件、应承担的义务和享受的权利，以及对成员的纪律规定等。

（2）组织规则：包括组织机构及管理制度，结合实际情况说明领导机构、常务机构和办事机构的设置、规模、产生方式和程序、任期、职责、相互关系等。

（3）经费规则：主要讲明经费来源和使用管理等。

（4）活动规则：组织活动的内容和方式。

其他事宜视不同组织、团体的需要而确定。

附则通常为附带说明制定权、修改权和解释权等，是对主体部分的补充，还需要说明办事机构地址或对下属组织的要求等内容。

5.24.3　组织章程的写作要点

1. 内容完备

因为组织章程是组织或团体的基本纲领，在一定时间内稳定发挥其作用，因此章程的内容要稳定不轻易变动，必要的项目要完备，既突出特点又照顾全面。

2. 结构严谨

组织章程作为组织内部活动准则,具有一定的规范作用和约束力,结构上要求严谨、合理。全文由总到分,要有合理的顺序。分的部分,先讲全国组织,次讲地方组织,后讲基层组织;先讲对内,后讲对外。要一环扣着一环,体现严密的逻辑性,形成一个有机的统一体。

章程的条款,既要完整又要单一。每条规则表示一个意思,不要把一个完整的意思拆成几条规则;也不要把几个意思合并在一条规则之中,以免显得交叉杂乱。

3. 明确简洁

章程特别强调明确简洁。要尽力反复提炼,用较少的话把意思明确地表达出来。章程用条文表达,句与句、段与段之间有一定的独立性,一般不要用"因为……所以……","虽然……但是……"等关联词语。章程的语言多用词语的直接意义,确保语义没有歧义,让人一看就明白。

组织章程范例

青岛大学物理科学学院校友会章程

(第二届理事会 修订版)

第一章 总 则

第一条 本会的名称为"青岛大学物理科学学院校友会",英文名称 College of Physics Alumni Association, Qingdao University, 简写 CPAAQU。

第二条　本会由青岛大学物理科学学院校友自愿联合组成。

第三条　本会的宗旨是：加强校友间的友谊与联系，促进校友间的交流与合作，充分利用校友的人才智力资源，为校友和学院的发展提供更大平台；成为连接青岛大学与各地校友的桥梁和纽带，推动青岛大学校友事业健康发展。

第四条　本章程严格依据中华人民共和国宪法和各级法律法规拟订，是本会及会员的基本行为规范。

第二章　职　　责

第五条　本会的职责为：

（一）积极开展物理科学学院校友之间的联谊活动、母校和学院的重大庆祝纪念活动等；

（二）组织会员适时举行理论研讨和学术交流活动；

（三）积极开展与各高校、社会团体、企事业单位等的交流与合作；

（四）积极协助校、院在各地的联络和宣传工作，加强交流与合作；

（五）加强物理科学学院校友与母校、各地校友会以及海内外校友之间的联系；

（六）积极为学院校友提供力所能及的帮助与支持；

（七）办好青岛大学物理科学学院校友会网站和微信公众号平台，及时发布校友会信息。

第三章　会　　员

第六条　凡青岛大学物理科学学院（物理系）毕业校友或工作过的教职员工，承认并愿意遵守本会章程，经申请登记即可成为青岛大学物理科学学院校友会会员。

第七条　本会会员在产生本会各种机构成员时有选举权和被选

举权,有权提交校友会各项工作和长期建设的意见和建议,有权对本会各机构及成员的工作进行监督并提出异议。本会会员享有自由退会的权利。

第八条 本会会员应积极贯彻校友会章程及全体会员大会做出的决议,广泛参与校友会组织的各项活动,配合校友会志愿者的工作,为校友会的发展做出应有贡献。

第九条 会员应遵守本会章程,执行本会决议,维护本会权益,履行会员的义务。

第十条 校友会适时举行全体会员大会,凡青岛大学物理科学学院校友均有权参加。

第十一条 本会对为校友会建设做出突出贡献的会员、校友友人、工作人员等授予名誉会长、名誉理事、优秀校友等荣誉。

第四章 组织机构

第十二条 本会的最高权力机构是会员大会,会员大会由全体登记会员组成,会员大会的职权是:

(一)审议、修改和通过《理事会工作报告》;

(二)制定、修改和通过《青岛大学物理科学学院校友会章程》;

(三)审议和通过《秘书处财务报告》;

(四)选举和罢免会长、副会长和秘书长;

(五)决定其他重大事项。

第十三条 本会设理事会。理事会是本会的日常领导机构,理事会成员由物理科学学院校友经选举产生。理事会人数不超过全体登记校友人数的10%。

第十四条 理事会由一名会长、若干名副会长、秘书长以及理事组成,每届任期5年。会长由全体理事选举产生,副会长以及秘书长由会长提名,全体理事表决产生。

第十五条　理事会职责：

（一）在当选理事中选举会长，对提名的副会长和秘书长人选进行表决；

（二）组织召开会员大会，制定年度工作计划和财务预算；

（三）决定本会重大事项和组织机构设置；

（四）其他应当由理事会决定的事项。

理事会根据需要召开会议，由会长（会长未到由副会长）主持，理事会决议由出席会议的全体理事进行表决，获二分之一以上票数方为有效。

第十六条　本会设常务理事。常务理事原则上以青岛本地理事选任。理事会休会期间，由常务理事会负责理事会重要事务的管理工作、重要活动的策划和组织工作。

第十七条　本会设秘书处，秘书长、副秘书长由理事担任。在理事会或常务理事会领导下负责处理本会日常事务、管理校友会网站和微信公众号的运行。秘书处可以根据实际需要临时招募志愿者。

第十八条　秘书处制定日常工作计划，经会长会议批准后具体实施。秘书处应适时召开工作会议，对工作计划的完成情况进行总结，并对后续工作做出调整。

秘书长有监督协调各志愿者日常工作运作的责任和义务，副秘书长有协助秘书长工作的义务，各志愿者有义务定期向秘书长定期反馈工作进度并监督秘书长的工作情况。

第十九条　秘书处设若干副秘书长职位，分别负责日常运行、文体活动组织、产学研合作和学习教育四项工作。日常运行工作主要是指校友会及理事会日常运行相关事务，包括文件材料准备、整理、存档以及校友会的宣传等工作；文体活动工作主要是指开展形式多样的文体活动，以促进校友间的相互交流；产学研合作工作主要是指依托校友会平台,通过各种合作形式,促进各个领域的校友在产、学、研、用等各个领域开展全面实质性合作;学习教育工作主要是指通过授课、培训、报告、宣讲、科普教育等手段,开展在校生的教育活动或各种服务社会的活动。

第二十条 秘书长应定期、及时向理事会通报秘书处的工作进展以及会员情况。

第二十一条 秘书处的其他工作职责以及工作方式另行规定。

第二十二条 在理事会或常务理事会批准下,可成立新的下设机构。

第五章 会 费

第二十三条 校友会会费来源于:

1. 学校划拨经费;
2. 全体会员自愿捐助;
3. 其他合法收入。

第二十四条 校友会会费应当用于:

1. 秘书处日常工作开支;
2. 全体大会会议开支;
3. 校友会网站和微信公众号等信息平台的维护开支;
4. 对有突出贡献的校友进行表彰或奖励。

秘书处设专人进行资金、账目管理,并向会长报告。

第二十五条 本会的经费由秘书处依据章程约定或者理事会决议管理和使用,任何单位、个人不得侵占、私分或挪用本会经费和资产。

第六章 民主评议与提案制度

第二十六条 本会采用民主集中制与志愿者制度相结合的组织原则。

本会常设机构及运作机制应根据实际情况不断改进和完善。

在保证本会工作高效运行的前提下，各机构人员应尽量精简。

第二十七条　本会将着力完善民主评议与提案制度。所有会员都有责任和义务对本会的运作与发展进行监督。

第二十八条　会员的民主评议集中体现在每年会员大会上就本会工作进行集体审核；各志愿者的民主评议体现在必须就本会日常工作广泛听取各方意见。

第七章　终　　止

第二十九条　本会在遇到不可抗力等原因必须终止活动时，由理事会会议表决同意终止，并由会长签署有关文件后，终止本会活动。

第三十条　本会终止后，剩余资产根据理事会决议捐赠给相关部门。

第八章　附　　则

第三十一条　本章程于2019年5月25日由青岛大学物理科学学院校友会理事会审议通过并实施。

第三十二条　本章程最终解释权归青岛大学物理科学学院校友会理事会。

青岛大学物理科学学院校友会筹委会
2019年5月25日

5.25　办　　法

办法是日常对一些尚无条文可依的工作，在实施和管理方面做出的具体规定。但办法又不同于规定，是对处理问题或办理事务的程序、步骤、方法等程序性、规范性的要求。

5.25.1 办法的定义

办法是一个法规名词,是有关机关或部门根据党和国家的方针、政策及有关法规、规定,就某一方面的工作或问题提出具体做法和要求的文件。其目的明确,要求具体,具有较强的行政约束力。企事业单位为规范某方面工作做法也会使用到办法这一文种。

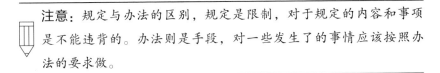

注意:规定与办法的区别,规定是限制,对于规定的内容和事项是不能违背的。办法则是手段,对一些发生了的事情应该按照办法的要求做。

5.25.2 办法的结构

办法一般由首部和正文组成。

1. 首部

办法的首部一般包括标题、制发时间和依据等内容。

办法的标题一般由制文机关、事由、文种构成,如《××银行贷款基金管理办法》。也可以由事由、文种构成,如《关于××单位复审办法》,或者由规范对象、文种构成,如《婚姻登记办法》。

标题之下用括号注明制发的年、月、日和会议;或通过的会议、时间及发布的机关、时间;或批准的机关、时间等。有的办法随"命令""令"等文种同时发布,这一项目内容可不再写。

随命令发布的办法标题如下:

第 2 篇　公文写作提升
（软剑无形，迅捷如风）

中华人民共和国财政部令

第 74 号

《政府采购非招标采购方式管理办法》已经 2013 年 10 月 28 日财政部部务会议审议通过，现予公布，自 2014 年 2 月 1 日起施行。

部长　楼继伟

2013 年 12 月 19 日

政府采购非招标采购方式管理办法

……

一般办法标题如下：

生态环境统计管理办法

（2023 年 1 月 18 日生态环境部令第 29 号公布，自公布之日起施行）

2. 正文

办法正文一般由引言、条文、附则三部分组成，可分章、分条叙述。第一部分为引言，用一至两句话写明制定该办法的目的；第二部分为实施办法的具体条文；第三部分附则，一般交代实施的日期和对实施的说明。

5.25.3 办法的写作注意事项

1. 要有依据

办法因为体现对某方面工作的管理和约束,因此写作要依据上级机关的有关规定。

2. 要具体

办法在写法上侧重于对某项工作的做法、措施、步骤或标准进行说明,因此条文上应注重清晰具体,不能抽象笼统。

3. 要准确

因为办法的内容是经过有关部门或会议做出的决定,取得了一致的意见,因此写作中应遵照原意,避免含糊不清、似是而非的提法,对未经决定或有分歧的意见,不要写入其中。

办法范例

重庆市地方志工作办法

(2023年1月14日重庆市人民政府令第356号公布
自2023年3月1日起施行)

第一条 为了传承发展中华优秀传统文化,弘扬社会主义核心价值观,加强地方志工作的组织、管理,发挥地方志在促进经济社会发展中的作用,根据国务院《地方志工作条例》及有关法律、法规,结合本市实际,制定本办法。

第二条 本市行政区域地方志的组织编纂、管理与开发利用工作,适用本办法。

本办法所称地方志，包括市、区县（自治县）编纂的地方志书和地方综合年鉴。

第三条　地方志工作应当坚持依法治志、存真求实、确保质量、修志为用的原则。

第四条　市、区县（自治县）人民政府应当加强对本行政区域地方志工作的领导，将地方志工作纳入国民经济和社会发展规划，所需经费列入本级财政预算。

市、区县（自治县）人民政府成立地方志编纂委员会，负责统筹推进本行政区域的地方志工作，研究制定地方志工作的政策措施，协调解决地方志工作中的重大问题。

第五条　市、区县（自治县）人民政府负责地方志工作的机构（以下简称地方志工作机构）主管本行政区域的地方志工作，履行下列职责：

（一）组织、指导、督促和检查地方志工作；

（二）制定地方志工作制度，拟定地方志工作规划和编纂方案；

（三）组织编纂地方志，初审或者审查验收地方志书；

（四）组织开展地情调查研究和旧志整理工作，搜集、管护本行政区域地方志文献和资料；

（五）组织推进本行政区域地方志信息化建设、方志馆建设及规范化管理；

（六）组织地方志资源的开发利用工作，推动地方志相关理论研究及对外交流、合作，组织开展业务培训；

（七）法律法规规定的其他职责。

发展改革、民族宗教、财政、保密、新闻出版等相关部门根据各自职责，共同做好地方志工作。

第六条　市地方志工作机构负责拟定本市地方志编纂的总体工

作规划，经市人民政府批准后组织实施，并报国家地方志工作指导机构备案。

区县（自治县）地方志工作机构根据总体工作规划，拟定本行政区域地方志编纂的工作规划，经本级人民政府批准后组织实施，并报市地方志工作机构备案。

地方志编纂的总体工作规划和区县（自治县）地方志编纂的工作规划经批准后不得随意修改；确需修改的，应当经本级人民政府批准，并报上一级地方志工作机构备案。

第七条 以市、区县（自治县）行政区域名称冠名的地方志，分别由本级地方志工作机构组织编纂，其他组织和个人不得编纂。

第八条 编纂地方志应当符合下列要求：

（一）全面、客观、系统地反映本行政区域自然、政治、经济、文化、社会的历史与现状；

（二）涉及军事内容的，应当遵守中央军委关于军事志编纂的有关规定；

（三）涉及少数民族的，应当尊重其风俗习惯，不得包含民族歧视、地域歧视的内容；

（四）涉及宗教的，应当全面贯彻党的宗教政策，依法记述宗教有关内容；

（五）涉及商业秘密或者个人肖像权、名誉权、隐私权等人格权或者其他人格权益的，应当依法办理相关手续；

（六）法律法规规定的其他要求。

第九条 承担地方志编纂任务的单位（以下简称承编单位）应当按照规定的期限和质量标准完成工作任务，并对所提供资料的真实性、准确性和完整性负责。

第十条 地方志编纂人员实行专兼职相结合。

地方志编纂人员应当具备相应的专业知识和学术水平,并掌握地方志编纂的基本知识和基本方法。

市、区县(自治县)地方志工作机构应当建立地方志专家库、人才库,吸收专家学者和熟悉地情的社会公众参与地方志编纂工作。

地方志文稿涉及少数民族、宗教内容的,应当有相关的少数民族人士、从事少数民族工作和宗教工作人员参加。

第十一条 地方志工作机构和承编单位可以向国家机关、社会团体、企业事业单位、其他组织以及个人征集相关地方志资料,有关单位和个人应当提供支持。地方志工作机构和承编单位可以对有关资料进行查阅、摘抄、复制,但涉及国家秘密、商业秘密和个人隐私以及不符合档案开放条件的除外。地方志资料所有人或者持有人不得故意提供虚假资料。

地方志工作机构应当建立本行政区域地方志资料年报制度。承担地方志工作任务的单位应当按照年报制度报送资料,不得无故拖延。

第十二条 地方志书每20年左右编修一次。每一轮地方志书编修工作完成后,市、区县(自治县)地方志工作机构在组织编纂地方综合年鉴、搜集资料以及向社会提供咨询服务的同时,启动新一轮地方志书的续修工作。

以市、区县(自治县)行政区域名称冠名的地方综合年鉴按照年度编纂,一年一鉴,公开出版。

第十三条 以市行政区域名称冠名、列入总体工作规划的地方志书,由承编单位初审后提交市地方志工作机构审查验收;以区县(自治县)行政区域名称冠名、列入总体工作规划的地方志书,由区县(自治县)地方志工作机构初审,经本级人民政府同意后,提交市地方志工作机构审查验收。

第十四条 审查验收地方志书,应当重点审查地方志书是否符合本办法第八条的编纂要求,是否符合宪法和保密、档案等法律法规的规定。

第十五条 审查验收地方志书,应当组织有关保密、档案、历史、法律、经济、军事等方面的专家参加。

审查合格的,由市地方志工作机构出具审查验收意见;审查不合格的,由市地方志工作机构指导承编单位或者区县(自治县)地方志工作机构修改完善后再行报送审查验收。

第十六条 以市、区县(自治县)行政区域名称冠名、列入总体工作规划的地方志书和以市行政区域名称冠名的综合年鉴,经市人民政府批准后,方可公开出版;以区县(自治县)行政区域名称冠名的综合年鉴,经本级人民政府批准后,方可公开出版。

地方志应当在出版后3个月内报送上级地方志工作机构备案。

第十七条 地方志编纂过程中收集的资料、实物以及形成的地方志文稿,由本级地方志工作机构指定专门人员集中统一管理,妥善保存,不得损毁;编纂工作完成后,应当依法移交本级方志馆或者地情资料室保存管理,个人不得据为己有,不得出租、出让、转借。

第十八条 以市、区县(自治县)行政区域名称冠名的地方志为职务作品,组织编纂的地方志工作机构依法享有著作权,参与编纂的人员依法享有署名权。

第十九条 方志馆的建设坚持立足地情、突出特色、以人为本、服务社会的原则。

市人民政府将方志馆建设纳入政府公共文化设施建设规划,推进国家布局的区域性方志馆建设。鼓励有条件的区县(自治县)建设方志馆,鼓励有条件的乡镇(街道)、村(社区)建设史志馆(室)。

方志馆免费向公众开放,服务范围、开放时间等事项应当向社会公示。

第二十条　市、区县（自治县）地方志工作机构应当组织开展本行政区域内的地情调查，摸清基础地情，建立地情资料库。

地情调查应当吸收高等院校、科研机构及有关专家学者参与，确保地情调查成果的专业性和权威性。

鼓励公民、法人和其他组织参与调查研究，挖掘、整理相关文献资料，传播地方历史文化。

第二十一条　市、区县（自治县）人民政府应当将地方志信息化建设纳入本级人民政府信息化建设规划，逐步建立数字方志馆、地方志全文数据库，完善地方志资源公共数据共享平台，应用现代信息技术进行分析研究和开发利用地方志资源，为社会提供服务。

第二十二条　鼓励公民、法人和其他组织向地方志工作机构、方志馆捐赠地方志文献、音像资料、纪念性实物。

第二十三条　市、区县（自治县）地方志工作机构应当组织和推动地方志资源开发利用，加强地方志宣传教育，增强全社会读志用志意识。

市、区县（自治县）地方志工作机构应当通过方志馆、地方志网站和新媒体等途径，为培育和践行社会主义核心价值观提供丰富、优秀的精神文化产品，服务经济社会发展。

鼓励和支持单位和个人通过学术研究、文艺创作、文化交流等形式，依法对公开的地方志资源进行开发利用。

第二十四条　市、区县（自治县）人民政府及其地方志工作机构应当建立和完善地方志人才引进、培训、激励等制度，可以采取聘用、购买服务、项目合作、志愿服务等方式，建设专兼职相结合的地方志人才队伍。

从事地方志工作的专业技术人员可以依照国家规定参加专业技术职称评定。

第二十五条 对在地方志工作中作出突出成绩和贡献的单位、个人，按照规定给予表彰和奖励。

第二十六条 违反本办法第七条规定，擅自编纂出版以市、区县（自治县）行政区域名称冠名的地方志的组织和个人，由市、区县（自治县）地方志工作机构提请本级新闻出版部门依法查处。

第二十七条 地方志资料所有人或者持有人违反本办法第十一条规定，故意提供虚假资料的，由市、区县（自治县）地方志工作机构提请本级人民政府或者有关部门责令改正，并视情节依法追究有关责任。

第二十八条 地方志工作机构、承编单位及其工作人员有下列行为之一的，由有权机关责令其限期改正，逾期未改正或者情节严重的，由有权机关对负有责任的领导人员和直接责任人员依法给予处分；构成犯罪的，依法追究刑事责任：

（一）无正当理由拒不支持地方志工作机构开展资料征集工作；

（二）拒绝承担或者无故拖延地方志编纂报送任务；

（三）未经审查批准，擅自将地方志文稿交付出版；

（四）将地方志文稿作为个人著作发表；

（五）编纂过程中收集的资料、实物以及形成的地方志文稿未依法移交或者擅自出租、出让、转借。

第二十九条 本市行政区域内部门志、行业志、专业年鉴、地方史和其他地情文献的编纂、管理与开发利用，参照本办法执行。

第三十条 本办法自2023年3月1日起施行。

5.26 细则

细则是党政机关及其部门、企事业单位工作常用的一种应用文体，多用来对有关法规、规章进行补充细化，是主体法律、法规、规章的从属性文章，因此也具有规范性、依附性、操作性、补充性等特点。

5.26.1 细则的定义

细则也称实施细则，是有关机关或部门为使下级机关或人员更好地贯彻执行某一法令、条例和规定，结合实际情况，对其所做的详细的、具体的解释和补充。

细则一般由原法令、条例、规定的制定机构或其下属职能部门制定，与原法令、条例、规定配套使用，其目的是堵住原条文中的漏洞，使原条文发挥出具体入微的工作效应。

5.26.2 细则的结构

细则一般由首部和正文两部分组成。

1. 首部

首部包括标题、制发时间和制发依据等项目。

标题由使用范围、实施内容、文种构成。一般细则的标题有两种形式，由地区、法（条令、规定）名称和文种组成，如《中华人民共和国义务教育法实施细则》；或由法（条例、规定）名称和文种组成，如《文物保护法实施细则》。

标题下用括号注明细则制发时间。

2. 正文

正文一般由总则、分则和附则三部分组成。

（1）总则说明制作本细则的目的、依据、适用范围、执行原则。

（2）分则根据法律、法规、规章的有关条款制订出具体的执行标准、实施措施、执行程序和奖惩措施。

（3）附则说明解释权和施行时间，有的细则还对一些未尽事宜做出说明。

5.26.3 细则的写作要点

（1）细则通常都是为贯彻执行某一条规而制发，因此必须坚持"上有所依，下有所系"的原则，通常只围绕实施对象做解释说明。即使是工作细则，也要对照、依附相关条规而定，因此首先必须说明制定细则的条文根据，根据几条就注明几条，不能随意增减。

（2）细则的补充性和辅助性主要体现在一个"细"字上，在条则细文上既要注意行文的逻辑顺序，确保一项一事，体现出相对的独立性，又要注意把有关条规具体化、细密化，避免在原有条规之外另起炉灶，形成了"补充说明"。

（3）细则的正文结构形式有两种：章条式和条项式。在章条式中，按照总则、分则、附则陈述，每章有若干条款。条项式细则不分章，各条项内容相当于章条式各条，但项目略少，内容更加具体。一般来说，根据法律制订的细则多采用章条式，根据条例或办法制订的细则多采用条项式。

细则范例

现金管理暂行条例实施细则

（1988年9月23日银发〔1988〕288号发布，
自1988年10月1日起施行）

第一条 为了更好地贯彻执行国务院一九八八年发布的《现金管理暂行条例》，特制定本细则。

第二条 凡在银行和其他金融机构（以下简称开户银行）开立账户的机关、团体、部队、企业、事业单位（以下简称开户单位），必须执行本细则，接受开户银行的监督。开户银行包括：各专业银行，国内金融机构，经批准在中国境内经营人民币业务的外资、中外合资银行和金融机构。企业包括：国营企业、城乡集体企业（包括村办企业）、联营企业、私营企业（包括个体工商户、农村承包经营户）。

中外合资和合作经营企业原则上执行本细则，具体管理办法由人民银行各省、自治区、直辖市分行根据当地实际情况制订。

部队、公安系统所属的保密单位和其他保密单位的现金管理，原则上执行本细则。具体管理办法和其他单位可以有所区别（见第四条第二款）。

第三条 中国人民银行总行是现金管理的主管部门。各级人民银行要严格履行金融主管机关的职责，负责对开户银行的现金管理进行监督和稽核。

开户银行负责现金管理的具体执行，对开户单位的现金收支、使用进行监督管理。

一个单位在几家银行开户的，只能在一家银行开设现金结算户，支取现金，并由该家银行负责核定现金库存限额和进行现金管理检查。当地人民银行要协同各开户银行，认真清理现金结算账户，负责将开户单位的现金结算户落实到一家开户银行。

第四条 各开户单位的库存现金都要核定限额。库存现金限额应由开户单位提出计划，报开户银行审批。经核定的库存现金限额，开户单位必须严格遵守。

部队、公安系统的保密单位和其他保密单位的库存现金限额的核定和现金管理工作检查事宜，由其主管部门负责，并由主管部门将确定的库存现金限额和检查情况报开户银行。

各开户单位的库存现金限额，由于生产或业务变化，需要增加或减少时，应向开户银行提出申请，经批准后再行调整。

第五条 开户银行根据实际需要，原则上以开户单位三至五天的日常零星开支所需核定库存现金限额。边远地区和交通不发达地区的开户单位的库存现金限额，可以适当放宽，但最多不得超过十五天的日常零星开支。

对没有在银行单独开立账户的附属单位也要实行现金管理，必须保留的现金，也要核定限额，其限额包括在开户单位的库存限额之内。

商业和服务行业的找零备用现金也要根据营业额核定定额，但不包括在开户单位的库存现金限额之内。

第六条 开户单位之间的经济往来，必须通过银行进行转账结算。根据国家有关规定，开户单位只可在下列范围内使用现金：

（一）职工工资、各种工资性津贴；

（二）个人劳务报酬，包括稿费和讲课费及其他专门工作报酬；

（三）支付给个人的各种奖金，包括根据国家规定颁发给个人的各种科学技术、文化艺术、体育等各种奖金；

（四）各种劳保、福利费用以及国家规定的对个人的其他现金支出；

（五）收购单位向个人收购农副产品和其他物资支付的价款；

（六）出差人员必须随身携带的差旅费；

（七）结算起点以下的零星支出；

（八）确实需要现金支付的其他支出（见第十一条第四项）。

第七条 结算起点为一千元，需要增加时由中国人民银行总行确定后，报国务院备案。

第八条 除本条例第六条第（五）、（六）项外，开户单位支付给个人的款项中，支付现金每人一次不得超过一千元，超过限额部分，根据提款人的要求在指定的银行转为储蓄存款或以支票、银行本票支付。确需全额支付现金的，应经开户银行审查后予以支付。

第九条 转账结算凭证在经济往来中具有同现金相同的支付能力。开户单位在购销活动中，不得对现金结算给予比转账结算优惠的待遇；不得只收现金拒收支票、银行汇票、银行本票和其他转账结算凭证。

第十条 开户单位购置国家规定的社会集团专项控制商品，必须采取转账方式，不得使用现金，商业单位也不得收取现金。

第十一条 开户单位现金收支按下列规定办理：

（一）开户单位收入现金应于当日送存开户银行，当日送存确有困难的，由开户银行确定送存时间；

（二）开户单位支付现金，可以从本单位现金库存中支付或者从开户银行提取，不得从本单位的现金收入中直接支付（即坐支）；

需要坐支现金的单位，要事先报经开户银行审查批准，由开户银行核定坐支范围和限额。坐支单位必须在现金账上如实反映坐支金额，并按月向开户银行报送坐支金额和使用情况。

（三）开户单位根据本细则第六条和第七条的规定，从开户银行提取现金的，应当如实写明用途，由本单位财会部门负责人签字盖章，并经开户银行审查批准，予以支付。

（四）因采购地点不确定、交通不便、抢险救灾以及其他特殊情况，办理转账结算不够方便，必须使用现金的开户单位，要向开户银行提出书面申请，由本单位财会部门负责人签字盖章，开户银行审查批准后，予以支付现金。

第十二条　开户单位必须建立健全现金账目，逐笔记载现金收付，账目要日清月结，做到账款相符。不准用不符合财务制度的凭证顶替库存现金；不准单位之间相互借用现金；不准谎报用途套取现金；不准利用银行账户代其他单位和个人存入或支取现金；不准将单位收入的现金以个人名义存入储蓄；不准保留账外公款（即小金库）；禁止发行变相货币，不准以任何票券代替人民币在市场上流通。

第十三条　对个体工商户、农村承包户发放的贷款，应以转账方式支付；对于确需在集市使用现金购买物资的，由承贷人提出书面申请，经开户银行审查批准后，可以在贷款金额内支付现金。

第十四条　在银行开户的个体工商户、农村承包经营户异地采购的货款，应当通过银行以转账方式进行结算。因采购地点不确定、交通不方便必须携带现金的，由客户提出申请，开户银行根据实际需要予以支付现金。

未在银行开户的个体工商户、农村承包经营户异地采购，可以通过银行以汇兑方式支付。凡加盖"现金"字样的结算凭证，汇入银行必须保证支付现金。

第十五条　具备条件的银行应当积极开展代发工资、转存储蓄业务。

第十六条 为保证开户单位的现金收入及时送存银行,开户银行必须按照规定做好现金收款工作,不得随意缩短收款时间。大中城市和商业比较集中的地区,要建立非营业时间收款制度。

第十七条 开户银行应当加强柜台审查,定期和不定期地检查开户单位执行国务院《现金管理暂行条例》和本细则的情况,并按规定向其上级单位和当地人民银行报告现金管理情况。

各级人民银行要定期不定期地对同级专业银行和其他金融机构(包括经营人民币业务的外资、中外合资银行和金融机构)的现金管理情况进行检查监督,并及时解决有关现金管理中的问题。

各开户单位要向银行派出的检查人员提供有关资料,如实反映情况。

第十八条 各开户单位的主管部门要定期和不定期地检查所属单位执行国务院《现金管理暂行条例》和本细则的情况,发现问题及时纠正,并将检查情况书面通知开户银行。

第十九条 各级银行要支持敢于坚持原则、严格执行现金管理的财会人员,对模范遵守国务院《现金管理暂行条例》和本细则的单位和个人应给予表彰和奖励。

第二十条 开户单位如违犯《现金管理暂行条例》,开户银行有权责令其停止违法活动,并根据情节轻重给予警告或罚款。

有下列情况之一的,给予警告或处以罚款:

(一)超出规定范围和限额使用现金的,按超过额的百分之十至三十处罚;

(二)超出核定的库存现金限额留存现金的,按超出额的百分之十至三十处罚;

(三)用不符合财务制度规定的凭证顶替库存现金的,按凭证额百分之十至三十处罚;

（四）未经批准坐支或者未按开户银行核定坐支额度和使用范围坐支现金的，按坐支金额的百分之十至三十处罚；

（五）单位之间互相借用现金的，按借用金额百分之十至三十处罚。

有下列情况之一的，一律处以罚款：

（六）保留账外公款的，按保留金额百分之十至三十处罚；

（七）对现金结算给予比转账结算优惠待遇的，按交易额的百分之十至五十处罚；

（八）只收现金拒收支票、银行汇票、本票的，按交易额的百分之十至五十处罚；

（九）开户单位不采取转账结算方式购置国家规定的专项控制商品的，按购买金额百分之五十至全额对买卖双方处罚；

（十）用转账凭证套取现金的，按套取金额百分之三十至五十处罚；

（十一）编造用途套取现金的，按套取金额百分之三十至五十处罚；

（十二）利用账户替其他单位和个人套取现金的，按套取金额百分之三十至五十处罚；

（十三）将单位的现金收入以个人储蓄方式存入银行的，按存入金额百分之三十至五十处罚；

（十四）发行变相货币和以票券代替人民币在市场流通的，按发行额或流通额百分之三十至五十处罚。

第二十一条　中国人民银行各省、自治区、直辖市分行根据本细则第二十条的原则和当地实际情况制订具体处罚办法。所得的罚没款项一律上缴国库。

第二十二条　开户单位如对开户银行的处罚决定不服，必须首先按照处罚决定执行,然后在十日内向当地人民银行申请复议;各级人民银行应自收到复议申请之日起三十日内作出复议决定。开户单位如对复议决定不服,应自收到复议决定之日起三十日内向人民法院起诉。

第二十三条　开户银行不执行或违犯《现金管理暂行条例》及本细则,由当地人民银行负责查处;当地人民银行根据其情节轻重,可给予警告、追究行政领导责任直至停止其办理现金结算业务等处罚。

银行工作人员违犯《现金管理暂行条例》和本细则,徇私舞弊、贪污受贿、玩忽职守纵容违法行为的,根据情节轻重给予行政处分和经济处罚;构成犯罪的,由司法机关依法追究刑事责任。

第二十四条　各开户银行要建立健全现金管理制度,配备专职人员,改进工作作风,改善服务设施,方便开户单位。现金管理工作所需经费应当在各开户银行业务费用中解决。

第二十五条　现金管理工作政策性强、涉及面广,各级银行要加强调查研究,根据实际情况,实事求是地解决各种问题,及时满足单位正常的、合理的现金需要。

第二十六条　本细则由中国人民银行总行负责解释。

本细则自一九八八年十月一日起施行,过去发布的各项规定同时废除,一律以《现金管理暂行条例》和本细则为准。

5.27　剖　　析

剖析是对事物深入了解的一种思考方式。与解析、分析不同,剖析侧重于围绕事件过程中产生的问题展开辩解、分析,通过辨和析提升认知、找到原因、改进提升;相对而言,解析、分析更侧重于找到整体与局部、内部与外部之间的关联进行分析。本节将对常见的剖析形式及公文写作进行介绍。

5.27.1 剖析的分类

剖析是围绕一类事或一个现象、一个社会问题的辩解、分析，如行业剖析、事件剖析、案例剖析及党性剖析。围绕剖析的结果形成的文书称剖析报告或剖析材料，常见的剖析报告有案件剖析报告和个人查摆剖析材料。

1. 案件剖析

又称案例剖析，是纪检监察机关通过剖析违法违纪案件事实，找准问题症结、提出警示建议、分析总结后形成的综合性材料，是推动以案促改的重要工作内容。有的地方，在案件调查结束后，案件调查组要形成案件调查报告和案件总结剖析报告，又称"一案双报告"。

2. 党性剖析

是以个人名义向上级组织报告自身党性状况的文书，属报告一类。因此，也可叫党性分析报告、个人查摆剖析材料。在写法上既有别于一般的理论文章，也不同于述职报告、工作总结等，重在对个人在党性方面存在问题的原因、危害、后果，以及克服、纠正问题的措施，进行认真深入的分析。

下面将分别介绍两类剖析报告的写法。

5.27.2 案件剖析报告的写法

1. 案件剖析报告的结构

案件剖析报告由引言和主体两部分构成。

引言：简要介绍案件的背景情况、处理结果，涉案个人的基本简要情况。

主体：由违纪实事、发案原因分析、整改建议三部分组成。

（1）违纪实事通常采用两种方法，先总后分或先分后总。先总后分先介绍被调查人的错误及性质，再具体介绍事实。先分后总则先介绍具体错误事实，再归纳出错误性质。

（2）发案原因分析是案件剖析报告的核心内容，一般围绕事件造成的危害，发案单位在体制、机制、制度和管理方面的问题，案件发生的主客观原因三个方面分析。

（3）整改建议突出针对问题症结提出的解决对策、改进建议。

2. 案件剖析报告的写作要点

撰写案件剖析报告不是所有案件的必经程序，是针对初发性、普遍性、屡发性、大案要案等典型案件而言，因此，报告选择素材应具有一定的代表性，突出个案特征。

案件剖析报告的撰写应讲究质量，最主要应符合事实清楚、特点明晰、原因准确、对策有效的基本要求。

5.27.3 个人剖析材料的结构

剖析材料作为一个文种，同其他文种类似，整体结构由标题、正文、落款三部分组成。

1. 标题

标题通常由年份、专题事由、文种构成，例如《2022年度民主生活会剖析材料》《"以案为鉴"教育整顿剖析材料》等，也可以只是文种式标题，如《个人剖析材料》。

2. 正文

正文虽然没有固定的写作模式，但也可分为开头、主体两部分。其中，开头简要介绍背景、要求及思想收获、感触。这部分要求简明扼要，点到为止。

主体部分是剖析材料的核心结构，主要包括查摆存在的问题、剖析思想根源、提出整改措施等，三部分的内容一一对应，环环相扣，彼此关联。查摆存在的问题需要紧紧围绕专题工作要求展开，切勿左顾而言他，造成查找内容偏题、跑题、大而化之。剖析思想根源应根据找出的问题从思想上对产生问题的原因、后果、危险逐一进行分析，并上升到一定的高度来看待和审视，从而使剖析问题的质量具有一定的力度、深度。整改措施对应存在的问题和不足，有针对性地提出改进的意见和措施。

主体部分由于内容多、涉及面广，写作时可分条项。"条"与"项"之间要注意内在逻辑关系的合理有序。

3. 落款

落款部分署名分析人所在单位、姓名、日期，也可在标题下署名，落款保留日期。

5.27.4 个人剖析材料的写作要点

（1）紧扣剖析的核心。剖析材料核心为个人思想根源的剖析汇报，因此写作中应抓住核心，只谈自己，不谈别人；多谈主观，少谈客观；只谈本单位，不谈社会；多谈根源，少谈表象。

（2）查摆问题要精准。查摆问题应结合自身实际情况，紧密联系工作实际，结合群众评议和谈心谈话情况，用具体的实事说话。

（3）剖析思想要深刻。剖析根源注意切口小、挖掘深，即从详细问题、详细表象分析存在问题，体现见人见事。关键还是深挖思想、触及灵魂，反思自我思想观念的问题。

（4）整改措施要务实。整改措施要做到"四有"，即有目的、有抓手、有时限、有承诺。效果要明确，措施要具体，例如基层调研具体到多久调研一次、多久一篇调研材料等。时限要清晰，承诺要诚恳，体现真查真改、立言立行的决心和态度。

（5）准备把握尺度。在问题查找上既要表达刀口向内的鲜明态度，深挖问题根源，也要根据实际情况把握好尺度，对红线、底线的问题要清晰准确表达自己的立场态度。

案件剖析报告范例

×××违纪违法案件剖析报告

20××年，省纪委查处了××原党委书记××领导干部违纪违法案件，涉案人员均受到严肃处理。现将这些××领导干部案件剖析如下：

一、违纪违法案件基本情况和主要特征

×××在任××××党委书记、××院长和党委书记期间，利用职务上的便利和影响，在工程招标、施工，干部调整、人员安排等过程中向有关人员打招呼，为他人谋取利益，收受现金人民币共计××万元，接受礼金×万元，违反廉洁自律规定，从事营利性活动，获利××万元。

其违纪违法案件有以下主要特征：

（一）从发案主体看，集体腐败、窝案、串案特征明显。

（二）从发案领域看，相对集中于基建、财务和人事管理等环节。

（三）从涉案行为看，挖空心思，手段多样。

二、违纪违法案件原因剖析

（一）思想认识偏离，自身改造松懈。

（二）权力过于集中，管理很不规范。

（三）监督职能弱化，预警机制失灵。

（四）客观诱因增多，腐败成本太低。

三、加强反腐倡廉建设的几点意见

（一）严格执行权责明确的反腐倡廉建设责任机制。

（二）切实加强反腐倡廉教育。

（三）健全完善基建、财务、人事管理各项制度。

（四）切实加强对××领导干部的监督制约。

（五）创造条件充分发挥纪检监察机关的职能作用。

（六）加大对××腐败案件的惩处力度。

个人剖析材料范例

个人工作作风剖析材料

自单位开展改进干部工作作风和纪律教育活动以来，本人积极参加单位组织开展的相关活动，严格按照活动的各项要求，对照自己的工作实际及思想动态，认真查摆目前存在的问题，深刻剖析形成原因，以期达到自我教育、自我提高目的。现将个人查摆剖析情况汇报如下：

一、存在的主要问题

1．理论学习不主动，自觉性不高。

2．业务钻研不深，开拓创新不够。

3．缺乏向上的劲头，工作流于表面。

4. 联系群众不够紧密，服务意识减弱。

二、存在问题的主要原因

上述这些问题的存在，虽然有一定的客观因素，但更主要的还是主观因素所造成，概括起来主要有以下几个方面：

1. 理论功底稍浅，没有系统的学习计划。

2. 工作中缺乏主动性，工作方法较为简单。

3. 深入群众中不够，主动服务意识尚待提高。

三、整改措施和努力方向

针对自己在工作中存在的问题，我将在以后的工作中认真反思，做到善于学习、敢于创新、扎实工作，不断提高自身综合素质。具体做到以下几点：

1. 加强理论知识学习，不断提高自身的综合素质。

2. 积极开拓进取，强化创新意识。

3. 在强化服务意识上下功夫。

4. 经常自我反省，保持良好的工作作风。

5.28 自查报告

自查原指企事业单位依照国家财经法规对其经济业务事项的合法性所进行的自我内部检查活动。后用于各类监督检查中，是除专项检查、抽查、互查以外的一种检查方式。

自查的反馈形式包括报告和报表两种。根据检查要求的不同，既可以报告的形式进行，也可以报表的形式进行，或者两种形式同时使用。本节主要介绍自查报告的写法。

5.28.1 自查报告的定义

自查报告是一个单位或部门在一定的时间段内对执行某项工作中存在的问题的一种自我检查方式的报告文体。

它体现了外部监督与内部监督相结合的特点，一般是按年度并于期末进行。自查报告应紧紧围绕《自查提纲》，对照检查条目一一展开汇报、分析问题。

5.28.2 自查报告的结构

自查报告由标题、主体、结尾和落款四部分组成。

（1）标题：写清楚对什么项目的自查报告。可根据相关要求决定是否添加正、副标题，以及报告人单位及职务等。

（2）主体：可分为四个部分。第一部分，根据自查的项目对企业或部门、个人的情况进行介绍。第二部分，根据自查依据、自查范围和内容对照逐项自查说明，部分自查报告需要有存在问题的例证。第三部分，对照自查情况归纳总结存在的突出问题。第四部分是整改措施及整改计划。

（3）结尾：一般用"特此报告"作为结束语，也可以根据情况省略不写。

（4）落款：写明自查单位名称与日期。某些企业向行政机关上报的自查报告，还需要有法人的签章与署名。

5.28.3 自查报告的写作要点

（1）在内容上，要坚持实事求是，突出问题导向。既要有工作亮点成绩，又不能虚报浮夸。凡是用数据来说明的事项，数据必须真实准确。

（2）在结构上，按照"聚焦责任、直面问题、突出重点、详略得当"的原则谋篇布局，介绍工作重点、亮点、特点，篇幅不宜过长，侧重点在自查情况及问题分析。

（3）在行文上，应多用客观性、陈述性叙述。文字要简练平实，用语要准确，勿将自查报告写成自我表扬报告。

自查报告范例

×××单位办公用房自查报告

为认真贯彻落实《中共中央办公厅、国务院办公厅关于党政机关停止新建楼堂馆所和清理办公用房的通知》（中办发20×× 17号）精神，根据省、市、县开展党政机关办公用房专项清理工作的安排要求，我局认真开展了机关办公用房清理工作，现就××机关及下属单位办公用房清理工作情况报告如下：

一、基本情况

为加强对办公用房清理工作的组织领导，我局成立了以局长为组长，局班子成员和下属单位负责人为成员的办公用房清理工作领导小组，统一组织实施局机关及下属单位办公用房清理工作。领导小组下设办公室，由局办公室牵头，3个下属单位配合，安排专人具体负责办公用房清理工作。

办公用房清理工作开展以来，我局严格按照办公用房清理要求，通过"腾、隔、挪"等方式，认真整改了领导办公用房超标问题；按照单位办公需求，完善配备了综合档案和职工活动室，完成了超编制办公用房的腾空工作。

二、清理情况

1. 单位基本情况。

2. 办公用房清理情况。我局现办公大楼名称为：××××，总建筑面积××平方米，其中：我局及下属单位共使用大楼建筑面积××平方米。经过清理整改，我局腾空超编制办公用房×间，使用面积××平方米，现调为控制用房。清理整改后，我局及下属单位实际共使用大楼建筑面积××平方米，其中：办公用房总建筑面积为××平方米，编制人数人均占有面积××平方米，业务用房面积××平方米。

三、整改措施及建议

目前，我局及下属单位使用的临时人员没有固定的办公场所，加之每年重点工程建设需要成立项目办公室用来办公和临时存放工程资料，为此，现申请××××研究，允许我局把腾空的办公用房作为我局临时人员办公和重点建设项目办公室使用。

特此报告。

20××年××月××日

5.29 整　　改

整改是企事业单位提升内部管理的一种重要方式，在深入贯彻企业改革发展战略、提升管理服务水平中发挥着查缺补漏、补齐短板、完善管理、提高效率的作用。整改分为查纠问题、研判原因、制定措施、整改落实四个阶段，本节主要介绍整改环节中的主要公文材料整改方案和整改报告。

5.29.1 整改的定义

整改,原是整治和改进的意思,现在主要指对通过各种渠道查找出来的已有问题经分类、分工后,进行全面整治和改进的过程。

整改从内容上可以分为审计整改、专项整改、经营整改、巡察整改等;从时限上可分为立行立改、限期整改、长期整改。

根据适用的场景不同、内容不同,整改在公文写作上有不同的要求。总体来说,围绕问题导向、目标导向需要形成整改方案和整改报告两类应用公文。

1. 整改方案

整改方案即整改措施,是被检查单位针对检查出的问题通过研判找到共性规律、剖析深层次原因,逐一提出切实可行的具体行动实施细则。

2. 整改报告

整改报告是对专项检查工作中问题整改情况的报告。

5.29.2 整改方案的结构

整改方案作为方案的一种,结构与方案相同,由标题、正文和落款三部分构成。

1. 标题

整改方案一般由单位名称、专项工作事由和文种组成,如《××党委党史学习教育专题民主生活会整改措施》《××××作风集中整治"回头看"整改方案》。

在巡察、督查中,由于被巡察、被督查单位及事项明确,方案标题也可以为固定格式,如《关于落实××党委第×巡察组反馈问题整改方案》《关于贯彻落实中央环境保护督查反馈意见的整改方案》。

2. 正文

正文部分是整改方案和措施的核心内容,主要分为以下几个部分:

(1)情况介绍:包括整改工作的背景,被查问题的总体情况及整改单位的思想态度等。

(2)指导思想:根据整改的工作要求确定是否需要,不属于必备项。主要为对整改工作的认识和整改的指导思想。

(3)整改措施:这一部分有两种写法,一种是对目标、问题、措施及责任人、时限分部分进行阐述,另一种是将目标、措施、责任人及时限落实在具体问题中,对应每个问题提出。第二种为常见写法。

(4)整改保障:即整改工作要求,一般从组织领导、纪律要求、工作部署、监督检查四个层面描述。

3. 落款

文章末尾根据要求写上单位、职务、姓名和日期,落款也可以放在标题下。

5.29.3 整改方案的写作要点

整改方案写作时应注意以下要点:

(1)突出思想重视。整改方案要体现出经过反复认真分析研究。

(2)突出主要问题。整改方案和措施重在解决突出存在的问题。

(3)突出求真务实。制定的方案要切实可行、实事求是、精准实施,具有可操作性。

(4)突出"五个清楚"。明确清楚整改内容、整改方法、整改时限、整改目标及整改责任人。

(5)明确评判标准。制定整改方案最重要的是利于评判和检验,因此，措施和目标应符合实际、清晰具体，便于监督检验。

整改方案范例

关于贯彻落实中央生态环境保护督察反馈意见整改方案

202×年×月×日至×月×日，中央第×生态环境保护督察组对我省开展了第×轮生态环境保护督察，×月×日向我省反馈了督察意见，根据反馈问题清单，经梳理，涉及×市整改任务×项，其中共性任务×项，个性任务×项。为坚决贯彻落实党中央、国务院和省委、省政府决策部署，全力推进生态文明建设和生态环境保护工作，切实抓好中央生态环境保护督察反馈意见整改，解决我市存在的突出生态环境问题，依据《××省贯彻落实中央生态环境保护督察报告整改方案》，制定本方案。

一、指导思想

二、基本原则

（一）统筹兼顾，系统整改。

（二）实事求是，科学整改。

（三）举一反三，全面整改。

三、总体目标

（一）坚定绿色发展理念。

（二）全面改善生态环境。

（三）建立完善环保机制。

（四）圆满完成整改目标。

四、整改措施

（一）坚定扛牢生态文明建设政治责任。
（二）着力强化生态文明制度刚性约束。
（三）坚决打好污染防治攻坚战。
（四）着力推动产业结构调整。
（五）推动解决突出生态环境问题。
五、组织保障
（一）加强组织领导。
（二）严格督导检查。
（三）严肃责任追究。
（四）强化信息公开。

5.29.4 整改报告的结构

整改报告对应整改方案，文体机构类似，也由标题、正文、结尾三部分组成。

1. 标题

整改报告的标题对应整改方案标题，由事项、文种构成，如《关于落实××党委第×巡察组反馈问题整改情况的报告》。

2. 正文

正文可以分三部分写问题、原因以及整改措施。第一部分，简要说明如何组织整改的情况，具体的措施、做法。第二部分，对照反馈意见逐一详细汇报清楚目前的整改落实情况。第三部分，分析整改工作中存在的不足和问题，提出下步如何标本兼治、长期整改。

3. 结尾

结尾应体现接受民主监督的态度，并公示接受监督的相关信息。

5.29.5 整改报告的写作要点

（1）多用具体数据说话。整改报告切忌假大空，要用实实在在的统计数据和具体事例证明问题已经整改。

（2）注重长短期结合。任何问题的整改都不是一蹴而就，都是一个需要长期巩固的过程，在报告中既要有全面整改的落实情况，又要有长期整改的巩固措施。

整改报告范例

<h3 style="text-align:center">市台办落实巡察反馈意见的整改情况报告</h3>

根据市委统一部署，市委第四巡察组于20××年×月×日至20××年×月××日对我办进行了巡察。20××年×月××日，市委第四巡察组召开巡察情况反馈会，全面客观、实事求是地指出了我办在落实党的领导、党的建设、全面从严治党、执行党的组织纪律、廉洁自律、工作纪律及群众纪律等方面存在的主要问题和不足。针对巡察反馈的情况，办领导高度重视，迅速行动，坚持问题导向，制定整改方案，逐项进行研究，逐条制定措施，逐个狠抓整改，取得明显成效。现将整改落实情况报告如下：

一、高度重视强领导，直面问题明责任

办领导始终把抓好巡察整改落实作为工作任务的重中之重，切实落实整改主体责任，以巡察整改工作的实效推动建章立制，提高全面从严治党的政治自觉性，推进我市对台各项工作扎实开展。

（一）提高思想认识

（二）加强组织领导

（三）及时制定方案

（四）坚持全面整改

（五）注重统筹结合

为进一步提高整改工作实效，把巡察整改落实与推动当前对台重点工作紧密结合，与开展"两学一做"学习教育常态化制度化工作紧密结合，与开展"不忘初心牢记使命、做好表率走在前列"大调研活动紧密结合，相互促进，相互融合，以整改工作实效推动我市对台各项工作扎实开展。

二、狠抓整改促落实，解决问题显成效

（一）党的领导弱化方面

1. 关于思想政治意识不强方面

2. 关于政治引领发挥不明显方面

3. 关于领导干部担当精神缺乏方面

（二）党的建设缺失方面

1. 关于组织生活不规范方面

2. 党组织的核心作用发挥不够

3. 民主集中制执行不够到位

（三）全面从严治党不力方面

1. 关于主体责任落实不到位方面

2. 监督责任履行乏力方面

3. 意识形态工作落实不力方面

（四）执行党的组织纪律方面

1. 选人用人程序不规范方面

2. 干部档案管理不规范方面

（五）执行党的廉洁纪律方面

1. 廉洁自律意识不强方面

2. 违规配备使用公务用车、私自处置国有资产方面

（六）工作纪律、群众纪律执行不严格方面

1. 财务管理不规范方面

2. 报销审批程序不规范方面

3. 主动服务意识不强方面

三、抓好整改契机，构建长效机制

我办巡察整改落实工作虽然取得一定成效，但与全面从严治党的要求还有所差距，与贯彻落实中央对台工作大政方针要求还有所差距。下一步，我们将认真学习领会党的十九大精神，全面贯彻落实以习近平同志为核心的党中央对台大政方针和决策部署，不断加强班子思想政治建设，深入推进全面从严治党，持续推进巡察问题整改，确保整到位，改彻底。

一是进一步提高思想认识。

二是进一步全面从严治党。

三是进一步抓好作风建设。

四是进一步健全长效机制。

欢迎广大干部群众对巡察整改落实情况进行监督。如有意见建议，请及时向我们反映。

联系方式：电话 0551-63537627；

邮政信箱：合肥市东流路 100 号政务办公大楼 A 座 1222 室

邮政编码：230071

5.30　合理化建议

合理化建议是企业发挥职工主人翁作用，充分挖掘内部潜力，创新企业管理方式的一种有效形式，也是职工参与企业民主管理的有效途径和工会组织提高工作活力、创新工作思路的重要措施。

5.30.1　合理化建议的定义

合理化建议也称改善提案,是员工积极主动地提出并实施有利于改善企业经营品质,提高管理能力等的革新建议、改进意见和发明创造等的活动。有的单位针对合理化建议有专门制度和制式表格,有的单位需要根据思路自行撰写。

5.30.2　合理化建议的可选范围

积极地向企业提出合理化建议,客观反映了员工对企业的忠诚、热爱,也体现了员工的思考力和观察力,是展示业务能力的途径之一。因此,选择好合理化建议落脚点是一篇高质量合理化建议的关键。

合理化建议通常会聚焦以下五个方面：

（1）精简优化：如工作流程、业务流程、会议流程。

（2）提质增效：如品质提升、效率提高、设备工具及技术的改良。

（3）降本减费：如成本控制、经费节约、排除浪费。

（4）防灾减损：如防止事故、灾害的发生,降低损失。

（5）养德养廉：如道德修养、廉洁建设。

一般情况下,写合理化建议时最好不要建议下列项目：

（1）人事、劳动条件等有关基本社规的事项。

（2）仅提出缺点或问题,而欠缺具体改善措施及方法者（突发性想法）。

（3）个人的不满事项。

（4）与过去的提案同样的内容（重复的提案）。

（5）政治性的问题或诽谤公司的内容。

（6）经营计划上已经反映的内容。

（7）上司的指示,部门的课题,会议当中已公开的对策及内容。

（8）其他给公司造成不利的损失或违反秩序的内容。

5.30.3 合理化建议的步骤

一篇合理化建议包括三个部分：问题或期望陈述、实际情况分析、实施意见或建议。在撰写时要注意客观性、准确性和可行性，做到言之有据、言之有理、言之有策。具体来说，可按照以下五个步骤思考。

（1）观察：观察工作流程或管理中奇怪的、困难的、被忽略的、欠缺的、过时的、可提升的等问题或现象。

（2）调查：了解现状，观察有无异常。

（3）思考：为什么会这样？修改和调整这里会有什么结果？

（4）推演：这个想法可行吗？这样可以吗？重新再来一次？

（5）成文：或记录在合理化建议表格上，或写成提案。

5.30.4 合理化建议的审核要点

合理化建议在审核中要注意以下几个要点：

（1）先进性：指所提出与实施的措施、方案等相对于原有事物有无改进、完善、提高。

（2）可行性：指措施、方案等经评审、实践、验证，是否切实可行。

（3）效益性：指项目实施后是否能产生经济效益或社会效益。

合理化建议范例

关于加强废旧物资管理的合理化建议

在集团内部充分发挥物调中心职能，加强废旧物资的管理，有助于提高资金利用率，有助于降低财务风险，有助于企业的正常生产和经营，有助于国有资产的保全。进行规范且卓有成效的废旧物资管理工作，是提高企业依法从严治企、规范管理和提升经营效益的必然要求。为全面加强集团内各单位对废旧物资的回收、处置所经过各类环节的监督管理，规范废旧物资处置程序，提高废旧物资利用能力和水平，提高企业经济效益，在充分实践和调研的基础上，特提出本合理化建议。

通过三个方面的工作安排，层层推进，通过制度建设、风险规避、流程优化、收益评估等环节，在合规基础上，对集团所属各单位的废旧有色金属、废钢、报废设备等统一进行调剂处置，充分发挥物调中心职能，杜绝企业资源流失，助推企业发展，提质增效，促进××物流转型升级，为"十四五"开好局、起好步奠定坚实基础。

一、师出有名：首重合规、建章建制

（一）认清我集团废旧物资回收处置现状。

（二）了解废旧物资回收处置不规范可能导致的后果。

（三）把制度建立在流程上，把流程建立在系统上。

（四）强化企业监督部门的监督职能。

二、战之有法：集中调剂、处置有方

（一）明确先集中再处置的管理规则。

（二）着力加强推进两个信息化建设。

（三）依法依规制定并执行废旧物资处置执行细则。

（四）实行废旧物资处置公示，制定并执行"审批在前""清单跟踪"制度，并实行年度目标考核责任制。

（五）加强重点岗位人员教育，增强自我约束防范能力。

（六）在集团层面提高相关部门对废旧物资管理的认识。

三、战必有果：科学运营、收益最大

第2篇　公文写作提升
（软剑无形，迅捷如风）

在前述各种工作建议的基础上，物调中心通过定期及时回访废旧物资管理各相关单位，及时针对废旧物资处置过程中出现的问题进行复盘和沟通，加强协商互动，及时解决问题，确保处置工作及时、高效、规范运行，使资源的整合和再利用更加高效，可以真正为企业做出贡献，使废旧物资处置作为公司效益的潜在的一个增长点，这也是我们物调中心的一个最大追求。

第 3 篇
公文写作进阶
（重剑无锋，大巧不工）

四十岁前，独孤求败启用了玄铁重剑，并恃此剑俾倪天下。这一阶段他的生活哲学发生了大的转折，开始关注内功的升华，内在的成长。他明白，光有"速"远不足够，只有全方位的"质"的升华，才能走向全新境界。公文写作也是如此，要想获得进一步的跃升，唯有向内思考，探寻更深层的写作逻辑，否则只会止步不前。

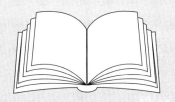

第 6 章
酝酿一篇公文

本章结合大众对"写材料"的排斥心理，分析其潜在原因。并从酝酿一篇公文的过程中需注意的定人、定调、定时、定地、定点、定度六要素逐一解说，带领公文写作学习者迅速找准公文写作的思路，明确写给谁听（看）、以谁的口吻来写、什么时候用、用于什么场合、想达成什么目的这一系列问题。

本章涉及的主要内容如下：

- 公文写作的本质，例如材料要给谁看、表达什么、达到什么目的，以及匹配什么样的文风和写作框架等。
- 以不同受众面、不同领导风格，以及不同时间、场合和要达成目标的典型案例入手，浅显明了地引导公文写作学习者精准定位所需拟定的公文思路，尽快酝酿出一篇领导满意、受众认可的公文材料来。
- 定人、定调、定时、定地、定点、定度这几个要素的特点及其写作时的注意事项，以经验式传授酝酿一篇公文的"门道"，力争对每一位公文写作学习者起到真真切切的帮助。

6.1 定人：写给谁看（听）

写公文是份苦差，加班加点是常事。公文写作之所以比较辛苦，主要体现在思想的过程很艰苦，这一点对写材料的人来说是最重要，也是最困难。这就需要写作者坐得住、看得进、想得出、"憋"思想、出观点；需要把材料掰开了、揉碎了，把关系理顺了、摆正了；需要在分析的基础上搞好综合，才能得出正确的结论。

有人认为写材料是"为人作嫁衣"的工作，自己辛苦写出的公文到头来难免会有领导、同事、专家提出修改意见，很多意见可能并不客观，也不符合文字要求，但我们却不得不按要求去改，这是一个非常痛苦的过程却，也是我们必须经历、面对的过程。所以，大家一定要摆正心态，扭转"给领导打工"的思想，树立"为自己而作"的意识，把写材料当成过程，而不是目的；当成训练方式，而不是工作手段。写作是一项可以伴随终身的技能，尤其对在体制内工作的人来说，文字能力是必备素质，不一定要文采飞扬、妙笔生花，但至少需要能写出一篇结构完整、语言通畅的文章。

对于公文写作者来说，酝酿一篇公文第一要素就是要明确写给谁看（听）。

6.1.1 分清上行文、下行文和平行文

公文是指机关、团体、企事业单位在处理各种事务中形成的体式完整、内容系统的各种书面材料，或称文件。公文的法定作者，即有依法成立并能以自己的名义行使权利和承担义务的组织。作为机关的喉舌，公文可以代表机关发言，代表制发机关的法定权威。因此，公文材料一般情况下是立足单位层面而制作的文件，即以单位的角度来写。在明确了公文的定位后，我们也要清楚自己的这份文件是要发给

谁、给谁看的。这便涉及公文的行文方向，公文行文方向可分为上行文、平行文和下行文。分清这三者的区别，是每一位公文写作者的必修课。

1. 上行文

上行文指下级机关向上级机关报送的公文，例如请示、报告、意见等。

我们先来看一则简单的请示实例：

×× 县文化局关于拨款修复一座古建筑的请示

县政府：

　　我县有一座古建筑，由于年久失修，现已摇摇欲坠。

　　这座古建筑建造于清代乾隆年间，位于县城西南角。它的画栋雕梁、院墙门扇都具有很高的艺术价值，修复这座古建筑对于保护历史文化遗产、开发我县的旅游资源、促进我县的精神文明建设都具有一定的意义和作用。

　　据初步匡算，修复这座古建筑共需 800 万元。由于我局现有资金不足无力承担，为此，请求县政府如数拨款。

　　以上请示，请予批复。

×× 县文化局（盖章）
×× 年 ×× 月 ×× 日

上述这篇公文就是为向直接上级——县政府请示拨款修复一座古建筑而作的公文。这份请示围绕起因、事由和理由、请示事项、结尾语四个部分展开。思路层次较清晰，逻辑结构较严密，内容叙述较顺畅，语言文字较精练。

需要说明的是，重要事项的请示写完之后，通常会盖章套打出来，由本单位领导亲自呈送给上级单位的主管部门，并且进行当面的汇报。如果事先不打招呼，直接把公文流转过去，对方可能很难全面地了解这件事的原委。如果提前打好招呼，并带着公文当面汇报，上级单位有什么疑问马上进行解答，这样办事的成功率便会大大地提升。

上行文还可以细分为逐级行文、多级行文、越级行文三类。

（1）逐级行文：最常见的行文类型，也就是下级机关向仅具有隶属关系的上级机关行文。除了特殊情况以外，下级机关一般指向其直接上级的领导单位去发文，以保持正常的领导与被领导的关系。

（2）多级行文：下级单位在必要的时候向具有隶属关系的上一级单位或更高一级的单位同时发文。这种行为的方式只出现在极特殊的情况下，例如遇到重大自然灾害等特殊紧急的问题的时候。

（3）越级行文：指下级单位在非常时刻越过有隶属关系的上一级单位，向更高级的单位进行发文。越级行文的同时应该把公文抄送给被越过的上级单位。

2. 平行文

平行文指同级机关或者不相隶属的两个机关之间的行文，例如议案、意见函等。

两个没有隶属关系的单位如果需要商洽办理事务，既不能用上行文，也不能用下行文，最合适的就是用平行文。平行文多用商量的口吻来写，常用函的形式呈现。

需要注意的是，如果需要其他单位配合，一定要事先沟通好，不能直接发文，尤其是涉及对方切身利益的事情，不摆正彼此关系最终很难得到对方的配合。

我们看一则范围实例：

第3篇 公文写作进阶
（重剑无锋，大巧不工）

中国科学院××研究所关于建立全面协作关系的函

××大学：

近年来，我所与你校双方在一些科学研究项目上互相支持，取得了一定的成绩，建立了良好的协作基础。为了巩固成果，建议我们双方今后能进一步在学术思想、科学研究、人员培训、仪器设备等方面建立全面的交流协作关系，特提出如下意见：

一、定期举行所、校之间学术讨论与学术交流。（略）

二、根据所、校各自的科研发展方向和特点，对双方共同感兴趣的课题进行协作。（略）

三、根据所、校各自人员配备情况，校方在可能的条件下对所方研究生、科研人员的培训予以帮助。（略）

四、双方科研教学所需要高、精、尖仪器设备，在可能的条件下，予对方提供利用。（略）

五、加强图书资料和情报的交流。

以上各项，如蒙同意，建议互派科研主管人员就有关内容进一步磋商，达成协议，以利工作。

特此函达，务希研究见复。

中国科学院××研究所（盖章）
20××年××月××日

上述这篇范文是典型的函。平行文的写作函头通常使用只标识发文机关名称而不标"文件"二字的信函式格式，写明发文机关、事由和文种，其中文种要注明是函还是复函。正文一般由函请（复）缘由、函请（复）事项和尾语三部分组成。需要注意的是，公函结语一般不用"此致敬礼""祝工作顺利"等祝颂语。

3. 下行文

下行文指上级单位向所属的下级单位发文，决议、决定、命令、公报、公告、通告、意见、通知、通报、批复、纪要等都是下行文。

下行文通常以高高在上的命令或者告知的语气来写。有些刚进机关体制的人为人比较谦卑，即使是跟下级单位打交道，平时也都是客客气气，自讲三分，这种谦虚的姿态在日常沟通协调中没什么问题，但用在写下行公文上就不合适了。

下面以两篇典型的下行文"通报"为例来谈谈其写法上的不同。

关于对××同志违纪问题的通报

各苏木乡镇党委、政府，各国营农牧场，旗直各党委（党组），各部委办局中心，各人民团体中区市直驻翁各单位：

……（事件）其行为损害了翁旗的执法形象和法制环境，在社会上造成了较坏影响。为严肃纪律，规范执法行为，经旗纪委常委会研究，决定对××进行批评教育，责令向旗纪委监察局作出深刻的书面检查，并予以通报。发生这起案件，究其主要原因是，一些单位的领导对依法行政工作不够重视，思想认识不到位，仍习惯于靠行政命令、凭经验办事，执政理念和管理方式还没有完全转变到法制轨道上来，执法人员程序观念不强，依法行政意识淡漠；行政主管部门对执法人员管理不严格，督查不到位；受部门利益驱动，滥用职权现象严重,从而导致有法不依、有令不行、有禁不止、弹性执法、程序违法等问题时有发生。

中共翁牛特旗纪委(盖章)

20××年××月××日

关于表彰第二届南粤技术能手奖获得者的通报

各地级以上市人民政府,各县(市、区)人民政府,省政府各部门、各直属机构:

2007年第一届南粤技术能手奖表彰活动以来,全省各地、各部门认真贯彻落实省委省政府人才强省战略部署,不断完善人才培养、使用和激励机制,加快高技能人才队伍建设成效显著,全省各地、各行业涌现出一大批技能精湛、创新能力强,为我省经济社会发展做出突出贡献的高技能人才。为进一步推动我省高技能人才队伍建设,省人民政府决定,授予冯伟强等61位同志"第二届南粤技术能手奖"荣誉称号。

希望受表彰人员戒骄戒躁,珍惜荣誉,继续做好"传、帮、带"工作,发挥表率作用,勇挑重担,攻坚克难,再创新佳绩。全省广大技能工作者要认真学习南粤技术能手奖获得者刻苦钻研、开拓创新、岗位成才、乐于奉献的精神,立足本职岗位,扎实工作,勇于进取,不断提高职业技能和职业素质。全省各地、各部门要大胆探索、勇于改革、完善机制，切实加强高技能人才队伍建设，为建设创新型广东，实现我省经济社会又好又快发展。

广东省人民政府（盖章）
20××年××月××日

以上两篇通报中的第一篇正文仅是概括叙述了事件情况，分析了问题造成的原因。但作为通报批评，是要向下起到警示教育作用的。而文章末尾并未通过提出希望和要求来体现起到的警示约束作用。第二篇正文具体叙述先进事迹，写明时间、地点、人物、事迹、结果；分析先进事迹，指出其意义、经验；提出表彰决定；末尾再发出号召或提出要求。这才是完整的通报类下行文的姿态和语气。同理，下行文的语言风格在一定程度上都有相似之处，大家可结合实际情况加以运用。

6.1.2 细分读者、听众和观众的特质

细分读者、听众、观众的特质就是要正确分析听众、读者的身份、阅历、文化及知识构成，要因受众的不同而选择不同的写作方式和写作风格。高层次的公文面向的受众一般文化水平较高，理解能力较强，文章要求严谨，内涵丰富，有一定的理性分析。基层的公文面向广大群众，文章要生动简洁、观点明确、文字活泼、好懂易记。

下面我们来重点分析一份面向特定主体的公开信：

致全市一线抗疫人员的公开信

全市奋战在疫情防控工作一线的工作人员：

你们辛苦了！【根据内容要求，以慰问语切入，一下子拉进与读者的关系】

这些天来，你们坚守一线、连续作战，坚持人民至上、生命至上，充分发扬"越是艰险越向前"的英雄气概，舍小家团圆，护万家安全，持续奋战在疫情防控各条战线，用忠诚、担当和汗水，为保护全市人民群众的生命安全和身体健康作出了重要贡献。【对最近一线人员的工作状态和发扬出的忘我工作精神进行描述，并发出高度赞扬，语言生动简洁，读来朗朗上口】

生命重于泰山，疫情就是命令，防控就是责任。在抗击新冠肺炎疫情的关键时期，全市广大党员干部以身作则、冲锋在前，让党旗在防疫一线高高飘扬；广大医务工作者白衣执甲，逆行出征，全力以赴救治患者；广大公安干警履职尽责、执法执勤，始终坚守在最前沿；广大社区工作者不分昼夜、严守阵地，热心服务居民群众；广大志愿者挺身而出、无私奉献，全心投入防疫一线，全市上下形成了联防联控、群防群控的强大合力。【这一部分分群体的描述非常精彩，以排比句式创造了画面感，非常接地气】

在此，我们向每一位奋战在疫情防控一线的工作人员，致以最亲切的慰问和最崇高的敬意！【一番场景描述后，会引起读者共鸣，不禁为各行各业人们为抗疫胜利而付出的艰辛劳动鼓掌】

当前，全市疫情形势严峻复杂多变，仍然存在较大风险隐患。大家要把疫情防控作为当前最紧最硬最现实的政治任务，认真落实国务院联防联控机制和省、市部署要求，坚持"外防输入、内防反弹"

总策略和"动态清零"总方针，继续发扬伟大抗疫精神和连续作战作风，咬紧牙关、保持韧劲，一鼓作气、奋战到底！【提出总体要求，本段是一个过渡段，肯定成绩的同时也提醒人们要认清现状——形势依然严峻，那么接下来提出要求就很自然了】

务必坚定必胜信念。习近平指出：只要坚定信心、同舟共济、科学防治、精准施策，我们就一定能打赢疫情防控阻击战。大家要以更加饱满的工作热情、更加昂扬的精神状态，积极投身到各自工作中去，为夺取最终胜利不懈努力。务必继续严抓落实。大家要树牢"一盘棋"思想，压实"四方"责任，加强"三公（工）"联动，落实"四早"要求，发扬"钉钉子"精神，脚踏实地、坚持不懈，以最高热情、最快速度、最硬作风做好疫情防控工作，确保各项部署举措落地落实。务必更加严格细致。面对疫情，任何侥幸和漏洞都可能带来严重后果。大家要始终坚持人民至上、生命至上，坚决克服麻痹思想、侥幸心理，严而又严、细而又细、实而又实做好各项工作，坚决守牢疫情防控底线。务必做好个人防护。你们的身体健康和生命安全，既是家人最深的牵挂，也是全市人民最深的牵挂。要把个人安全放在心上，严格遵守各级各领域各点位的疫情防控规定，在认真工作的同时，注意做好个人防护。

没有一个冬天不可逾越，也没有一个春天不会来临。我们坚信，有以习近平同志为核心的党中央的坚强领导，有全省的统一部署、科学防控，有市委、市政府和全市500万人民的共同努力，有全市广大一线抗疫人员的奋勇拼搏，我们必将筑起疫情防控的铜墙铁壁，必将迎来疫情防控阻击战的最终胜利！【结尾鼓劲展望：我们有底气、有信心，一定会夺取这场战役的胜利】

咸阳市疫情防控指挥部（盖章）
2021年12月23日

从上述对这封公开信的分析中,我们不难发现,面对广大群众读者时,公文的语言风格要接地气,要有一定的温度感,要能够及时拉进与读者之间的关系。因此,在酝酿一篇公文时,我们要及时明确文稿所要面向的对象群体,只有这样,才能有针对性地选择文稿的行文风格。

6.1.3 换位思考,占据"人和"的先机

换位思考,简单地说,就是站在他人的角度去思考和处理问题。这是一种思维方法,也是一种传统美德。公文的受文对象往往是特定指向、特定范围的单位以及能代表单位行使权力的特定人员,写作者拟制机关文稿的时候,要从受文对象的角度去思考,特别是琢磨清楚他们对文中所写工作、所写事项有什么需要或诉求,进而做到"从需求侧着眼,在供给侧发力"。解决的是思想落点问题,思想落点往往也是工作落点、行文落点,是笔力的着重点。

例如,就一项工作向上级作汇报,上级的关注点主要在于工作进展和成效、创新做法和经验、需要上级解决的问题和困难以及相关意见和建议;就一项工作中的有关事项与平级或不相隶属的单位进行沟通,对方的关注点往往在于这件事跟我有什么关系,需要我做什么,对我有什么影响;就一项工作向下级作部署,下级的关注点往往在于为什么要抓这项工作,具体要抓什么、怎么抓,哪些方面是"硬杠杠",哪些方面我们有自主权、有多大的自主权,有什么配套的支持、保障和激励政策。因为受文对象的关注点不同,拟制文稿的时候,发力点、侧重点也随之不同。

如果能够换位思考,可帮助写作者把逻辑起点与行文落点确定下来,并连接成一条鲜明的主线,贯穿写作构思和文稿起草的全过程、各方面。这样,思路和行笔就不容易跑偏、散乱。

从根本上说，各级机关都是为人民群众服务的。虽然除了公报、公告、通告等文种，多数机关文稿并不直接面向社会公众发布，但人民群众是我们最终的服务对象，也是机关文稿的间接受众。所以，我们拟制机关文稿，要站在人民群众特别是对应群体的角度去思考，着重思考他们的急难愁盼是什么，他们期待什么、支持什么、反对什么。例如，教育部门的同志起草文稿，要站在学校师生的角度去思考；卫生部门的同志起草文稿，则要站在医务人员和病患的角度去思考。

一篇好的机关文稿，应当把"我"想写想说的与法定作者应该写应该说的、受文对象和人民群众希望写希望说的统一起来并融为一体，努力找到最大公约数，用"同理心"绘就"同心圆"。这就是换位思考在公文写作中的意义所在。

6.2 定调：替谁执笔

公文虽然常常是由个人执笔，但多数传达的是组织意图或者他人意图，而非写作者个人意图。所以在接到公文写作任务时，要清楚"替谁执笔"，以谁的口吻来写，要从什么样的角度切入，站在什么样的立场去"说话"。即使同一件事情，从不同的角度出发，可以总结出不同的经验，发掘出不同的亮点，得出不同的结论。

简言之，替谁执笔的不同带来不同目的，不同目的带来了不同的角度，如何判断角度，以及如何从正确的角度出发撰写材料，决定了我们写出的文字材料是否适用。因此，对于每一位公文写作者来说，只有找准替谁执笔的定位，才能找准写作的角度。这也就意味着我们要"超越自我"去看待问题。因为大部分的文字材料并不是站在我们"自己"这个个体角度，而是站在部门角度、单位角度或者地方角度（个别的如个人总结、心得体会、剖析材料等除外）去组织语言和文字。

第 3 篇　公文写作进阶
（重剑无锋，大巧不工）

6.2.1　明确文稿使用部门或人的身份

文稿使用部门即指这份文稿代表哪个部门，这一类公文写作需掌握一般公文的写作方法，但要特别注意"为谁而写"这个关键点。下面以两个不同的文稿使用部门所形成的公文脉络为例进行说明：

例如，A 国有企业多年来打造了独具特色的党建品牌，常有来自各地的企事业单位前往调研交流。某日，B 国有企业组织代表团前往 A 公司学习交流，由 A 公司接待并安排行程。事后，两家公司均拟写了工作简报。此时，这两家公司的行文思路是有所区别。

A 公司简报的脉络大致为：

某月某日，B 公司代表团一行莅临我司开展党建特色经验学习交流活动。（略）

会上，我司领导×××对党建工作的特色进行了介绍，主要以……展示我司畅通党建与业务融合发展通道。B 公司领导××表示，党的思想建设是一切工作的保障，A 公司党建特色经验成果有目共睹，后续 B 公司将加强与 A 公司的资源共享、优势互补、借鉴学习，探索结对共建的形式。（略）

B 公司简报的脉络大致为：

某月某日，我司组织代表团赴 A 公司开展某某专题考察调研学习活动。会上，我司代表团认真学习了 A 公司党建特色工作经验。（略）

考察结束后，代表团表示将进一步立足实际、对标看齐，认真总结先进经验做法，深入谋划今后党建工作创建思路。（略）

上述两篇信息基于同一件事，但是从不同的文稿使用部门（单位）角度出发，所以呈现的内容有很大区别。

用稿人是指公文的使用者，是书记、副书记，还是部长？分管工作的范围，是组织、宣传还是纪检？在班子中的地位，是班长还是成员？这些因素都会对文稿起草的文风到内容产生深刻影响。虽然表述的是同一件事，但是由于讲话人身份不同，叙述的侧重点、角度和语言口气便大有不同。例如，同样说一件事，书记讲要体现宏观性思路、讲政策、把大方向，部长则需要说具体工作，要找问题、分析现状、提举措。再如，管组织的领导讲话，往往要求全面辩证、周密严谨，一个字都不能少，一个词都不能颠倒；管宣传的领导讲话，对鼓动性的要求很高，有时还特别强调生动。因此，文字材料起草者，必须设身处地换位思考，把自己想象成用稿人，然后站在用稿人的职务身份角度起草文件。

6.2.2 摸底文稿使用人的语言习惯

领导眼里真正的"笔杆子"是所写内容上合领导身份，体现领导意图，展示领导水平，彰显领导风格，语言上听上去像领导所说的，把领导想说的话用领导喜欢的风格落实成文字、变成文稿，即你写的稿子像领导自己的东西。

那么，怎样才能写出高水平的文稿呢？本节归纳了常见的3种做法：

1. 紧跟

这里所说的"紧跟"，并不是指天天跟着领导出差、开会、调研，当然，如果有这样的机会更好，而是指要努力跟上领导的步伐、思路和水平。比如，近段时间领导读过什么书、发表过什么文章，开过什么会、讲过什么话，到过哪些地方调研、关注点是什么。这些最能反映领导的真实思想，也最符合领导自己的语言习惯，同时，它还代表着领导一段时期内关心、关注的问题。公文写作者要做个有心人，注意收集，及时了解。另外，领导之前最满意的讲话稿务必要找来好好研读一番，懂得领导为什么满意。领导最得意的工作手笔一定要想方设法有所了解，懂得得意之处在哪里……只有这样，才能缩小与领导之间的差距，减少信息不对称的现象。

2. 移位

在公文写作的过程中把自己当作领导，思考所写工作应该干什么、怎么干，"活"应该怎样安排，"话"应该怎样去说。在思想上、理论上、内容上、位置上、政策上体现领导和领导机关的水平高于听众的水平。也要把自己摆在听众的位置上，设身处地琢磨听众在这个节点、这个场合想了解什么、听点儿什么；另外，还要移位设想领导自己提笔时这篇稿子会怎么写。

3. 匹配

写公文一定要与领导的身份、职务相符，要能有点领导自己的个性，不要搞成面目模糊的模板。例如：写领导讲话类材料时，可巧用第一人称，在文中穿插一些"我体会""我认为""在我看来""我讲述"的小短句，能使文章生动亲切不少。再例如，叙述领导个人在工作、生活、思想上的阅历等。

当然，领导的语言风格不是一朝一夕能精准把控的，需要写作者与领导多次磨合。写作者也要勤于与领导互动沟通，从细微处发现、总结领导的语言偏好。

6.3 定时：用于何时

公文写作要清楚写作的意图，其中一个重要因素就是要清楚这个稿子用于什么时间，是在什么背景情况下展现的。只有清晰定位时间、时机，才能做出真正符合不同场合使用的文稿。

6.3.1 需充分考虑时间因素

这里说的时间是从狭义的公文完稿时限和内容角度出发，挖掘在公文写作中需要考虑的时间相关因素。具体有以下三点：

（1）要把握公文写作的时限。一篇文稿的形成虽然不可能一蹴而就，但也不可忽略其中的时限约束。在日常公文写作中，很多写作者在拿到任务时，开始各种"脑洞"大开、天马行空或者毫无头绪、迟迟下不了笔，耽误了大量时间，直至要交稿时才"眉毛胡子一把抓"，形成的公文质量自然不会太好。这是每一位公文写作者都应该规避的不良写作习惯。假如领导没时间去仔细审视材料的内容，而是直接把这类材料拿去用，后果可能不堪设想。所以，公文写作是要有合理的时间规划的，要把握好交稿的时限，控制好写作的节奏。

（2）要剔除过时的素材提法。公文材料都具有时效性，尤其信息简讯类公文更是以时效性为其根本价值所在。如果我们将过时的素材、提法直接运用到文稿里，便导致材料本身也会不合时宜。因此，在使用资料和素材的时候，要根据工作进展情况，查看资料和素材里的内容是否已经过时。不合时宜的问题可大可小，有些单位领导没有时间仔细审核材料的内容，或者他们自己也未必能发现一些过时的问题。但公文写作者有责任帮助领导做好这一项把关工作。

（3）要精准对接事项的时序。一项工作各个节点安排的"先"和"后"是前提和后续的关系。反映工作进展类的公文要特别注意具体事项的进度准确性。如果较长时间内都没有变化或者更新，则需要核实是否按照时序开展。

6.3.2 了解时间背景，借好"天时"

公文承载的是用稿部门或用稿人推进工作的契机，文稿质量至关

第3篇　公文写作进阶
（重剑无锋，大巧不工）

重要。这便要求写作者要审时度势、因时而动、顺时而为、与时俱进。从用稿部门或用稿人的角度撰写符合时间背景的高质量文稿，以凸显用稿部门或用稿人的治理智慧和治理能力。例如，很多公文在传达贯彻方针政策和布置工作时，一般需要阐明当下的指导思想，讲明道理，提出要求。它既是推动工作的工具，也是向下级进行宣传教育，使下级提高认识、统一思想的武器。

此外，还要以敏锐的观察力和洞察力，紧跟时代背景，超前预见，及时捕捉事务的迹象或问题的苗头，科学分析、准确判断并综合运用到文稿中，从而帮助用稿部门或用稿人做到把握时机，有条不紊地推进工作。

我们以某市属国企《在传达贯彻市委2023年工作会议暨全市"深学争优、敢为争先、实干争效"行动动员部署会议精神专题会上的讲话提纲》为例，分析其中的奥秘。

同志们：

　　1月30日，市里召开市委2023年工作会议暨全市"深学争优、敢为争先、实干争效"行动动员部署会。会上，×××市长针对"1+6"专项攻坚行动作了全面部署安排，要求各单位要按照市委决策部署，落实"深学争优、敢为争先、实干争效"行动，迅速掀起奋勇争先、大干快上的拼抢热潮。×××也作了重要讲话，指出开局即决战、起步即冲刺！全年工作必须从年头抓起（略）。整场会议下来，我记了十几页的笔记，这里面不仅有具体的任务、指标，还有满满的干货、实货以及实实在在的政策、措施。所以，今天把大家召集过来，一方面是要把这次会议的主要精神给大家作下传达，另一方面也是要给大家再强调、再提醒。上级下达的这些"硬指标""硬任务"（略）要按照上级既定的时间表、任务书、路线图，逐条逐项抓落实、抓出成效。

接下来,我先传达下市长在会上对"1+6"专项攻坚行动部署的7个方面,这里面涉及我们单位的事项很多,大家要认认真真地把涉及的内容都记下来。(略)

从刚刚传达的会议精神来看,相信大家都可以感受到今年整体的要求是节奏要快、步伐要稳、质量要高,春节前到现在的每一次会议、每一次活动都释放了全省上下力拼经济、大抓项目、奋勇争先的决心和气魄。当前,市委、市政府已经吹响了全年拼经济的强烈冲锋,而我们在全市国企队列中,必定是抓落实、抓发展的第一方阵,这一点大家一定要心中有数。你们要懂得去把握住政策风口和市场缺口,主动找短板、补差距、抓落实,向时间要效率,向效率要质量。这里,我简要再提3点意见:

一要深刻领会,思想松不得。(略)

二要马上行动,目标降不得。(略)

三要常抓落实,干劲减不得。(略)

以上这篇讲话稿是以上级政策要求出台为时间背景,围绕贯彻落实市委市政府工作部署在专题会上所做的讲话。文稿开头以还原会议场景为切入点,紧扣当下政策背景,引出市领导的讲话精神。再从市领导讲话精神中找准本单位的工作点,针对性结合,最后提出贯彻意见,将压力传达下去,以达到抓工作落实的目的、成效。这是一篇典型的需充分了解时间背景的讲话稿。当然,我们日常的其他公文写作也需结合时间背景切入、做文章,只是结合的深度、广度把控不同而已。但一定不能忽略这一关键要素。

6.4 定地：用于何地

公文用在什么地方，直接决定要以什么样的文风、话风呈现。因为从一个单位或者一个人的文风、话风能判断领导者的心境高下、厚薄和对事物的洞见程度。当然，好文风、好话风的标准也见仁见智，例如要"短实新"幽默、生动。但"在什么场合，说什么样的话"也是有一定讲究的。

6.4.1 文风需和场景、场合匹配

公文有着特定的接收者，即读者、听众。不同读者、听众的喜好也有所区别。俗话说，什么山上唱什么歌。公文的文风也是如此！需和场景、场合匹配。如，会议讲话的受众是全体与会者；工作汇报的读者、听众是上级领导；经验介绍的读者、听众是本单位同事或其他单位的同志。不同的读者、受众，接受能力和感触各有不同。

因此，公文写作者在酝酿公文时，心里要有与受众角色切换的意识，深入揣摩受众的心理，根据受众的接受能力和不同身份撰写公文。一定要站到受众的角度想问题，确保每句话都能被读者、听众接受和理解。如果受众是普通市民、基层群众或者全体职工，公文用语要尽可能生动形象，通俗易懂，深入浅出，多打比方，多举例子，多摆事实，少讲道理，少用枯燥的数字，少讲深奥的理论。如果受众是兄弟单位同人或者上级单位领导，对于本部门、本单位的特色提法、亮点工作要讲清楚、说明白，否则会让受众一头雾水。如果受众是专家学者，要把问题的复杂性、艰巨性阐述清楚，可以使用一些专业术语，以引起受众的思考，提出好的意见建议。

6.4.2 避免风俗和文化上的冲突

公文虽然是一种格式化的文体,但并不等于呆板,更不是人们通常戏称的千篇一律的"打官腔",千万不能简单把公文理解为"天下文章一大抄",下级抄上级,上级抄中央,靠复制粘贴就能完成。公文因不同工作、不同场合、不同对象、不同领导者的个性风格不同而千变万化,这也就形成了公文的特色。当然,公文的特色固然重要,但要切忌文稿中出现与风俗、文化相冲突的现象。

一般情况下,只要在工作中做个有心人,眼观六路,耳听八方,养成积累各种材料的好习惯,在文稿中出现这种情况的概率还是比较少的。

但是,也不排除在一些非法定公文且在公开场合发表的文稿会涉及大量与当地风俗、文化相关的信息。例如,对某种旅游文化、旅游景观、文化现象、文化遗产、风俗传统等进行讲解、说明的讲解稿、宣传手册、宣传提纲,起宣传、推广目的的稿件。再例如,公开信、讲话稿、倡议书等,需要考虑宣传内容和形式的可接受性。总之,写作时要充分考虑文稿与风俗、文化是否吻合,在细节处是否处理妥善。

6.4.3 了解风土人情,借好"地利"

公文是党的路线方针政策和工作部署的重要载体,一头连着服务上级决策,一头连着指导基层工作、服务群众生产生活。要想写出一篇兼具务实、情感的公文,在细节上还需充分了解当地的风土人情。

了解当地的风土人情,一方面是群众语言具有丰富内涵,生动活泼以及很强概括力的特点,如"打铁先得自身硬""群雁高飞头雁领""领导带了头,群众有劲头""单位好不好,关键在领导;班子行不行,先看前两名",等等,所以,积累和学习当地风土人情、了解群众声音,是公文写作不可或缺的。另一方面，互联网时代写作公文，信息获取大为便捷，稍不注意很容易掉入东摘西抄出来的文字综合材料陷阱。为避免出现这种情况，写作者需要综合当地实际工作现状，了解社情民情，更有靶向地发现现状问题，并结合领导工作意图，牵引整篇文稿的逻辑，丰富文稿内涵，让文稿更接地气、更有温度。获取这类资料的渠道很多，包括专题调研、座谈交流、问卷调查、个别了解、登门走访、网络搜索等，把社会上和单位里或行业中"地利"问题搞清楚了，这样的公文自然是平易晓畅、简单明快、见解精辟的"美文"。

6.5 定点：目的是什么

什么是公文的目的？即写这篇公文的意图是什么。落到具体的公文思路架构上就是要知道这篇公文是报送到哪里去的，要取得什么效果，为什么要写这么一篇公文。

6.5.1 目的对应的结果

评价一篇公文的好坏并非看文笔的优美程度，更多的是看能否紧扣目的，在文稿中展现出什么样的结果（内容）。不同的公文类型有不同的目的，所要展现的内容结果也各不相同。那么，明确目的后，如何让目的有效对应结果？

首先，在收集材料上下"苦功夫"。应该说，从工作量来讲，准备材料占七成，真正写作占三成。材料是指相关的文件、法规、讲话、资料等。收集得越全越好，特别是重要材料不能缺少。就像做饭之前需要把食材、调料先买好、备齐。例如写总结，需要收集的材料很多，包括上级的有关文件、当时制定的方案、中间的承诺书、阶段性报告等。有了这些材料，写作起来才会相对顺手。事先把材料收集齐全，也有利于写作时不遗漏重要的事项。

其次，在选用材料上下"严功夫"。"符合主题"是挑选材料的首要标准。把所有的材料以是否与宗旨一致为标准逐步审查，筛选出一致的、必要的，补充上遗漏的和不可缺少的。注意选材应尽量典型，以增强文章的表现力。除典型外，新颖和生动也是选材的重要标准。

最后，在谋篇布局上下"细功夫"。简单材料可以提笔就写，稍微复杂一点的报告，最好先想透了、列好提纲再动笔。列提纲十分重要，需要反复思考、再三斟酌。就像盖房子要先有施工图纸，作战要先有作战计划一样。要是这一步功夫没下到，写起来难免写不下去或者勉强写下去但结果却不尽如人意。写作时，最好先列一级提纲，再列二级提纲，把二级提纲之下需要写几层意思也列出来。列提纲的过程中，我们会发现哪些事情没有想清楚，还缺哪些材料，从而进行补充。

需要注意的是，起草较重要的公文时，提纲列出来后应及时找领导沟通汇报。根据领导的意见对提纲作进一步调整和修改，一定程度上避免初稿写出来被领导"毙掉"或作颠覆性修改的情况。

6.5.2 明确解决什么问题和取得什么结果

一篇公文是解决全局问题，还是解决局部问题？是要对方了解、认识到某些问题的重要性，还是要求对方采取行动、出台措施？等等。写作公文时，需根据不同目的确定公文所要表明的主要观点和主张。工作中，常见的公文目的有 5 种。

1. 成效展示类

从个人工作角度出发，需要向部门领导汇报展现工作成效；作为部门领导，需要向主管、向单位"一把手"汇报；作为一个单位，需要向分管领导、向上级主管部门汇报。这些都属于成果展示类，落实到公文类型主要是指工作总结、汇报等。其目的大都是展现过去一个时间段的工作成果，显现出自己的业绩。这就是我们常见的工作总结、汇报、经验交流、信息简报类公文。在实际中，不同场合下的材料需展现的内容结果会有不同的侧重点。例如，一篇总结汇报可能会侧重于最终的成果表现，也可能会侧重于过程的工作创新手段、举措亮点等。至于以什么为重点，需要我们根据客观情况具体分析。

2. 情况告知类

我们在日常工作中较多涉及的通知、公告、通报、告示等文体，包括一些答复函等，这类材料相对中立化，一般只需要满足两个方面的要求：一是将某件事情讲解到位；二是对通知对象的下一步行为提出要求。此类材料虽然常见，但并不一定可以缩略简短，其篇幅需要根据文稿的目的是否能够达到而定。

3. 工作思路类

这类公文的侧重点一般是为推进工作部署要求，针对当前某项工作的贯彻落实情况，提出一些具体工作思路和措施，并以此为抓手，推进工作的落实。专题类的报告、请示件和领导讲话等就属于这种类型。这类公文要准确指出当前工作的任务、要求，并重点提出推进工作的对策和举措。需要写作者有更强的分析能力，准确掌握当下工作任务，并知道这些工作应该由什么人、用什么办法、在什么时限内去解决好，考验写作者在文字材料之外对具体工作的了解和把握。

4. 统一思想类

这类公文是为推进某项工作、开展某项活动进行充分的动员和安排部署，主要是针对与会者或广泛群体说的，例如讲话稿（包含讲说稿、谈话稿、贺词、主持词）、倡议书、公开信等。这类公文既要写出文稿的高度，也要写入他人的内心深处。因此，写作者要清楚用稿人的身份、用在什么场合，要围绕主题把话讲好，切忌走题或讲错话。

5. 组织方案类

这类公文最常见的便是各类方案，包括会议方案、活动方案、工作方案等。注重的是简要而明确地分配各方面任务，并且要尽可能周全地考虑到细节问题。方案材料与实践工作结合十分密切，因此，这类公文并不特别注重文笔，而更强调对各个环节的周密思考与把握。所以，写作者在写作过程中要充分落实符合实际、切实可行、保证有效的目标。

6.6 定度：字数和时长

"短而精,忌长而空"是公文写作最基本的要求。"短"要求多短？"精"需要达到什么标准？这是大多数人的困惑。其实，公文的长短没有一定之规，都是相对的。公文的精练也没有统一的定量，但写作者可结合实际控制写作篇幅。

6.6.1 谁来决定公文的篇幅

公文是传达部署、指导工作、沟通衔接、解疑释惑的，每一个文种都有实实在在的用处。所以，公文一定要实用。这是公文篇幅（字数）设定的重要前提。只要有实实在在的内容，有思想、有见地，便会引起读者和听众的兴趣，使读者不会觉得篇幅长。反之，内容空洞，语言乏味，没有新观点、新材料，不能给人启发，对工作没有指导性、没有可操作性，即便只有几句话大家也嫌长。

关于公文的篇幅，如果是上级单位下达的任务，一般会对字数篇幅有明确规定。例如，汇报时间控制在 5 分钟内或者字数控制在 2000 字内。按照要求，我们即可较为精确的控制篇幅。当然，上级单位在下达任务时可能没有明确相关要求，这时，联动沟通要"勤"，要加强与上级单位的沟通，尽可能多地获取背景信息，以更加精准地把握文稿要求。比如，先接到口头通知，说上级通知还在签发过程中，让写作者先参考往年要求加快起草总结材料，写作者按往年篇幅写了 1.5 万字，结果正式通知只要求写 5000 字，如果在接到口头通知时能提前多问一句可更有针对性地控制篇幅和写作要点。

如果是本单位领导交代的任务，写作者可直接和领导沟通，明确具体要求。尤其遇到重大文稿任务，会商一下非常有必要。建议提请分管领导或相关负责同志牵头，召集相关业务负责同志、综合部门同志一起围绕文稿任务开展会商。获取更多的业务信息，碰撞出思想火花，更能准确把握文稿篇幅。

除此之外，参考以往类似经验，寻找过去类似的稿件，加以学习和模仿来控制篇幅的做法也有一定的可行性。这种写法一般仅适用于有固定格式的材料，例如日常化的信息简讯、周期性的工作计划、年度性的课题调研等。这些材料在实践中都已经形成了比较成熟的格式和风格，写作时加以参考，可以大致确定其篇幅。

6.6.2 字数和时长的换算关系

一篇公文的篇幅设定，不仅需要写作者具备一定的文字功底，也考验其概括、归纳、逻辑等方面的综合能力。对新人来说，需要通过学习和磨炼慢慢掌握这种判断能力。但有经验的写作者一般会通过字数、时长之间的换算来判断这篇公文所需的篇幅。

1. 时间换算法

如果上级对文稿没有字数限制，写作者可以从人的生理规律来把握时长。一个人讲话最好不要超过 40 分钟，因为多数人在全神贯注 30 分钟后，注意力会明显下降。一般人每分钟读 200 字到 250 字，这是把握公文字数的一个重要参数。但需说明的是，因为我们写材料时常使用 Word 软件，对文章字数的计算也是基于 Word 软件自带的"字数统计"功能。而这个功能统计出来的字数，包括文章中的中文标点符号，而这类标点符号是不会被读出来的，所以，写作者可适当按照延 1～2 分钟的时间字数准备文稿。

2. 字数换算法

按照我国《党政机关公文格式》的规范标准，公文材料的正文使用仿宋三号字体，段间距 28 磅，每面排 22 行，每行排 28 个字。按照这样的格式套下来，一面 A4 纸大概可以写到 500 字左右。如果领导对字数没有概念，可直接向领导请教需准备多少页。然后根据计算标准：领导要求的页数 × 每页 500 字 = 材料所需的大概字数。这样，推断出的篇幅就不太会偏离领导的预期值。

第 7 章
公文写作的完整流程

本章从公文写作的全流程入手，分步骤为读者详细介绍如何写作公文。从文种的选定、主题与逻辑的确定、文章框架的搭建、内容材料的筛选、文章语言的使用等几个方面，帮助读者深度分析公文写作的要领。

本章涉及的主要内容如下：

- 十余种常用公文的文种及其性质、要求和注意事项。
- 公文写作过程中容易出现的错误，如公文写作中逻辑性的错误剖析等，帮助读者在后续写作中规避错误。
- 公文写作的不同工序需要注意的原则和方法，帮助写作者更轻松、熟练地完成公文写作的任务。

7.1 确定文种

公文是公务活动中形成和使用的文字材料，它是方针、政策、法规、政令、信息和情况的表现者与运载者，是机关实施管理的基本手段和重要工具，发挥着上令下达、下情上报和信息沟通的重要作用。

公文贯穿机关管理工作的始终，向上级报告情况需要写成文件；向下级单位安排工作需要写成公文印发下去，便于基层照章执行；向社会公众告知某个决定，也要印制成公文。可以说，公文写作与每个机关人员都息息相关。

公文不同于其他文学作品，它的写作、制发、处理必须按照固有的规定、特定的体例格式来进行。在机关工作中，按照公文作者的性质和特点来划分，可划分为指挥性公文、知照性公文、报告性公文、法规性公文和记录性公文等。按照行文流向，可划分为上行文、平行文、下行文。

指挥性公文包含决议、决定、命令（令）、意见、通知、批复。知照性公文包含公报、公告、通告、通报、函。报告性公文包含报告、请示、议案。法规性公文包含条例、规定、细则、办法、章程。记录性公文包含纪要、会议记录、大事记、电话记录、简报。其中，较为常用的公文文种有决定、意见、通知、批复、通告、通报、函、报告、请示等。

决定是党政机关、社会团体或企业事业单位都可以使用的文种，是典型的下行文。决定是上级机关针对重要事项和重大行动，经重要会议或领导班子研究通过后，对所辖范围内的工作所作的安排，虽没有命令那样浓的强制色彩，但也是一种权威很强的下行文。决定一般由上级部门制发，体现上级部门的意志，对下级部门提出明确具体的要求，一经发布就对受文单位具有很强的约束力，受文单位必须遵照执行。决定适用于对重要事项做出决策和部署、奖惩有关单位和人员、变更或撤销下级机关不适当的决定等事项。

意见是上级领导机关或主管部门针对即将进行的主要工作和亟待解决的重大问题，提出原则性的要求和具体的处理办法，并直接发至下级机关或转发到有关部门遵照执行的一种具有指示作用的公文；或下级机关向上级机关就有关工作、事项提出的建议；或平行机关就某项工作、事项提出意见。一般情况下,意见是下行文,但也可作为平行文、上行文使用。在什么情况下使用意见这一文种,要视具体的情况而定。

通知是上级机关批转下级机关的公文,转发上级机关和不相隶属机关的公文,传达要求下级机关办理和需要有关单位周知或执行的事项及任免人员时使用的一种公文文件。一般来说,通知不受机关性质与级别的限制,无论是最高层的党政机关,还是最基层的企业事业单位,都可以使用,可以说是运用范围最广、使用频率最高的一种文件。

批复用于上级机关答复下级机关、单位的请示事项,是公文中唯一的纯粹被动性文件,它与请示公文相对应,应下级机关、单位的请求而发,批复的主送机关就是请示的发文机关,批复的事项也就是请示的事项。

通告是国家机关、社会组织、企事业单位在一定范围内向社会公众或有关单位、人员公布应当遵守或者周知事项的知照性公文。

通报是党政机关、社会团体、企事业单位和部门用以表彰、批评错误、传达重要精神或交流重要情况时使用的一种公文文种,是一种比较灵活、使用频率颇高的文种,可分为情况通报、表彰性通报、批评性通报等。

函是不相隶属机关之间商谈公务、接洽工作、询问事情、征求意见、答复问题、请求帮助及告知情况、催办事务时所用的文种,既可以在平行机关及不相隶属机关之间使用,也可以在上下级机关之间使用。

报告是下级机关或部门、企事业单位用于向上级机关汇报工作、反映情况、提出意见或建议,以及下级机关回复上级机关询问的一种上行公文。它是上级机关制定方针政策、指导工作的重要依据,也是下级机关取得上级对本机关工作的支持、指导的重要途径,不需要上级机关给予批复。

请示是下级机关向上级机关或业务主管机关请示某项工作中的问题，明确某项政策界限，审核批准某事时使用的请求性的上行公文。下级机关无权决定、无力解决而确需上级机关给予明确指示、批准或帮助的事项，都应以请示行文。与其他上行文相比，请示更强调遵循"一事一请示"的原则，必须在事前请示，得到批复后才能实施，绝不允许"先斩后奏"。

7.1.1 根据文种定基调

起草公文前，确定文种至关重要，要先弄清楚这个文件要发挥什么作用，有什么写作背景，再根据写作的背景、目的、受文对象来确定采用哪个文种。可以根据收、发文方来认定关系，再根据相互关系认定文种，最后根据文种来编写内容。

为公文定基调决定了行文走向，是影响写作成败的关键所在，这是公文撰写的第一道工序，这一步做好了才能在后续的写作过程中做到瞄准目标有的放矢，否则便会迷失方向，不知所云，不得要领。

7.1.2 确定基本写作逻辑和初步结构

确定公文的基调后，可以对写作思路进行梳理。公文要求要有严谨性和逻辑性，因此，在确定写作思路时就要具有逻辑性。

一般来说，公文要依据"是什么""为什么""怎么做"的思路来构思。"是什么"指文章要讲述什么，对内容进行解释和介绍，并说明当前的状况；"为什么"是指上述内容为什么会存在，主要是解释原因；"怎么做"指遇到问题后该如何解决，主要是说明做法和结果。通过以上三个步骤来构思的公文更有逻辑性和严谨性。

除了文章整体写作思路上要有逻辑性外，公文的具体内容也要体现逻辑性，这体现在内容的分段及段落间的排序上。写作者可以按内

第3篇　公文写作进阶
（重剑无锋，大巧不工）

容主次进行段落排序，把比较关注的内容和重要的内容放在前面，次要或不重要的内容放在后面；也可以按时间发展的顺序进行段落排序，在时间上体现逻辑性和严谨性。

随着网络的高速发展，人们所处的语言环境也越来越宽松，这便导致很多词语和语句的应用出现了逻辑性的错误，这是公文写作中的大忌，逻辑问题会大大降低公文的格调，削弱了公文的公信力，因此，写作者需要特别注意公文的逻辑性。以下几点是写作中常见的逻辑性的错误：

1. 种属概念混淆

A 是包含 B 的，却在写作时写成 B 包含 A，或者是把 A 和 B 放在了并列关系中，造成种属关系混淆。

2. 违反同一律

在公文写作中，同一律是指在同一时间、同一个条件之下要始终保持一种观点或一种概念，它的主要形式是"A 就是 A""如果 A，那么 A"，它在写作中的作用是确保思维的稳定性和确定性，不能在同一时间、同一条件中发生变化。违法同一律的主要形式是偷换概念，即在公文写作中把大概念和小概念彼此调换了。

3. 违反矛盾律

在一篇公文中不能出现观点、观念相互矛盾的情况，表现为"A 和 B 相互矛盾，若 A 是真，则 B 就是假"，整篇公文在同一个思路下，观点必须统一，不能自相矛盾，否则不仅会使文章逻辑紊乱，还会打乱文章的结构。

公文写作中每一个内容、每一段落、每一行字都受到逻辑的制约，所以，写作过程中要认真思考、审题，运用逻辑的思维来运用材料和组织语言。写作思路厘清后，便需要写作者搭建文章框架。在这个过程中，也容易出现逻辑上的错误，例如：

（1）前后颠倒：例如，一篇公文正常的逻辑应该是先写思想认识，再写工作措施，最后写跟踪督办，因为只有明确了具体工作措施后，跟踪督办才有具体的方向。所以，把跟踪督办写在工作措施前是不符合事物发展逻辑的。

（2）内容杂乱：有些公文光看小标题是没有框架问题的，但如果仔细看每段的内容便觉得像大杂烩般杂乱无章。各段落都有相似或重复的内容，给人一种语无伦次、重复累积的感觉。

针对这些问题，写作者要加以甄别，做好材料的分类与归纳，避免出现逻辑错误。

7.2 明 确 核 心

公文是在公务活动中形成，用于处理公务的文书，具有法定的效力。所以，公文的内容必须是真实的，所提措施是可行的，不允许有半点虚构和夸张。这就要求写作者在起草公文前明确写作核心，进行调查研究，实事求是地分析，做到切实可行。行文则应简短，文风朴实。

7.2.1 明准界定写作目的

写作者在接到公文写作任务后，首先要弄清行文目的，要思考公文的作用是提供参考，还是出台政策抑或是认识某些问题的重要性。其次要学会换角度思考。公文是领导者行使领导职能的重要手段，公文写作是受命写作，不是自由创作，是"要我写"而不是"我要写"，所以，其内容必须体现领导机关的工作意图，不允许掺杂作者个人的意见。这就要求写作者思想与领导意图必须保持高度一致,这样,写出来的公文才能保证质量。因此,写作者要多从宏观上把握中心和重点,保证在大方向和主思路上贴近领导所思所想。需要注意的是,这里所说的领导意图还包括党和国家的方针、政策以及上级机关的指示精神,写作者必须认真学习,深刻领会,只有这样,才能充分体现领导机关制发文件的工作意图。

7.2.2 确定主题与主线

主题是公文中贯穿的基本观点、主张或意图,是内容的核心"灵魂"和"统帅",也是写好公文的关键。它决定和制约着材料的选择、结构的安排、语言的色彩和表达方式的选择。一篇公文中有且只能有一个主题,这种地位也决定了主题在整篇公文中发挥着至关重要、不可替代的作用。

影响公文主题的因素主要有党的路线方针政策和国家法律法规、相关文件精神、具体工作实践以及领导意图。而公文的主题又有别于其他文章,要求必须正确、集中、鲜明和新颖。这就需要写作者在编写过程中注意对主题的表现,写作者可以通过摆事实,讲道理,直截了当提要求、做规定这三种方法将主题展示出来,做到"直述不隐"。也可以用一个主旨句将主题准确地概括出来,一般来说,写作者可以通过以下四种方法点出主题:

(1)题目明旨:在文件的题目中概述主题。

(2)开宗明旨:文章开篇便把主题简明扼要地指示出来。

(3)片言居要:将主题放在内容的重要转折处,如因果分析的关键句、篇中或篇末、承上启下的过渡句等。

(4)一线贯穿:有些文件中材料很多,没有一个明显的全文主旨,而是以小主旨句或小标题的形式分散于各部分,这些小主旨句的汇总升华便是全文的主题。

7.3 搭建框架

公文主题确定后,便可以搭建总体框架了,通过构思叙事、说明、议论的主线,明确公文大概所需的篇幅。公文的框架其实就是"先写什么,再写什么",是为了更好地展现公务沟通目的,可以是按事情发生的时间顺序,或是按事项的轻重顺序,或者按"总—分—总"的逻辑结构,或者按先论点后论据的"金字塔结构"等,框架最重要的,是做到"清晰",即在最精简的结构中把事情描述清楚。

在这道工序中,需要对材料进行收集和整理,并在这个基础上,对文章做结构、篇幅上的初步梳理。

7.3.1 根据初步结构设定段落层次

这一步中首先要做的是把手头的材料分门别类,哪些材料是背景,哪些材料是基本情况,哪些材料是措施,等等,分别按照既定的框架规整好,以便后续加工。在此基础上可以规划段落层次。公文的分段有"两点不成文"的说法,意思是只分两个层次很难成为一篇完整的公文,这也说明了公文多用"帽段、正文、尾端"的形式或"三段论"的形式。

公文段落层次如何划分,是有客观依据的。公文多采用总分、并列、递进、因果和连贯这五种方式。

1. 总分式

先从总体上概括内容,然后再具体分述;或先提出总的观点、主张,然后再具体说明。这种方式在简报、调查报告、总结、计划、通报、报告中多以先概述后分述的形式出现；在命令、决定、通知、通告中则是先交代观点，而后具体陈述主张和办法。

2. 并列式

将材料按其性质归类，分别从不同角度对问题加以说明，各个段落间呈并列关系，在文中以分条列项的方式表现。公文中的条例、规定、办法、细则、计划等多为这种方式。

3. 递进式

按照内容的逐层推进，层层加深而分段，段落间为递进关系。公文中的命令、决定、决议、请示、报告、调查报告等多采用这种方式。

4. 因果式

以分析事物形成和发展的原因、结果为逻辑进行分段，其中，有的先说因、后说果，有的则先交代结果，后分析原因。

5. 连贯式

按照事物发展的自然顺序进行分段，有的以时间先后为序排列，有的以事件发展进程排列，有的以空间前后转换排列。采用这种方式的公文多以时间先后分段，如简报、报告、会议纪要中常用这种方式。

在进行段落划分时，还要注意以下四点：

（1）单一性：一个段落只能表达一个中心内容。

（2）完整性：一个中心内容必须在一个段落里说清楚，不能分散在几个段落里讲。

（3）连贯性：前后段内容要有承继关系。

（4）匀称性：即段落的长短划分要适度，避免文章整体不协调。

7.3.2　根据字数要求预估行文的先后和详略

一篇高质量的公文必须是结构严谨、层次分明、脉络清晰、眉目清秀的。总写什么,分写什么,先写什么,后写什么,详写什么,略写什么,都要事先谋划,合理布局。公文各部分的内容在文中所占的地位和所起的作用是不同的,分清主次也是搭建框架的一个重要环节。

公文讲究内容精练、实用,表达观点要直接明了,叙述事实也要简练清晰,所以,写作公文时一般不写细节,用不到精雕细刻的手法。与其他文章相比,公文的略写要多于详写,写作者可以通过主次地位和典型程度来确定详略,对主要观点、重要条文以及典型材料的表述可以翔实充分些,其他次要观点和辅助性材料简略概述即可。

7.3.3　初拟小标题,把"大问题"拆分成"小问题"

小标题是概括文章层次内容的一种表达手段,它一方面可以将复杂的内容进行分类,方便谋篇布局,让文章的条理更清晰;另一方面可以让读者更精准地把握文章的要点和思路,所以,小标题是公文写作中不可缺少的表达手段。拟定小标题时,要注意以下两个原则:

(1)紧扣大标题、主旨。小标题要注意紧扣全文大标题,围绕全文主旨展开,所有小标题应从不同侧面、不同角度来表现文章的主旨。如果大标题是"总纲",那各个小标题则是"分目",小标题的设置要从主旨的需要出发,涉及的方面、角度要尽可能完备,不能有重要内容的缺漏。

(2)紧扣段落内容。小标题要能全面、准确地概括出所在段落的主要内容,既不能超出段落的内容范围,也不能太小而导致概括不全。

7.4 收集素材

俗话说"巧妇难为无米之炊",公文写作也是如此。没有材料就难以写出公文,即使写出来也是空洞无物的,这就要求写作者在写作前要收集材料并对材料加以运用。写作者要养成良好的习惯,做到眼观六路、耳听八方,多读多看,多写多记,只有这样,才能在写作的过程中游刃有余。除了收集素材,写作者还要善于充分运用素材,能够将手中的材料筛选、加工和提炼,使其能够更好地丰富文章内容、支撑文章观点,使文章"饱满""立体"。

7.4.1 博收广取,避免遗漏

公文写作所需的材料主要来源于两大途径,一是直接创作,即写作者自行研究、分析、整理出的资料;二是间接获取,即从有关文件、书本、报刊以及上级指示精神中所得到的有关材料。比如,中央的方针政策、重要领导的讲话、上级文件精神、国内外相关信息、本部门本单位工作进展情况、典型案例、内部简报、其他单位经验做法、各类媒体报道文章等,都是日常可以重点关注、收集的材料。

7.4.2 分类整理,验看时效

公文材料有着以下几种类型,写作者在收集的过程中可分类整理存放,以方便在写作过程中摘取。

1. 事实材料、理论材料

事实材料指的是现实生活中的真实材料,如真实的事件、具体的事物、确凿的事实、数据等。理论材料指的是正确反映客观事物背后本质规律的原理,如革命领袖的经典言论、自然科学原理、定律、名言警句等。

2. 主要材料、次要材料、典型材料

主要材料指的是构成文章的主要内容，承担着表达主题的主要任务。次要材料指的是对表达主题起辅助作用的内容，起着渲染、映衬、烘托的作用。典型材料指的是具有广泛的代表性和强大的说服力的材料，例如典型事件、典型数据、典型经验等。

3. 现实材料、历史材料

根据材料的时代背景可将材料分为现实材料和历史材料。现实材料指与所写文章处于同一个时代背景下的材料，历史材料则指在历史时期中发生和存在过的材料。

4. 正面材料、反面材料

根据材料的是非角度可将材料分为正面材料和负面材料。正面材料是指与公文倡导的观点相一致的材料；反面材料是指与公文所倡导的观点相违背的材料。正面材料可以成为解决现实问题的正确原则和主张的重要佐证，反面材料则可以当作不按照这种正确原则和主张去做而导致失误的惨痛教训。正反材料的使用均有助于增强公文的感染力和说服力。

7.4.3 去粗取精，去伪存真

在收集材料时需要有一个筛选的过程，不能眉毛胡子一把抓，否则会导致手中的材料过于冗杂，后续使用时无法精准地选出正确的内容。在海量的公文材料中，要选择与主题紧扣的、足够典型的，这类材料更能有力支撑文章的主题思想。此外还要对材料进行去伪存真，确保材料的真实性。总之，收集材料坚持的原则主要是：明确目的，着眼价值，注意准确。

… 第 3 篇　公文写作进阶
（重剑无锋，大巧不工）

7.5　炼词造句

公文以文辅政的基本功能决定了其语言必须突出实用导向和适用原则，即能解决问题、推动工作、便于领会、易于贯彻。对公文来说，最美的语言不一定是最好的语言，但最合适的语言却是最好的语言，这就要求写作者在写作过程中要注重把握好语言表达的"度"，根据文种、对象、场合等需要，结合层级、部门、工作等特点，因地制宜、灵活表达，精准选择最适合的语言。

7.5.1　表达主题，充实语句，完成草稿

搭建好文章的主题和基本框架后，写作者便可将收集到的材料进行分类填充，完成文章的初稿。初稿只是个"胚胎"，还有待打磨修改，所以，写作初稿时不必过于拘谨，应尽可能写得丰厚、翔实一些，把与主题有关的材料都写进去，把语言充分展开，力求表达到位。写公文提纲时，可多安排几个层次，然后根据主题表达的需要做一些必要的调整。如果初稿写作时过于拘谨，处处苛求，不断地否定自己，则会导致思路断断续续，直接影响文章写作的整体性。需要注意的是，在写初稿遇到难点时可不必停笔，可直接"跳过"继续往下写，力求一气呵成完成文章，这样写就的文章才能文气贯通，思路畅通。

7.5.2　先写成，再写好

公文的语言讲求简洁、准确、庄重、得体、规范。所谓简洁，即用语精练，言简意赅，尽量使用断句；所谓准确，即词语要达意，不能有歧义，让人误解，这就要求公文中语句成分完整，句子中词语间的搭配恰当；所谓庄重，即语言要平实质朴，不乱用比喻、夸张、反

复等修辞手法，而且，公文语言最忌讳华丽、做作、卖弄；所谓得体，即语言运用恰到好处，符合需要，但要注意褒贬之分；所谓规范，即语言要符合组词造句的规则，使用规范的文字、规范的词语、正确的标点符号，并按国家标准使用汉字数字和阿拉伯数字。

当文章的初稿完成后，写作者可参照以上标准对文章的用词用语进行打磨修改。

7.6 打磨完善

对文章打磨完善是公文撰写的最后一道工序，也是公文写作中不可忽略的重要步骤。俗话说，刀不磨不快，文章不改不好，一篇文章"三分写七分改"是非常有道理的。文章写好后，不多打磨几遍，就像人洗脸后不再照照镜子一样，马马虎虎发表出来，其结果是下笔千言，离题万里，仿佛像个才子，实则害人不浅。文章的打磨，主要是从文章目的、内容文字、检查校对入手。

7.6.1 对照目的，订正观点

主题观点是文章的灵魂和统帅，如果观点不正确，整篇文章也就失去了写作的意义。因此，打磨文章时首先要反复推敲文章的观点、主题，要检查思想内容是否符合党和国家的方针政策以及上级机关的指示精神；文中所表达的观点、要说明的内容是否清楚明确，是否符合本单位、本部门的实际。还要特别注意，文章中的观点应前后一致，不能自相矛盾。

一般来说，出现观点错误或不全面的原因有三种，一是写作者思想认识不够高，没有跟上形势；二是写作者思想具有片面性，不能辩证地认识分析问题；三是写作者掌握的资料不够全面，导致得出的结论不符合实际。这些原因都要引起写作者注意并及时加以纠正。

7.6.2 取舍材料，打磨文字

在材料的取舍方面，首先要看材料的必要性，看材料是否能恰当、有力地证明观点，是否与文章的主题思想达到有机统一。其次要看材料的可靠性，看材料来源是否可靠、涉及的关键信息是否无误等。对那些可靠但不够充实的材料可加以补充或调整，对那些没有确切把握而又难以查证的要果断删除。以下三种材料，可以适当从文章中删减：

（1）不利于突出观点的多余材料。
（2）缺乏真实性、典型性的材料。
（3）自相矛盾、过分夸张、没有依据的材料。

文章材料选好后便要开始打磨文字了。写作者可以从以下三点对文字进行调整修改。

（1）从布局着手，可以适度调整每段的字数，让文章的结构更加均衡。
（2）从语言着手，让内容表达得更准确、更精美，如将口语化的表达改为正式的书面用语，使用排比修辞等手法，将同一主题下的小标题统一对称，使语句更为和谐。
（3）从文字着手，让内容正确无误，仔细检查是否有错别字，是否有精简的空间，力求做到干净利落。

7.6.3 调整格式，审核校对

经过前期的打磨，文章的结构框架、遣词造句都已没有问题，这时，便可以进行文章打磨的最后一步，即查找疏漏与欠缺，做最后的调整，避免文章中出现不得体的小细节。这就要求公文写作者必须有高度的责任感和严谨的工作态度，仔细认真对待文章撰写的每一个环节，以确保公文的整体高质量。

调整格式。行政机关公文对格式有着严格的要求，2012年出台的最新的国家规范《党政机关公文格式》（GB/T 9704—2012）对公文通用的纸张要求、印刷要求、公文中各要素排列顺序和标识规则做了详细规范。

审核校对。主要查看标题、正文、格式等方面是否有错误。第一，检查标题。检查文章的标题是否准确、缺项，用词是否前后颠倒；检查有没有将请示、报告混淆，通报、通告混淆等情况。第二，检查标点符号。公文对标点符号也有统一的规定，在撰写和检查的过程中要特别注意，如在"第一""首先"等表示序号的词语后应用逗号，序号加括号的后边不加标点。特别需要注意的是，一定要检查发文字号中的年份是否用六角括号〔〕括了起来，这个小细节常被忽略。第三，检查序号。文中有序号的，一定要全文上下通看一遍，确保前后序号的使用没有问题，不出现前后不一致、断号、重号等问题。第四，检查时间。无论是在正文中，还是在落款处，出现时间就要认真检查，特别是每年的年初，这个时段的文稿在年份上最容易出错。第五，检查错别字。公文中若出现错别字，将会影响其严谨性和权威性，所以，不仅在撰写过程中要做到一丝不苟，完稿之后还必须逐字逐句检查。此外，还要对文中出现的数字进行核对，避免与实际不符。第六，检查专有名词。文中的人名、地名、专业名词、计量单位、技术术语、符号等也需要最终确认。第七，检查排版。检查公文的纸张尺寸、字体字号、字距行距等排版格式是否符合规范要求，同一级小标题的字体、段落间行距是否一致。

校对检查不能急于求成，一定要静下心来仔细审核，以确保文章的质量，避免因质量问题带来严重后果。

第 4 篇

公文写作高手养成

（摘叶拈花，皆为利器）

剑冢中的第四柄剑是已腐朽的木剑。四十岁后的独孤求败，其内功修为已达到一定高度，不滞于物，草木竹石均可为剑。外物不但不会对他造成困扰，反而会为他所用。剑的"形"已然不再重要，万物皆可被他赋予剑"魂"，可谓拈花摘叶皆为利器，一柄木剑亦可独步天下。公文写作到了这一阶段，技巧本身也已经不是最重要的问题，而写作习惯、对世事和人性的洞察、对跨学科知识的理解和运用等在写作中起到越来越重要的作用。

第 8 章
公文写作习惯的培养

本章以公文写作的习惯为切入点，全面梳理应该如何管理写作时间和环境，并以笔者自身的经历为基础，分享素材管理的积累、取舍和使用心得等，以帮助更多公文写作者提高工作效率。

本章涉及的主要内容如下：
- 合理安排写作时间的重要性与具体方法。
- 如何营造适宜的写作环境。
- 写作素材的积累、取舍及使用过程需要注意的问题。

8.1 写作时间

莎士比亚曾说："放弃时间的人，时间也放弃他。"正确使用写作时间对于公文写作来讲至关重要。写作时间并非仅仅是完成稿件需要的时长，还关系着素材准备和写作节奏。一位成熟的公文写作高手拥有一套适合自己的写作时间科学管理方法，能够尽可能地提高写作效率，按时完成公文写作任务。

8.1.1 合理安排时间的重要性

人的精力是有限的，写作时间也是有限的，在有限的时间如何充分利用好意志力，避免拖延内耗，既是对公文质量的负责，更是对自己写作生涯的负责。每一篇公文都应当是精心雕琢的艺术品，合理安排时间才能撰写出高质量的公文，一般来说，合理安排写作时间有以下几个重要性：

一是有利于安排写作节奏。一篇公文的呈现并非是一蹴而就的，公文写作需要在规定时间内完成从构思到落笔再到审核修改的全过程，因此，公文写作其实从拿到"任务"的时候就已经开始了。当然，大部分"笔杆子"还承担着日常的综合管理工作，这也就要求其具有表面上"波澜不惊"处理日常事务，实际上"暗潮涌动"构想公文写作的多线程工作能力。笔者曾撰写过一篇年度述职报告，当时正值公司年度工作会议召开之际，我的大部分工作时间都围绕会议筹备、人员邀请、材料汇总等关键工作开展，导致没有具体时间来进行公文写作，于是，我便抽出处理工作之余的碎片时间对文章在心里进行构思，提前思考需要的材料，并随手将这些材料归类摆放在桌面上，然后在当晚忙完日常事务后便开始写作。由于我合理安排了文章构思与素材整理工作，很快便完成了公文写作任务，领导称赞我"写文神速"！

二是有利于应对突发状况。在写作公文时，要始终做好"时间并不充裕"的思想准备，因为，随时到来的临时任务很有可能会干扰到写作进度。事实上，在工作过程中，很少有能够安安静静写材料的机会，所以，合理安排时间就显得尤为重要。从一开始撰写就要预留出部分时间给"突发情况"，例如，领导安排的临时任务，需要配合同事开展的紧急工作等。公文写作者要始终有"可能出现意外情况"的意识，争取预留一些机动时间，防止意外发生，确保公文如期上交。

三是有利于提高写作质量。好文章"三分写、七分改",一篇好的公文注定要经历多次修改润色,这便要求公文在写作时间上必须有所保障,不能因没能合理安排时间而造成"粗制滥造"的现象。而且,在实际操作过程中,公文需要经过领导审核批阅,不能令领导满意,则需返回重写或重改,规划时间时一定要把这一"突发事件"规划进去。总之,合理安排时间才能撰写出更加具有针对性的公文。

8.1.2 合理安排时间的建议

写作公文时常常面临着繁杂的工作环境,如何保证写作时间充分,在完成日常管理事务的同时还能够写出高质量文章呢?笔者仅探讨如下方法,以供参考。

1. 超前谋划,预判写作

面对不同的材料时,需要有辨别轻重缓急的能力,并结合自身本职工作、临时任务完成的状态来安排写作计划,既不能让自己效率低下,又不能持续高负荷运转,因此,需要写作者根据以往的写作经验和年度工作安排来预判单位所需要的材料类型或内容,进而提前着手构思文章、搜索素材,尽力避免意外情况的干扰。

2. 整散结合,灵活写作

在写作过程中,每位"笔杆子"都有自己的写作时间习惯,所以,写作者应结合自身习惯,并在统筹考虑其他临时性事务之后,拟定写文章的时间段,例如,有人喜欢清晨写作,认为清晨的时候阳光雨露,空气清新,头脑清醒,思路清晰;有人喜欢深夜写作,认为深夜的时候独处静谧,没有干扰,安静高效;当然,如果遇到时间要求比较紧迫的公文写作任务,则需要毫不犹豫地投身于公文写作中,甚至不惜加班加点完成。

3. 劳逸结合，高效写作

持续高强度的写作并不能够加快任务完成的速度，反而容易使自己迷失在浩繁的材料中，没办法集中精力工作，最终甚至拖垮身体。所以，面对复杂繁重的写作任务，写作者必须合理规划写作时间，写作与休息穿插进行，就像开车一样，连续驾驶机动车超过4小时应停车休息，停车休息时间不少于20分钟，写作也是如此，适度的休息是为了保障能高效率工作。

8.2 写作环境

工欲善其事，必先利其器，公文写作对于写作环境的要求并不苛刻，但随着科技水平的提升和互联网时代的到来，传统写作方式已经逐渐落伍，条件允许的情况下，写作硬件与软件设备能够为写作者提供更加舒适的写作环境，帮助写作者更加高效地完成写作任务。在本章中，笔者将与大家分享一下写作需要的硬件与软件环境。

8.2.1 恰当的硬件环境，提升时间效益

写作的硬件环境指的是写作时的硬件设备与环境设置。选择合适的硬件设备和舒适的写作环境，能够提高公文写作效率，甚至能够起到激发灵感的意外作用。

1. 硬件设备

在计算机大量普及之前，写作者大多采用的是纸笔书写模式，写出手稿后送去文印社给到专门的打字员和校对员。近年来，在无纸化办公的趋势下，加之在写作速度、协同合作、便利程度等方面不如电脑写作，传统的纸笔写作模式已逐渐被淘汰。对于写作者来说，选择

合适的硬件设备能为高效写作提供基本保障。

2. 笔记本/台式电脑

毫不夸张地说，就目前的电子设备市场情况来看，只要有一台个人电脑，只要这台电脑能够开机运行，就一定能用来写作，能够满足写作的基本功能需求。目前，市场主流的两种选择分别是采用 ISO 系统的 MAC 和采用 Windows 系统的其他品牌电脑，如联想、华硕等。

3. 平板

提到平板，大部分人会想到苹果出品的 iPad。的确，是 iPad 把平板的功能进行拓展，以其独特的便携性、流畅性，使之走入寻常百姓家，成为写作、设计的好帮手。但无论是 iPad，还是其他品牌的平板，搭配合适的蓝牙键盘使用才更加便于写作，如果遇到临时赶稿而手边没有电脑时，平板也不失为一种均衡的选择。详细的键盘介绍见本节第 5 部分。

4. 手机

不同的人对设备的需求和使用习惯不尽相同。起初，笔者并不擅长在手机上撰写公文稿件，一是因为屏幕太小，打字、调整格式等操作不如电脑方便快捷；二是因为手机干扰因素比较多，常常要兼顾回复消息，甚至会被一些社交平台推送的消息吸引，以致无法集中精力写作。但后来笔者发现，手机拥有着其他设备无法比拟的便携性优势，在地铁上、在等车时、在开会时……由于工作的缘故，"材料人"在日常工作中面临不具备使用电脑的场景时，使用手机往往能够解燃眉之急，应一时之变，提高工作效率。

5. 键盘

键盘作为与公文作者亲密接触的"战友"，值得单独拿出来说一说。根据自己的喜好选择一款合适的键盘，能够提升写作时的体验，进而提高写作效率。目前，键盘除了颜值、款式的不同，在轴型上也有较大区别，一般有直上直下、反应灵敏的线性轴（黑轴、红轴），还有按压时有停顿感的段落轴（青轴、茶轴），可以根据自己的喜好进行选择，新手可以从红轴、茶轴入手，选购时要选择大品牌、销量高的产品。需要注意的是，在多人共处的办公室或有室友的房间里，不推荐使用键音太大的键盘，不然很有可能导致相互之间的关系"急剧升温"。

8.2.2 顺畅的软件环境，提升成文质量

写作的硬件环境根据预算和需求来布置即可，软件环境则是保证写作舒适度、专注度的关键。打造顺畅的软件环境，能够提升成文质量。鉴于 Office 全家桶和 WPS 的普及率较高，经常写作的人对其基本操作比较了解，故在本节中不再赘述这两种软件，而是提供一些其他写作软件，供读者选择。

1. 思维导图利器：XMind

XMind 是一款专攻思维导图的工具，利用思维导图工具形成大纲，相当于在写作前将脑中无形的框架结构化为 XMind 中有形的框架结构，文章有了结构就如同有了骨骼，之后再用各种素材填充血肉即可。XMind 中的画布及模板能够很好地完成大纲的构想，简约而不失实用的功能使得该软件获得"材料人"的青睐。

2. 素材整理妙器：印象笔记

无论是微信文章、微博动态还是网页内容，都能一键保存至印象笔记，该软件还内置清单功能，帮你更直观便捷地管理任务及待办事项，摆脱工作、生活、学习中的繁杂事务，以保持工作的专注与高效。

3. 专注写作神器：FocusWriter

FocusWriter 是一个简单的免干扰的编辑器，使用 GPLv3 开源协议，并为 Linux 提供了 Flatpak 软件包，也为 Ubuntu 和 Fedora 提供了 DEB 和 RPM。FocusWriter 桌面仅有一个非常简单直观的界面，菜单自动隐藏，当鼠标指向屏幕顶部或边缘时才会显示。文件默认保存为 .odt 格式，也支持纯文本、.docx 和富文本。

8.3 素材管理

很多人有过这样的体会：

兴致勃勃地打开电脑，准备大写特写一番，大脑却一片空白，即使确定了选题，却只有模糊的只言片语回荡在思维长河中，最终的结果是呆坐 2 小时，憋出 5 个字。

出现这个问题，说明素材管理做得还不到位，即所谓的"腹中无墨"。本节将从素材的积累、取舍、使用三个角度来探讨一名合格的"材料人"应该如何进行素材管理。

8.3.1 素材的积累

公文写作不是"闭门造车"，而是以事实为依据、以需求为导向的一种应用性文体，因此，公文写作必须建立在一定事实材料的基础上，这就要求"材料人"必须具备素材积累的习惯，掌握积累素材的方法，只有这样，才能做到"手中有粮，心中不慌"。

1. 分类思维

将零散、笼统的素材分类整理，形成不同模块和层级，建立起公文素材的秩序，在撰写公文时就能做到"按图索骥"。从业务维度来划分，可以将素材分为单位层次、部门层次、职能层次、项目层次。单位层次的素材主要为本单位级别的通知、函件、公告、报告等材料，这种材料站位高、内容广、层次全，能够为写作提供纲领性思路指引；部门层次的素材能够直观地了解到各部门的具体业务内容与形式，掌握业务操作流程与进展；职能层次的材料是对部门中各项业务更加细分的阐述，能够了解单位不同人员承担的具体职能，进而对运行机制有更为具体的了解；项目层次的材料是基层工作的直接表现，是最为生动形象的内容素材，充分了解一线动态才能撰写出高质量的公文稿件。

2. 加工思维

遇到一段好素材，绝不能只是简单的复制粘贴就算完成了素材积累工作，而是需要对素材进行加工，使之融入自己的素材库，方便随时调用。面对一段素材，明确其种类后，要进一步对素材进行分析，一是要对其进行观点提炼，简要概括出原素材想要表达的主旨思想，方便把握素材的适用场景；二是要建立关键词检索目录，在写作时可以对关键词进行检索，省去大量搜索、比对、摘录的时间，能够把更多的精力放在公文的撰写上；三是要对材料进行延伸思考，围绕该素材的主题进行延伸搜索，并做好记录，形成专题型素材模块，为不同文体的写作做好提前谋划。

3. 复盘思维

将素材归类、加工后，写作者会逐步建立起属于自己的素材库，但这并不是终点。一方面，在写作过程中，如果遇到类似的选题和素材，应当按照同样的方法进行整理归纳，不断丰富完善素材库体系；另一方面，定期回顾素材库内容，结合写作实战中的新体会、新感悟，对素材库中各项内容进行反思复盘，定期对素材库进行更新迭代。

8.3.2　素材的取舍

公文写作新人往往面临着两难境地，先是担心"无米下锅"，东拼西凑半天文章还是写不出来或写不长，后又担心"手心手背都是肉"，有了素材后每一句话都舍不得删，文章变成了"写不短"。总之，写作者常常纠结于文章字数，从而处处掣肘，写出来的公文质量堪忧。这时，便需要对所积累的素材进行取舍，素材的取舍往往要根据实际情况来确定，并无"一招鲜，吃遍天"的定法。本节将从笔者实际工作经历出发，谈一谈素材取舍的方法。

1. 取新不取旧

公文写作具备较强的时效性，尤其是涉及领导人讲话、党的最新理论、会议精神等时政方面的内容，一定要坚持采用最新提法，检查资料和素材中的内容是否过时，不可直接将之前自己写过的素材拿来用。笔者2022年曾在一位单位中层领导写的入党申请书中见到其未将"习近平新时代中国特色社会主义思想"列为指导思想，这是很严重的问题，不能马虎。

2. 取精不取粗

在面对上级单位、同级部门等提供的材料时，不可直接复制、粘贴、拿来便用。在心怀感激的同时，写作者也要对材料的质量进行把关。不少业务部门的材料是由业务人员兼职来做的，他们所写的文章或许和公文的要求有所出入，或者过于烦琐和冗余，例如，财务部门的总结常常有大量的数据，"材料人"在使用时不能照搬照抄，不然公文便成了汇报表，毫无可读性和指导性。

8.3.3　素材的使用

积累了素材并进行取舍后，下一步就到了最为关键的"使用素材"

环节，这是决定公文是否能够出彩的核心要素，在使用素材过程中，要注意以下几点：

1. 因文制宜

在选用素材时，必须坚持素材为主题服务的原则，什么样的文种需要什么样的素材，什么样的素材配合什么样的主题……都要仔细斟酌，避免以素材为中心来主导公文写作思路，否则素材便成了"喧宾夺主"，例如，在撰写汇报材料时，应当兼顾年度重点工作，不能出现某个方面工作着墨过多，而某个方面工作一笔带过的明显失衡现象，否则会给人造成奇怪的观感，甚至会影响后续工作的开展。

2. 整体谋划

公文写作中，常常面对多个部门提供素材的情况。一般情况下，每个部门都会把其认为的重要工作和成绩详细阐释，但作为统筹公文内容的写作者，则需要提高站位，树立整体思维，使用素材时需要甄别重点，突出核心工作内容，例如在撰写党风廉政建设与反腐败工作总结时，即使业务工作做得扎实、经营任务完成得出色，也不能大篇幅落笔描述这类内容，而是要将文章重点放在如何推进党风廉政建设与反腐败工作上，如思想指引、警示教育、问题整改等情况。

3. 详略得当

使用素材时，应努力做到详略得当，达到主题明确、叙述清楚、重点突出等目的。具体来说，一是要明确主题，一切为了文章中心服务；二是要主次分明，把能够直观体现文章主题的内容放在明显位置，其余不重要的材料穿插于文中即可；三是要点面结合，积累的素材往往是就某一特定领域来谈的，而公文需要了解更多较为宏观的政策、法律法规等。

第 9 章
公文写作风格的提升

"盖文章，经国之大业，不朽之盛事。"文风问题深刻关涉党的作风形象，影响人心向背和事业成败。公文作为党政机关、人民团体、企事业单位表达意志、传递信息、办理公务时使用的书面文字工具，在推动单位或企业管理与发展方面发挥着重要作用。同时，公文需要兼具审美性与实用性，其水平的高低不仅反映着写作者个人的综合素质，也在一定程度上代表着一个单位或企业的形象。因此，在掌握公文写作要领的基础上，要尽可能地追求写作风格的提升，这样才能写出内外兼修的好文章，从而达到浅中见深、表中见里、平中见奇的效果。

本章涉及的主要内容如下：
- 公文写作中存在的容易被忽略的盲点。
- 公文写作中出现的错字、错句等槽点。
- 公文写作中需要不吝笔墨的重点。
- 公文写作中面临的各种各样的难点。
- 公文的亮点。

9.1 消除盲点

公文写作中的盲点指的是其存在容易被忽略的写作"雷区"，

如果不加小心，即使只有一处细节瑕疵，也可能会造成严重后果。在本节中，将从"违法违规，违背原则""观点片面，语言偏激""过时过气，旧言旧语"三个方面分析公文写作中需要避开的盲点，以便写作者"避雷"。

9.1.1 违法违规，违背原则

复制粘贴换题目，工作总结改年份，心得体会换名字……这些都是一些地方和单位出现的真实现象，有的公文写作者信奉"天下文章一大抄"，写公文时惯用"新瓶装旧酒""依葫芦画瓢"的伎俩，更有甚者直接"鱼目混珠"，只换标题不改内容，生出各种各样的笑话。这不仅有违职业道德，更有可能触犯法律法规。公文材料作为党政机关传达决策、行使职能、推动工作的重要载体，其目的是更好地推动工作、解决问题，如果任由违背规则的不良之风蔓延，不仅损害单位或企业形象，而且影响工作推动效果，危害巨大。要想避免在原则问题上出错，写作者必须把握好公文的基本性质、特点。这就需要写作者在写作过程中要着重注意以下几点：

1. 内容是否符合党和国家的方针政策

党政机关、企事业单位等的公文应当体现党和国家的方针政策，坚持正确路线，其内容不可出现与之相背的内容，尤其是在国家法律法规、党的方针政策方面，需要建立严格的审查、监督和问责机制。同时提高公文写作能力，积累公文写作经验，做到零出错。

2. 文种是否符合行文方向的有关要求

现行15个公文文种通常被视作规范性公文，又叫法定公文。按照行文流向，可以将其划分为上行文、平行文和下行文，前面章节中已有详细讲解，这里不再赘述。

9.1.2 观点片面,语言偏激

一篇公文的观点必须遵守辩证唯物法的基本要求,尽力做到全面、客观、实事求是,所以要反复提炼、琢磨。同时,要注意公文表达语言的严肃性、客观性,不可代入个人主观意识和感情,避免文章陷入语言偏激的桎梏。针对以上问题,写作者可以从以下角度着手思考:

1. 力求观点鲜明准确

在写公文时,一定要把观点开门见山地亮出来,只有这样,才能将脑中的模糊想法付诸文字。直观地看到观点的合理之处与片面之处,才能避免出现"走过场式"的"表面文章",从而使文章内容贴合实际,推动工作有效开展。

2. 力求语言客观

公文写作表达的标准是客观、准确、简练,在公文中应当尽量使用规范的书面语言,选用含义明确而限定的词,沿用专用词汇,切实维护发文的尊严与文件的权威性。

9.1.3 过时过气,旧言旧语

写作公文时,不能完全依靠以往的工作经验、流程范式,否则,无法精准、有效地解决现有问题,甚至会出现"失灵""失控""失效"等现象,影响公文效力。

因此,在公文写作中,一定要根据形势、要求、问题的变化来梳理写作思路,即使在没有法规可依、先例可循的情况下,也要善于发挥主观能动性,在深入调查研究的基础上把握最新的方针政策、战略规划、会议精神、指示批示等,然后结合所写材料的实际情况进行分析。这样,便能避免使用过时过气的旧言旧语。

9.2 避免槽点

槽点，顾名思义，就是公文中出错的字词、语句等令人"吐槽"的内容，在写作过程中一定要确保"零失误"，避免因细枝末节的问题而影响整体文章的效用。

9.2.1 公文写作中的字词错用

写作公文时字词一旦错用，可能会导致接收单位或部门无法正确领会文件精神、理解文件内容，进而反映出公文写作者工作态度不严谨、部门审核把关不充分等问题，严重的甚至会影响机关单位整体形象。

2020年9月6日，云南省大理白族自治州宾川县纪委监委撰文锐评"四川省仪陇县人社局400多字官方回复出现4个错别字，连本单位名称都写错"一事，内容显示，该县人社局在发布一则官方回复时未认真校核内容，导致回复内容错字连篇，其中，将"愉快"写成"愉协"、将"工作"写成"江作"、将"赓即"写成"康即"，甚至将发文机关署名"仪陇县人力资源和社会保障局"误写成了"仪陇县人为资源和社会保障局"。此事不仅被多家媒体报道，引起广大网友的围观热议，更是对政府的公信力和权威性产生了巨大影响，字词错用的后果可见一斑。因此，在公文写作过程中，对于定稿的内容必须慎之又慎，通过反复诵读、字字对照的方式进行自查，确保没有字词错用乃是基本要求。

9.2.2 公文写作中的字词误用

公文用语的一词一句、一个概念都必须准确无误，不容产生歧义。

第 4 篇　公文写作高手养成
（摘叶拈花，皆为利器）

随着越来越多的人在电脑上办文办事，"提笔忘字""以音造字"的现象不在少数，于是，写作中便容易出现混淆、误用、歧义等问题，影响公文的阅读与传递。笔者梳理了常见的字词误用现象，供读者辨认，日后力求避免。

1. 书写不规范

写作过程中，由于疏忽大意或对其词语内涵不清楚，容易造成公文语言中书写不规范的现象，如"启事与启示""反映与反应""截至与截止""制定与制订""泄露与泄漏"……这些词语有的可以混用，有的却指代不同，不可一概而论，最好的办法便是在使用前进行检索确认。

2. 语义不明晰

在现代汉语中，表达同一个意思的词语可能同时有多个，在写作选择时要注意它们在语义上细微的差别，做到准确恰当的运用。例如，关于"死"的词语就有"逝世""死亡""牺牲""殉职"等，在撰写不同文种时要注意语义的细微差别，以免造成"失之毫厘，谬以千里"的错误。

3. 简称不正确

在行文过程中，涉及人名、地名、日期时，不得随意使用简称。涉及专有名词，一定要遵循政府官方文件的使用方式，如"全国人大"不能写成"全人大会"，也不能写作"国大"，"两个确立""三个代表""四个全面"等都不能随意增删。需要注意的是，公文中简称词语不能过多，过多则滥，有损文风。

9.2.3　公文写作中的不美观版式

公文写作新人很容易犯的一个错误就是文章内容写好了，但是排版非常难看，不符合惯例和要求，给公文阅读对象造成了困扰，这样的公文即使内容上没有瑕疵，在读者眼里也成为欠佳之作。因此，写作者必须清楚难看的版式有哪些，并做好规避。

1. 句式拖沓

笔者从多年的写作经验中发现，不少公文之所以看起来版式难看，不仅是因为格式设置的问题，更重要的是写作者没有为版式扫清障碍。例如，在一些公文中，很多作者酷爱使用排比句，但为了讲清楚内容，往往会遇到格式很难完全统一的情况，作者也因此陷入两难，若放弃句式的统一便会影响版式的美观，若保持美观的版式则必须舍弃清晰地表达，这种情况反而给版式添加了障碍。

2. 分段模糊

在公文写作中，不能随心所欲分段，而是要依据公文的文种、结构、主题、内容等进行综合考量，比如，工作总结这类公文，按照一般惯例，文章主要分为今年工作成效、存在的问题与明年工作计划。写作中，必须依照这三部分内容进行分段，不能随意分段扰乱结构。

3. 格式随意

刚接触公文写作的新手往往认为公文的格式要求十分复杂，甚至产生抵触心理，觉得这是"繁文缛节"，于是，他们在行文过程中完全依照自己的喜好和习惯来安排格式，殊不知，公文的版式体现的是单位或公司的严谨性、庄严性，对于字号、字体、行距、页边距等都有着严格的要求。在此，笔者推荐由国家质量监督检验检疫总局、国家标准化管理委员会在2012年6月29日发布的《党政机关公文格式》国家标准（GB/T 9704—2012），其中对公文用纸、印刷装订、格式要素、式样等做出了具体规定。特别是将党政机关公文用纸统一为国际标准A4型，首次统一了党政机关公文格式要素的编排规则，使党政机关公文的表现形式更加规范。

9.2.4 公文写作中的自相矛盾

自相矛盾指的是在同一思维过程中包含两种相反的自相矛盾的意见或要求。北青网在 2021 年 5 月发布的一篇报道显示，一份长沙市资规局的《信息公开申请告知书》文件内容表述"建议您向长沙市自然资源和规划局提出信息公开"，而文件的落款和印章也是"长沙市自然资源和规划局"。同一个概念在文中前后矛盾，既说自己不是信息公开的主体，又让市民找自己，如此自相矛盾让人哭笑不得。该文件属于自相矛盾的典型。经调查，原来是经办人在回复行文中简单套用长沙市资规局专用函头、落款及公章，以致造成了自相矛盾。该局相关领导在审核过程中也未履行把关职责。

小事小节是一面镜子，折射出公文写作者的工作作风。关键的是，损害写作者自身利益的同时，更伤害了政府权威和公信力。

9.2.5 公文写作中的不当引用

在公文写作过程中，写作者多会借鉴或引用相关材料。而在引用材料的过程中，难免会出现各种问题。

1. 引用公文标题不规范

根据规定，文中多次引用同一文件，应先引发文机关（有时可省略）、标题，后引发文字号（用括号括住），再次出现时可直接引用发文字号，无文号的，第一次引用时可在文件名称后面加括号注明简称。

2. 引用领导讲话不规范

引用领导讲话一般有两种方式，一种为直接引用，这种做法切忌随意删改字词，甚至标点符号都不能修改，引文需要用引号标注，必须忠于原文，完整准确地引用；另一种为间接引用，这种引用方式可以略作删节、归纳，但是不能断章取义，曲解原文意义，一旦发生问题，后果非常严重。

3. 引用标点符号不规范

引用标点有几点比较常用的技巧：一是当第一次出现简称时，一般先用全称并加括号注明"以下简称×××"，首次出现时就需简称的，应在引用简称后加括号说明其全称；二是引用原文时需要用引号标明，凡将引用语独立来用，末尾的标点应放在引号的里边，凡将引用语作为作者自己话的一部分，末尾不用标点（是一句话的最后时，句号放在引号外）。

9.2.6　公文写作中的"穿靴戴帽"

"穿靴戴帽"现在多带贬义，指的是在文章开头和结尾生硬地加上一堆套话，这是形式主义文风的典型表现。

实际上，写文章不是不能穿靴戴帽，而是不能随意穿靴戴帽，动辄就穿靴戴帽，用得多了反而起到反作用，容易让读者认为写作者是在写空话套话。当然，这并不意味着对立意进行适当拔高是错的，公文需要开门见山地提出观点、突出主题，只要不是大段大段的空话假话，而是将理论与实际相结合，便能够避免"穿靴戴帽"之嫌。

9.2.7　口语和书面语混用

公文具备权威性、强制性和严肃性等特性，多用书面语，其文风具有准确而简洁、严谨而庄重、平实而生动的特点，这便在一定程度上导致了公文刻板、枯燥的一面。其实，公文写作时，可适当使用一些口语。相比来看，口语具有通俗、随意、亲切、生活化等特点，恰当使用可增强公文的可读性、亲近感。

但是，很多公文写作者在把握口语与书面语的使用上却常常容易"失度"，呈现"泛滥"的倾向，失去了公文兼采二者之长的初衷。而大量滥用口语势必会使公文丧失其严谨、庄重的特色，影响受众的接受度。

9.3 把握重点

在公文写作中，重点工作一定要不吝笔墨，认真撰写，这样才能体现出工作的严谨细致，有助于全面、客观地阐述重点工作的开展情况。

9.3.1 谨记行文目的

概括来说，公文写作可以划分为三种类型：总结说明型、分析说服型和解决问题型。明确行文目的，可以让写作者更清楚地了解一篇公文的侧重点在哪，从而帮助我们提高写作效率。

1. 总结说明型

总结说明型公文主要包括简报、经验总结、调研报告等，撰写此类公文的目的主要是阐释概念、总结经验、说明情况（性质、起因、d 经过、结果），展现思考。

2. 分析说服型

分析说服型公文旨在说服某些特定对象接受某种观点，或者是说服某些特定对象践行某种行为，并在行动上给予帮助或指导，以达成行文目的。这类公文着重对所述事务的意义、重要性进行阐述，常见的有评论、宣传稿、公开信等。

3. 解决问题型

顾名思义，该类公文主要是为社会问题提供解决的办法和措施，预防矛盾的再次出现。例如，拟一份有关推进农村厕所革命的建议书，内容可以包含具体对策，推动大政方针的落地等。因此，这类文体的内容多以举措为主，常见的文体如意见、通告、方案、建议书等。

9.3.2 把握主题的主线

公文的主题是公文的灵魂和统帅，也是一篇公文的中心思想所在。公文的主题必须做到深刻、科学、集中、务实，写作公文需要着眼于当下的实际情况，根据新形势，研究新思路，提出新见解，摆出新观点，总结新经验，想出新方法。紧跟时代，与时俱进才能写出主题鲜明的公文。

公文不是文学创作，主题思想必须摆在明处，并且要严格遵循"一文一旨"的原则，围绕行文目的确定最佳主旨，集中精力宣传一种政策，贯彻一种思想，阐述一个观点，解决一个问题，总之，就是要坚持一条主线贯穿全文。

9.3.3 内容详略得当

详略得当能够使文章有轻有重，有主有次，疏密有致，重点突出，便于阅读。所谓详略得当，就是对文章素材进行科学合理的分配，该详写的方面写得具体一些，不吝惜笔墨，该略写的方面写得简单一些，点到为止。否则，文章就会没有重点，影响公文效力。至于哪些方面要详写，哪些方面要略写，笔者将作简要分享，供读者参考。

1. 熟悉的略写，陌生的详写

在撰写公文时，阅读对象所熟悉的知识和道理要略写，读者知之不多的内容则需要详写。

2. 旧情况略写，新情况详写

涉及的新政策、新形势、新动向、新名词，需要结合实际情况向读者作进一步阐释，需详写以达到深入浅出的效果。与之相对陈旧的情况则需略写。

3. 无关的略写，有关的详写

与实际工作关联度强的内容要详写，关联度不强的可略写。重要会议精神往往涉及全局性工作，但对每一个局部工作的描写却不能面面俱到，这时就要根据本单位、本企业实际情况把相关度强的工作针对性地推进。

4. 表面的略写，实质的详写

在撰写总结性公文时，一定要注意所引素材的典型性，对于亮点工作、实质进展要详写，突出重点，找出规律，启发读者。

9.3.4 语言简洁清晰

刚刚接触公文写作的新手往往会被领导指责写的东西"啰唆"，这主要是由两个原因造成的，一是割舍不够果断，对于不够典型、与材料关系不大的材料不善于"忍痛割爱"；二是材料过于重复，与公文主题相关的材料有很多，但不能全部采用，要尽量精选其中生动、精彩的例证用于突出主题。

公文具有较强的指导性和实用性，因此语言必须简明扼要，切忌长篇大论。要做到公文用语简洁清晰，写作者可从以下几点着手：一是开门见山，直陈其事，减少铺垫；二是多使用短句，尽量少用长句，短句能够更加清晰地表达内容，不至于引发歧义；三是规范使用简称，简化语言，使用简称可以避免名称过长带来的阅读障碍。

9.4　直面难点

公文写作面临着各种各样的难点，对于写作新人来说更是如履薄冰，除了多写多练之外，还要具备问题意识和解决问题的能力。

9.4.1　分析问题要直击要害

分析问题被看作驱雾除障的"净化器"。写公文时，一定要牢记一句话：从解决现实问题的角度去分析不足。只有找准问题要害，分析原因，才能找到有效的改进对策，而不是说一些不痛不痒的话。笔者建议从以下三点入手去分析问题：

（1）站位要高。所谓站位高，并不是要空讲一通套话、大话，而是要站在领导、公司的角度考虑问题，把工作和团队放在不同层面和角度中考量，对过往工作进行复盘，对今后工作具体操作指明方向。

（2）分析要准。所谓分析准，就是要找准关键，是要稳增长还是拓业态，是要突出业绩还是要剖析问题，都要与单位或企业战略发展目标结合起来，增强分析的针对性。

（3）考虑要深。所谓考虑深，是指从表面现象入手，通过摆数据、讲案例、析机制来深入分析问题存在的原因。

9.4.2　点评问题要一针见血

点评问题重在"评"，即对所论述的问题做出评价、发表观点、表明态度、介绍感受、提出见解等。也就是说，要在文章中对问题的原因、经过、措施、进展、影响等主要方面进行全方位评论,在点评时尽量客观。

点评问题时,可以从宏观与微观、优势与劣势、机遇与挑战、表象与实质、定量与定性等角度入手,层层剥茧,正如切瓜分梨、庖丁解牛,遵循问题的内在"纹理",进行恰到好处的评析,为下一步工作提供参考和指导。

9.4.3 方法措施要切实有效

在公文写作中,掌握提出方法措施的要领,能使公文效力得到更好的发挥,进而推动工作开展。涉及写方法措施的公文,一般要先剖析问题,再根据问题的原因及具体描述反推措施,期间,要注意针对性和可操作性。

提出行之有效的方法措施有三种途径可用于参考:

(1)直接引用党政公文、领导讲话、会议精神,但是一定要契合实际情况,不可照搬照抄。

(2)间接借鉴其他材料中出现的先进经验、典型案例,适当转化,注意自身适用性。

(3)结合实际生活和工作经验提出措施,注意自创措施的针对性和新颖性。

9.5 点 燃 亮 点

亮点是公文的灵魂,公文写作不仅仅是一种应用型文体,更是呼应时代、响应形势的重要载体,因而,公文写作并不能仅仅满足于将事情表达清楚这一基本层面,而应该主动思考提升材料质量的方法,写出亮点纷呈的文章。

9.5.1 亮点从哪里来

亮点并不是虚无缥缈、不可捉摸的东西，而是建立在文章内容与格式基础之上的一些特质。就笔者多年写作公文的经验来说，亮点主要来自以下几个方面：

1. 思想层面

公文写作必须坚持思想引领的创作理念，务求在思想内涵层面出彩，只有高屋建瓴、立意高远、思想深邃的文章，才能经受住时间的洗礼，持续给人启迪、给人力量、给人感悟，进而成为武装头脑、指导行动的有力武器。

2. 语言层面

语言具备打动人心的力量，往往也是公文亮点集中呈现之处。有的公文用语旗帜鲜明，能使读者豁然开朗；有的公文用语深入浅出，能使读者明白晓畅；有的公文用语鲜活灵动，能使读者神清气爽；有的公文用语简约明了，要言不烦。

3. 形式层面

出彩的内容须由出彩的形式承载，公文写作忌华而不实，但在写作时需要注意观点与材料的有机融合，标题与正文的交相映衬，逻辑与语言的相互协调，以达到形神兼备之美。

9.5.2 亮点的识别

识别亮点，才能了解亮点的特性，并借鉴运用至自己的文章中。

那么，该如何识别亮点呢？笔者根据多年写作经验总结了以下几种方式：

1. 数据指标

当今，无论何种岗位都会有明确的考核指标，考核指标中最重要的是数据指标，该指标便是量化考核。如果某项工作十分出彩，数据上一定可以体现出来，这些数据本身便是亮点。

2. 举措方法

如果在公文中对一项工作"为什么能做这么好"进行阐释，那么，做好这项工作的重点举措方法恰好是体现工作如何开展的典型经验的汇集。

3. 引用化用

无论是各级党组织发布的理论文章、经验总结，还是本单位领导常常提到的观点看法，都是天然的亮点素材库，一篇文章的内容如果涉及引用与化用行为，这些都可以作为参考。

9.5.3 亮点的呈现

亮点在于是否具备与众不同的元素，拥有亮点才能在平庸之中脱颖而出，而手握亮点素材，也要清楚如何呈现亮点。把亮点以恰当的方式呈献，也是能够写出更高质量公文的关键所在。

1. 标题：先声夺人

好的标题不仅吸引人，还能给读者一个清晰的指向，让读者明白这篇公文想要谈论的话题、包含的内容。公文写作时，要遵守标题服从内容的原则，不要刻意标新立异，要在不曲解文意的基础上进行创作，注意语言的凝练与生动，尽量给人眼前一亮的惊喜。

2. 逻辑：主次分明

掌握了大量材料之后，一定要对材料进行详细比对，找出其中具备关联性、典型性的优质素材，并根据行文结构对素材进行分类、排列，将其安放在合适的位置。

3. 主题：聚焦核心

撰写公文时，必须围绕文章主题来行文，以解答疑惑、传达任务为己任，主题越鲜明，中心越明确，亮点才能越凸显。因此，写作时要在文中多次点明中心主题。

4. 语言：凝练、紧凑

无论材料本身是否具有亮点潜质，公文写作者都应该打磨自己的语言，在尊重事实的基础上，通过凝练表达、斟酌用词、选好句式等方式来增强文字表达效果，将亮点呈现给读者。

9.5.4 亮点意识

对于写作新人而言，必须从接触公文写作初期便着力培养自己的亮点意识。一方面，要提高鉴别亮点的能力，对于亮点如何识别、常见位置等要谙熟于心，培养起对亮点内容的敏感性；另一方面，把亮点作为公文写作的标配，在写作过程中留心亮点的呈现方式，将主要内容或基本事实写清楚后，专门润色亮点表述，这样才能做到万无一失。

第5篇

公文写作大师之路

（手中无剑，心中亦无剑）

　　渐入"无剑胜有剑"佳境的独孤求败已经无敌于天下，手中无剑，心中亦无剑。"无敌"不是没有对手，他胸中满是深厚的涵养和对生命的悲悯。利剑、软剑、重剑、木剑直到无剑，恰似公文写作不同阶段的五种境界。到了这一境界，公文写作人的目光从关注文章，转而关注自身，审视内里，升华自我，人生变得越发通透，这可能是写作人离幸福最近的境界了。

第 10 章
公文写作素养的提升

本章从公文写作者关注的站位、高度和深度入手开启公文写作的大师之路。有了公文写作的硬核知识和技能体系的积累,我们就已经进入了高手行列。公文写作素养和写作者的修养作为写作的软实力和"内功心法",在公文写作寻求新的突破时变得越来越重要。

本章涉及的主要知识点有:

- 找准站位的三枚定海神针,即目的指向、角色意识、客户思维。
- 决定公文高度的六个原则。
- 决定公文深度的五个维度。

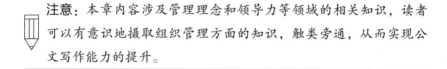

注意:本章内容涉及管理理念和领导力等领域的相关知识,读者可以有意识地摄取组织管理方面的知识,触类旁通,从而实现公文写作能力的提升。

10.1 站位:立场和角度直接导向结果

公文作为公务文书,首先要讲的就是站位,站位有问题,材料自然就有问题,这是"做正确的事"和"正确地做事"之间的关系。只有确认我们要做的事是正确的,我们才能进行下一步。站位属于"道、法、术、器、势"中的"道"。如何正确地站位?至少要明白三点:目的决定立场、明确为谁发声、换位思考。

10.1.1 目的决定立场

和文学类作品不同,所有公文写作都有明确目的,这个目的通过公文的主题来实现。高阶的写作者需要明白,公文主题中所表达的思想是有倾向性的。如果用一句话来通俗地理解,可以这样说:"我站在哪里,看向何方?"

目的对立场具有决定作用。例如,写工作总结:"我站在自己的岗位,看向公司的发展远景。"那你写的就是历程、收获、经验、教训、建议、规划等。大部分人从来没有想过工作总结的主题是什么。但实际上工作总结的默认主题是"发展",你的目的就是发展,那你写这篇工作总结的立场就是"立足于岗位,面向公司发展"。

简单来说,在写工作总结时,你可以把自己想象成一个时间线上的节点。拿年度总结举例,你从年初开始,在这个时间线上,向着公司发展的目标一直走,走到年末的一个点上,为了接下来走得更好,你停下来回头看走过的时间线,看都路过了什么、得到了什么、能总结出什么攻略、有没有需要注意的地方,经过这些思考之后,你再向前看,设想在接下来的时间线上要怎么走、可能遇到什么情况、打算怎么办,等等。

10.1.2 角色意识——明确为谁发声

法定公文写作基本上是写作者代机关立言,是体现机关领导意图和愿望的写作活动。法定公文起草的组织形式,一般有三种:

(1)由一人准备、选材、构思、布局直至拟写成文。

(2）由多人共同讨论、构思、准备材料，由一人执笔，起草成文。

（3）由起草小组共同酝酿，多人分工执笔，一人统稿拟写成文。

不论哪种起草方式，均是体现机关领导意图，写作者只是在代机关立言。但对于常用公文，则要看具体文体。例如，工作总结的主角，可能是个人、部门，也可能是单位整体。演讲稿、心得体会、评论、调研报告、合理化建议等则是极具个人特点的，角色均是个人。

所以，在公文写作之前，写作者一定要先弄清楚为何而写、代谁而写。如果说目的决定立场，那角色意识，就是明确为谁发生，即巩固立场。

10.1.3 用户思维——换位思考是关键

我们根据目的确定了立场，又用明确的角色意识巩固了立场，但要达成我们想要的结果，还有关键的一步，就是从一个读者或受众的角度来思考问题，即用户思维。用一句直观的话来说就是"从群众中来，到群众中去"。要实现我们的行文目的，关键是用公文受众的语言去传达我们要表述的事情。

根据目的明确立场、根据角色巩固立场、用受众的语言（角度）表现立场，三位一体，公文写作的站位准了，写出的公文才会主题明确，针对性强。

10.2 高度：体现公文水平的六个原则

很多刚刚接触公文写作的新手可能都收到过领导对自己文稿的评价，诸如"没有高度""缺乏高度""高度不够"等，尤其是领导讲话稿、工作报告的写作。那么，到底什么是高度？怎样才算是有高度？

公文写作的书籍和资料众多，却没有一致的答案。

"高度"在《现代汉语词典》中是这样解释的，"高度"一是指高低的程度，从地面或基准面向上到某处的距离，从物体的底部到顶端的距离；二是指程度很高的。其实，高度、深度、广度均指的是事物的空间距离，在观察并描述事物时一般会有一个基准点，向上为高度，向下为深度，横向为广度。有没有高度，其实就是我们在那个基准点上向上爬升的位移，又可理解为层次、境界。

本部分把我在工作中所领会到的经验简化为六个原则，读者可以直接拿来使用。什么是原则？原则就是经过总结归纳的本质和规律，不以个人的意志为转移，不证自明可以被直接应用。

我们可以把高度简单理解为：超过这篇文稿潜在受众的一般认知，并对其有拉动和启迪作用。比如，我们是中学生，要给小学生讲某个道理，就要用中学知识，但须用小学生能听懂的语言把这个道理讲述出来，这便叫高度。

这个高度并非无迹可寻，我们可以向管理学领域借些概念，演化为写作可以使用的六个原则。只要我们加以理解和应用，便一站式地拥有了管理者的视角，能直接提升文稿的高度，这六个原则分别是：结果导向、全局意识、聚焦能力、发挥优势、获得信任、正面思考。

10.2.1 原则一：结果导向

公文中的结果导向指的是无论显性目的还是隐性目的，这篇公文的预期目的是否真正实现。不以结果为导向的公文写作没有任何意义，没有功劳的苦劳都是徒劳。

一篇纪要是否准确传达了会议精神，而不造成误读和误解；一篇决议是否指向明确的结果，不造成执行上的困难；一篇请示是否可以把问题表述的清晰完整，不造成上级批复的疑惑；一篇工作总结是否准确阐释了价值与贡献、发展与规划……以结果为导向的公文写作能使公文实现上述目的。

体制内也好，体制外也罢，管理都以取得结果为目标，评价标准就是目标和任务的完成程度。有人做过统计，90%左右的人在写简历或总结成绩时会更多地关注过程，更多的表述都停留在做了什么，只有不到10%的人会注重描述工作成果和价值贡献。这也恰恰体现了两种思考方式：

（1）婴儿型的索取者思维：世界给了我什么？强调索取。

（2）管理者的贡献者思维：我给了世界什么？强调贡献。

写作的意义并非来自写作本身，而是来自写作的结果，这种意义感和价值感只能伴随着结果而产生。当我们的写作可以带动写作对象，或者说读者一起取得结果时，这便体现了高度的第一个原则。

10.2.2 原则二：全局意识

一位资深的宣传科长曾说，搞文字的人有三个"神"：神秘兮兮、神经兮兮、神神道道。写东西的时候昼伏夜出，神秘兮兮；随时带着纸笔，突然会掏出来狂记，神经兮兮；入戏（进入写作状态）以后不认人不记事，神神道道。笔者也有同感，每每想到各单位的笔杆子，眼前便会浮现出一位有才华却狂傲不羁、孤芳自赏、很难融入集体的形象，好像总是放不下个人的架子。其实，法定公文的写作常常是为机关立言，那些写作高手，恰恰最有全局意识，愿意放弃小我、放弃小部门的本位利益，能够着眼于长远。

成为单位的王牌笔杆子的标准，并不是只靠文笔好坏来判断。这个人应当能够洞察到全局的需求，并从中找到自己的任务，而不是站在某个职位或某个部门的角度上狭隘地思考问题。一位有全局意识的写作者，能把其知识、能力、经验等放在全局的大背景中去理解具体的写作任务。

10.2.3　原则三：聚焦能力

聚焦能力也是写作人进阶的关键原则。可以从两个角度来理解聚集能力。对具体的文章写作而言，聚焦是指确立文章焦点，即聚集是一种写作技法，如事件聚焦、形象聚焦、景物聚焦等。

从精力分配方面来说，写作者通常面临两个选择，或有意识地放弃很多事情，在几个有限的领域内取得一些成就；或者不加取舍，把精力分散在不同的领域，最终一事无成。我们可以同时在很多领域下功夫，但不可能在这些领域都拿到结果。

高阶的写作者，一定是目标管理、时间管理、效率管理的高手。

（1）目标管理：我之前参加过一个管理培训，老师给大家一分钟的时间，要大家写下自己一年内想要完成的所有事情。老师说，一分钟很短，但落笔的同时，也能体现出我们是否有聚集能力。很多人年初制定很多宏伟的目标，年底很多没有做到，于是新的一年又制定很多目标，每年都是如此。聚焦能力强的人，只会定下几个经过仔细选择的关键性目标，且定下来就一定想办法去完成。

（2）时间管理：职场中的写作人，利用时间的方式很大程度上由其他人决定，也就是说，我们 80% 的时间不属于自己，而是属于其他人，如领导、同事、秘书、客户、媒体等。即使我们每天工作 18 个小时，也很有可能只用 20% 的时间做与目标相关的事情。所以，我们要做的，就是果断舍去那些对实现目标意义不大的事情，把时间节省在和目标密切相关的事情上。

（3）效率管理：对写作人来说，全神贯注不被打扰地写作 5 个小时，和每天抽 10 分钟工作 1 个月的效果截然不同。这就好比一名心脏外科的医生不可能在给患者手术时突然中止要去开会。我们在工作中常常会被领导叫去开会，或被同事喊去帮忙，写作效率必然受到影响。这个时候我们有必要运用聚焦能力，一是向上管理，和领导达成默契，让领导明白你在做更重要的事；二是巧妙应对来找你帮忙的同事，不能做个老好人，养了别人的羊，荒了自己的地。

10.2.4 原则四：发挥优势

什么是优势？优势就是做同一件事，别人做起来很吃力，你做起来特别容易，这就是你的优势。

正在进阶的写作者需要认识到，消除一个弱点并不意味着会自动形成一个优势，我们要做的是发挥优势而非消除弱点。想在写作领域获得持续成长的动力，靠的是优势的发挥，在容易做的事情中找到乐趣，而不是和弱点打消耗战。

无视或者忽视发挥优势这项原则是写作能力很难提升的原因。我们如果能做到发现并利用自己的优势，往往很容易取得成就，找到快乐和人生的意义，推动写作人的快速进阶。

简而言之，对发挥优势需要做到以下几点认知：一是在自己擅长的领域内去写作，更容易获得坚持下去的动力；二是消除弱点往往要付出巨大的努力，却未必能取得成果，相反，如果利用现有的优势去完成写作任务，付出的努力会小得多；三是高阶的写作者并非全能写手，只是他们更懂得发挥优势、使弱点变得无足轻重罢了。

10.2.5 原则五：获得信任

在常规的认知中，"白纸黑字"的书面材料要比口头的沟能更正式、更有说服力、更能获得信任。要实现公文写作的行文目的，除了来自所代表单位的背书，写作者表达的内容本身更要传达一种牢靠的信任。

信任是一切事业的基石，信任来自互相尊重、换位思考。文如其人，就像当下人们常说的 IP 思维，每篇文章的背后，都是你要树立的一个 IP 形象，真诚正直是一个人必不可少的优秀品质，能和读者建立信任基础的文字材料，才算是卓越的文字材料。

传统的公文写作教学材料，会从格式开始，详细讲解每个行文要素，但这并不是公文写作的全部，要做到"手中无剑，心中亦无剑"的境界，须深刻洞悉人性，穿透一切写作的技巧和方法，把你要通过写作传达的观点牢牢地植根在读者的内心并生根发芽。其中，起决定作用的要素就是相互信任，相互信任是打开信念之门的钥匙。

在写作中建立信任感有几条简单的规则：

（1）真诚，以开放的态度倾听。
（2）诚信，心口如一，言行一致。
（3）品行，可预期性和可依靠性。
（4）正直，平等和尊重，避免骄傲。

10.2.6　原则六：正面思考

写作人是思考者，更是行动者。有这样一句话，"如果在困难甚至是毫无希望的局面中，真的隐藏有一个机会的话，采取正面思考态度的人将最有可能发现他们，找到解决方案的概率会更高"。文章高度的体现之一，就是能够引导读者正面思考，而大前提则是写作者自身能从正面思考。

从管理思维的角度看，面对问题，我们更应当关注的是机遇而非问题本身，发现和利用机会比解决问题更重要。就算我们可以解决所有的问题，也不可能利用好所有的机会。采取正面思考的人，最有可能发现问题里面隐藏的机会，而且他们找到解决方案的概率会更高。

还有一个经典的问题，如果世界上所有的人都认为某件事是错的，但你非常清晰地知道这件事是对的,并且确信大家迟早会知道这件事是对的,这时的你会怎么做?正面思考的人会自我激励。自我激励更像是一种行为习惯或者自律。成熟的人善于用真正的现实主义观点来看待问题,他们通常比别人看到得要早,而且更加敏锐,他们不会逃避,而是会问自己"我能做些什么",并以此来改变现状。

在写作中,我们可以利用的材料永远不可能百分百满足当下写作的需要,所以,积极的建设性的思维方式就是在力所能及的范围内先动起来,在路上寻找答案。

10.2.7 高度的关键是"管理之道"

学习完高度的六个原则后便很容易理解写作中的高度是什么,其实就是向上一级或几级思考的问题,参照哪个层级的标准来思考和阐释问题,需要懂大势、懂管理、懂人性。每位笔杆子都身处组织的一隅,在实务工作中,不可避免地会面对高管人员、中层干部、同事、群众、客户等,如果能以正向和超然的视角来审视所面对的人和事,便是拥有了某种"高度"。

很多人都见过下列这几类人:

(1)看起来很忙碌,但从不关注结果。

(2)自扫门前雪,不顾他人瓦上霜,不顾大局。

(3)左冲右突,做事很少做在点子上,不懂聚焦。

(4)不学习,缺乏自我认知,不懂自己的优势在哪里。

(5)常常说谎欺骗,影响组织内部的相互信任。

(6)不自信但自负,虚张声势,缺少坦诚真实。

写作素养的六个原则,其实也是管理的六个原则,是管理者走向成功的必由之路。当写作者以管理者的高度和视角来写作公文时,便等于有了高度,体现出真正的公文写作水平。

10.3 深度：实现公文目的的五个维度

《现代汉语词典》是这样解释"深度"的：一是指深浅的程度，向下或向里的距离；二是指（工作、认识）触及事物本质的程度；三是指事物向更高阶段发展的程度；四是指程度很深的。这里我们综合以上解释，用"扎根多深"来理解"深度"，具体来说就是公文的写作目的能实现到哪种程度。

任何一篇公文都有其特定的任务或目的。公文作为应用类文章，其任务指向在本质上决定了其写作的有效性。这实质也是一种管理思维。体现深度的五个维度和管理的五大任务一一对应，即目标、组织、决策、监督和人事。

对于一个组织中的公文写作人来说，即使写作任务一样，但是为了完成这一任务所需要的实践知识却有很大的不同，它取决于该组织的宗旨、行业地位、规模体量和写作人在组织层级中的位置等。

对于高阶写作者来说，需要了解高效管理者的思维模式及行为模式，这对于公文目的的实现、任务达成有着非同一般的意义。对照管理的五大任务，写作者需了解体现深度的五个维度，即达成写作目的的五个维度：目标指向、组织保障、决策依据、过程监督和人力保障。

10.3.1 维度一：目标指向

达成目标先要明确目标。我主张高阶公文写作者需要有管理思维，制定目标就是管理的首要任务。正如彼得·德鲁克这位管理学大师所言，先有目标才能确定工作，任何使命和任务必须转化为目标，才有被实现的可能。

公文的目标有显性的，例如《××实施方案》《××工作规划》；也有隐性的，例如《关于××的意见》《关于××的发言》。不管是显性的还是隐性的，都需要有指向性。明确目标的指向性有四个方面需要考量。一是聚焦，目标并非越多越好，目标越单一，效果越显性；目标是有优先次序的；重大且单一的目标最有激励作用。二是务实，尽可能量化但不可教条。三是明确到人，责任主体必须是某一个具体的人。四是明确期限。

10.3.2 维度二：组织保障

法定公文一般是代机关立言，公文写作者的背后其实是一个庞大而复杂的组织体系，公文的一语一言，均能反映出组织的一定活动。同样，公文目标的实现也有着潜在或实在的组织保障。

这一维度需要求注意：一是如无必要，不增加管理层级，避免产生干扰，使信息失真、目标走样，避免把读者的注意力引向错误的方向；二是如无必要，不增加跨部门的协作工作，降低协同和沟通成本；三是如无必要，不扩大参会人员范围，很少有能在会议上完成的工作，大部分工作需要在会前或者会后完成，这样能减少人际交流成本；四是避免多人职责重叠，以免责任难以区分。

组织管理学是非常有用且有趣的学科，公文写作者作为组织中的一个环节，多了解一些这方面的知识，增加对组织的深刻理解非常必要。

10.3.3 维度三：决策依据

无决策，不管理。很多时候，公文写作者的重要职责之一就是为上级管理者提供决策依据。决策程序具体有以下七个步骤：

（1）还原事物全貌，精确界定问题。

（2）详细界定决策条件，明确决策目标。

（3）穷举所有备选方案。

（4）分析每种备选方案的风险、后果、边界条件。

（5）作出决策。

（6）执行决策。

（7）建立反馈，明确后续跟进与纠错机制。

大多数人在决策实践中能做到前五点，第六和七点常常被忽略。一个好的决策不会止步于决策本身，它一定包括执行的阶段。得不到正确、有效执行的决策，效果可想而知。

公文写作者需要清楚，公文的最终决策权归能为此事负最终责任的人独享，我们的职责一是尽可能提供决策步骤所需的全面信息，二是尽可能让在执行中扮演重要角色的人参与到每一步的决策中去，三是在领导决策时尽量提供本质性问题材料而非本质性的问题材料。

10.3.4　维度四：过程监督

在组织管理的思维体系中，监督占据着非常重要的地位。自我监督建立在信任的基础上，但也要防止信任的滥用，这时便需用到外部监督。信任和监督就像是一个硬币的两面，只有充分理解，才能做到精准的表述。

监督的事项有的可量化，有的不可量化。可量化地监督时可用评估的手段，不可量化地监督时可用判断的手段。例如，价值观无法量化，只能通过判断的方式，KPI则大部分都是可量化的内容，用的是评估的手段。

要做到有效地监督，可以参考以下八个方面。一是检查次数最小化，控制过度检查的冲动；二是用好抽样检查，提升检查效率；三是行动导向而非信息导向，掌握信息源头；四是关注苗头，避免扩大；五是对正在实施的工作进行全面监督；六是避免对报告的依赖，关注现实现场；七是对善意视而不见，这条考验的是管理者的经验、智慧和人性；八是监督只有针对具体的个人才有效。

10.3.5 维度五：人力保障

人民群众是历史的创造者，任何事业的成功，都离不开人的因素。高阶写作者需要对人力资源、人性等有基本的了解。要实现公文的目的，人力这一关必须面对，写作者面对的不是抽象的人，而必须是一个有血有肉的人。

人力的保障问题，可以从四个方面来看。一看优势，只有过去的表现及所取得的成果，才能展现出人的优势，未来的规划及承诺都不能叫作优势；二看担当，观察这个人能承担多大的责任，承担的责任越大，人的发展越快；三看素质，即看这个人业务能力强不强，能否独当一面，人品好不好，是否诚信正直；四看个性，看这个人什么性格、什么脾气，喜欢团队协作还是独立工作，喜欢重复性的工作还是创新性工作，善于提纲挈领还是痴迷于细节。

10.3.6 深度的关键是"管理之术"

公文的目的指向能否实现，避免"纸上谈兵"，靠的就是其深度能否触达现实的执行，考验的是写作人对组织管理等方面的知识储备和对执行层面的深刻理解。目标指向、组织保障、决策依据、过程监督、人力保障这五个维度作为具体的"管理之术"，和结果导向、全局意识、聚焦能力、发挥优势、获得信任、正面思考这六个原则所体现的"管理之道"相互呼应。只要公文写作的思想和理论有高度，又指向结果，具有深度的可执行性，从知识结构层面把公文写作的内功固化下来，便能避免很多偶然性因素，引领我们在公文写作方面获得可持续的成功。

第11章
公文写作人修养的提升

公文写作人这一身份有什么值得坚持和坚守的，即作为这一身份能够给予自身的价值和红利是什么？事物都有两面性，公文写作人也要面对一系列不堪回首的"折磨"，产生负面情绪。那么公文写作人如何才能走出这一困境？作为一名合格的公文写作人需要处理好哪些关系，具备怎样的知识边界认知呢？本章将重点探讨这些问题。

本章涉及的主要内容如下：
- 公文写作人独有的价值和优势。
- 多维度与负面情绪"和解"的方法。
- 公文写作人需处理好的4对关系。
- 广大公文写作人面对所需知识边界应有的深刻认知。

11.1 公文写作人的红利

任何事情都要带着目的去做，公文写作也不例外。所谓的公文写作人的红利其实是从最现实、最庸俗的角度而言，公文写作人通过实施了公文写作这一工作达到了什么目的，能够给个人发展带来什么好处。

第 5 篇　公文写作大师之路
（手中无剑，心中亦无剑）

11.1.1　磨炼领导力的捷径

领导力是什么？行政领导需要具备什么素质？具有领导力的人有什么特质？毋庸置疑，分析能力、判断能力、管理能力、筹划能力，这四种能力是行政领导最基本的特征。我们把公文写作称为"磨炼领导力的捷径"，也并非夸大其词。

邓小平曾说：拿笔杆子是实行领导的主要方法。为什么？因为写材料的过程是一个系统思考的过程，是一个对工作的回顾、探究、统筹、分析、部署的过程。大多数时候，写作团队其实就是一个国家、一个行政系统、一个单位、一个部门领导人政策、措施制定、策划、推行的"隐形手"。长时间从事公文写作能够最大限度地锤炼一个人高屋建瓴提出建设性意见、深入浅出地阐述问题、精准得体地表现和表达、恰到好处推进落实等能力。公文写作能力本质是领导能力的体现，走上领导岗位的人必须具备这种能力。因此，珍惜公文写作赋予的这份无独有偶的"红利"吧！

11.1.2　"苦差事"恰是"靓机会"

写材料虽说是一份让大多数人都想拒绝的"苦差事"，但恰恰证明了"危机中育先机"的真实道理。在体制内待得久了的人都知道——体制内最缺的就是表现机会。公文写作便是能快速放大个人影响力的好机会。以公文写作为契机，联系和接洽工作，传递和反馈信息，介绍和交流经验……随便哪一项都是公文写作人恰到好处展现自我能力、自我优势的最佳时机。公文写得好的人，不仅能给上级领导留下非常难忘的印象，还能为单位带来荣誉，为单位树立良好形象。这样的人，领导能不重视吗？

11.1.3　隐形的晋升通行证

从古至今，因为文笔好、节节高升的人不在少数！一般来说，体制内的人要想晋升会比企业内的人晋升难很多，但恰恰有的人仅凭一支笔"年年进一步"或者"五年升三级"！说到底，在体制内要想获得最平等的竞争机会，公文写作绝对是不二之选。这是因为现在几乎所有的行政部门都缺写得一手好材料的人，尤其在基层一线，写得一手好材料的人更是少之又少。如果你有公文写作的能力，那么，这绝对是你在体制内晋升的"加分"项。而且，公文写作大部分时候是直接服务领导的，这也是真正不需要背景，人人都能平等争取的好机会，你写的公文屡次得到领导的赞赏，相信你离晋升也不远了！

11.2　公文写作人如何处理负面情绪

公文写作是一个具有潜在机遇的岗位，也是一份"苦差事"！其中的"苦"体现在工作苦、压力大。加班加点，熬夜通宵，不断对接方案、起草材料……这对于公文写作人来说就是"家常便饭"。而且，公文起草后呈报上去并非一次性通过，一份公文有时甚至会经十多个人审阅，不同的人有不同的认知和看法，这就需要公文写作人对公文进行不断的修改、删补。面对千头万绪的写作工作，公文写作人难免会出现情绪问题，关键在于如何看待和处置。

11.2.1　正确认知负面情绪

公文写作人出现负面情绪无非是干得多、获得少，困难多、认可少，感觉被人压榨利用，出现了严重心态失衡。心态问题，最终还要靠自我调适来解决。与其让烦躁不安、本领恐慌等情绪控制自己，不如放平心态,学习如何把公文写得更好。外在环境不会因人的意志而改变,就算改变也需要天时地利人和去等机会。很多时候,我们越是情绪化,越不容易办成事,自己调整好情绪,能屈能伸,很可能便会柳暗花明。正所谓"材料虐我千百遍,我待材料如初恋"。只要下定决心,练就深厚的写作功底,就一定能把公文写好,我们也在感受写作成就感的同时从中受益。

11.2.2 清楚负面情绪的影响

很多公文写作人的岗位是组织安排的而非个人选择。有人戏称公文写作人是"喝墨水、费脑水、流汗水、尿黄水"的"四水干部",事实有时的确如此。虽然我们不情愿,但是又改变不了现状。如果遇到材料绕着走,拒绝领导安排的公文写作任务,最后吃亏的肯定是我们自己。

有的人写材料时拖拖拉拉,能拖就拖,且公文东拼西凑,甚至直接照抄,这样的人属于自作聪明,不考虑后果,要知道,我们正在走的路很多时候是领导早都走过的,这点小伎俩,领导自然一眼就能看穿。万一领导就势狠狠向我们加压、指错误,我们不但延长了写材料的时间成本,更是在领导心里落下个"工作态度不端正""工作不负责"的坏印象,对以后的发展势必不利。其实,对于公文写作人来说,公文写作是"红利",大家要学会掂量,把"被动写材料"变为"喜欢写材料",化为"优势是写材料",这样,我们便会感受到这个岗位的与众不同之处。

11.2.3 正面眼光看问题

公文写作是一项有技术含量的工作,而并非人人都能写。既然被安排到写材料的岗位上,就要摒弃恐惧、抗拒的情绪,用思想支配行动，从正面角度看问题，领导既然让我们负责文字材料工作，就说明我们的文字功底得到了领导和同事的认可。而且，我们已经具备了从事文书工作的素质，有一定的理论水平、政策水平、思想水平、工作水平；已经掌握了撰文的要领，能抓住问题、选择材料、提炼主题、谋篇布局、选词炼句。这不仅是公文写作的"敲门砖"，也是"奠基石"。把组织的安排看作对自己的历练和考验，在材料写作中做出特色、做出亮点，我们一定会有不一样的收获。

11.2.4 做工作和生活的积极参与者

"写材料"被戏称为四大"憋屈"之一。憋屈到什么程度？有位资深政研工作者总结出这样一句话，"一支秃笔、两袖清风、三餐无味、七（妻）子埋怨、九（酒）没喝着、十分无奈"。公文常常是领导本人思想、意图的反映，可能会变成某级政府的一个决策，转化成发展的一项成果，带给群众一份利益。这就是写公文的意义。公文写作人如果能把公文写作当作个人价值的体现、人生的追求，做思想境界、内心世界丰富的人，其生活品质便会得到提升。因为材料最能检验一个人的工作态度和生活状态。

11.3 公文写作人需处理好四对关系

公文写作水平提升是一个需要长期学习、思考和实践的过程。在这一过程中，公文写作人能否处理好"勤奋和天赋""创新和模仿""态度和方法""原则和技巧"这四对关系至关重要。

11.3.1 勤奋和天赋的关系

从公文写作的角度看,"天赋"本质是说公文写作人的文字功底。文字方面的天赋固然重要,但其绝对不是一个公文写作人能否写好一篇材料的决定性因素。同在一个体系内,大家不相伯仲,每个人都有十几年的传统学习教育经历,都具备了最基本的文字写作功底。其实,能否真正写好一篇公文,勤奋是一个不可或缺的要素。写好材料的核心是多读、多摘、多思、多写、多问,一个渴望在公文写作中有所作为的人,必须抛弃懒人哲学和投机心理,在实践中多写多练,舍得下功夫,舍得付出,才有希望真正把握公文写作的规律和方法,逐渐成为这一领域的行家里手。

11.3.2 模仿和创新的关系

公文写作的模仿并不是简单意义上的照搬照抄,而是一个借鉴、仿写、总结和提升的过程,我们从模仿中要学习别人如何选题,如何立意,如何进行谋篇布局,模仿别人的写作风格。模仿能够帮助公文写作人体会写作的奥秘,摸清写作的门道,探索写作的基本规律。而所谓的创新,就是将模仿的文章融会贯通,形成属于自己的写作风格,重新创造出一篇新文章的过程。创新的关键在于能在模仿的基础上与本部门的工作实际相结合,与当前的新形势、新任务、新思想、新理念、新提法、新常态相结合,做到上下结合、内外结合、古今结合,这也是模仿的最高境界。

11.3.3 态度和方法的关系

"用心"是公文写作态度最简洁的概括,也是公文写作最基本的要求。公文写作需要全身心投入,如果缺乏"用心",就相当于失去了内在动力,根本无法保持积极向上的精神状态,更别提甘坐"冷板凳"、甘为"苦行僧"了。当然,有端正的态度还不够,公文写作也需要有自己的一套独特的方法。公文的文种各有不同,其写作方法也有所区别。例如,汇报材料撰写是要注意重点反映什么问题、展现什么工作成效等;请示文种则应重点拟请领导机关答复和解决什么问题,等等。本书第四、五章已做详尽归纳,这里不再赘述。

11.3.4　原则和技巧的关系

公文写作原则要落实"三查三改"。查立意是否明确、完整、突出,改观点错误、浮泛空洞、文不切题、含混冗杂、不合逻辑之处。查措施政策是否切实可行,改矛盾抵触之处及不求实效的官话、套话、大话、空话和不力之处。查材料是否具体、真实、典型,改一般化、概念化和不实之处。在遵循原则的基础上,附之以必要的技巧,能直接影响公文写作质量。公文的写作技巧包括要掌握写作缘由、事项、要求这一内容的逻辑结构模式;也包括对写作标题、凝练公文核心观点、对数据图表应用以及资料、语言取舍的把握。具体技巧运用详见本书第 7 章。总之,公文写作时注重原则与技巧的关系,方能真正创作出一篇集内容与形式、精神与内涵并存的好公文。

11.4　公文写作人的知识边界

一名优秀的公文写作人应有怎样的知识储备?公文写作是公文写作人"代言",思维、逻辑、事实依据等根据写作要求而定,需适应不同需求。这就要求公文写作人的知识边界是无限的,匹配、延伸自身知识是必然的,关键还在于公文写作人要通过什么方式延伸自己的知识边界，提升自身的写作能力和水平。

11.4.1 弹性的知识结构——善悟

"凡是已有定评的大作家，他的作品，全部说明着'应该怎样写'。只是读者很不容易看出，也就不能领悟。因为在学习者一方面，是必须知道了'不应该那么写'，这才会明白原来'应该这么写'的"。这是鲁迅先生在《不应该那么写》一文中关于"悟性"的一段话。公文写作同样需要"悟性"。这种能力并非一朝一夕形成的，而是与每个人的"修炼"程度成正比，是一种弹性的知识结构。惠列赛耶夫在《果戈里研究》一书中写道："'应该这么写，必须从大作家们的完成了的作品去领会。那么，不应该那么写这一面，恐怕最好是从那同一作品的未定稿本去学习了。"公文写作也是如此，公文写作人提升"善悟"能力，更多的是要在文稿创作过程中用心写、用心领会来自领导和同事们的修改意见、建议，精心删改，要在反复锤炼文稿中体会"不应该那么写"，并明白"应该这么写"的逻辑思维。在循序渐进、日积月累中"修炼"公文写作的悟性，把公文写作升华到对写作技巧、逻辑结构、价值意义的深度认知的境界。

11.4.2 从工作场景中学——观察

敏锐细致的观察能力是公文写作人的基本职业素养。能够写出直抵领导内心以及大众认可的文章，准确把握领导意图、客观反映工作现实是第一要义，而这一目标的实现过程离不开"观察"二字。其要求是要在工作中细致入微地观察，即使那些代表领导意图的细微之处，也要能够第一时间捕捉到；要观察周到、全面，见微知著，能够由点及面，把握住其本质和总体趋势，产生顿悟的豁然开朗之感。要多与领导沟通，锤炼自身多方面能力，做到理解精准。对于领导在正式、非正式场合发表的主张、意见和看法,即使可能只是领导初步设想和零碎观点,公文写作人也要留心观察、随时记录、善于整理,提炼出成系统、有条理的符合领导意图、工作需求的观点来。

11.4.3 在生活场景中学——体味

公文写作区别于一般文学创作的重要特征是要言之有物,不能假大虚、高空远,需围绕工作实践提出针对性、操作性的措施。这便决定了公文写作不能脱离日常工作与生活的方方面面,既要体现高屋建瓴的指引服务作用,也要根据生活和实际写出"接地气""实用性"的文章。所以,如果一味地凭感觉、想当然,对发生在身边或生活中发生的事物视若无睹,把握不住写作的主题、核心关键,结果往往因情况不明、思路不清而写不下去或者变成为"为写而写""避重就轻"。善做生活中的有心人,借助挂职锻炼、调查研究、深入一线现场等一切场景,亲手获取沾泥土、带露珠、冒热气的素材,亲身体验同甘苦、共患难、齐奋斗的激情,亲自解剖矛盾困难、典型案例、先进经验等"麻雀",这样写出来的文字才能鲜活灵动、直抵人心。

11.4.4 善用新媒体工具——借力

新媒体的出现扭转了过去公文写作"刀耕火种"的局面,不但减轻了公文写作人文字机械劳动负荷,而且也为公文写作人提供了一个更有效提升业务水平能力的平台。这对于公文写作人来说,真真切切是时代赋予的红利。但同时,随着新媒体的出现也出现了一孔之见的观点、大行其道的错误词句等泥沙俱下的信息困惑。有效借力新媒体工具,还在于公文写作人平时要将更多的时间放在对官方媒体、平台(例如人民日报、新华网等)的观点、措辞的关注和积累,并能够从中吸收丰富营养,进而不断提高思想理论水平、改善知识结构,提高认识问题、分析问题、解决问题的能力。

11.4.5 能从交流中吸收——积累

  任何经验、做法形成体系都离不开对标和交流。一名优秀的公文写作人的能力培养需要善于运用专业领域的学习交流契机,这种机会既可以是系统内的切磋交流,还可以是自我赋能,借力互联网平台、线下培训等方式,学技能、学思维、学逻辑……在不断的学习交流中,持续积累经验、做法,汲取力量,进一步促成自我写作模式的创新。

  道虽远,行则将至;事虽难,做则必成!公文写作能力的培养是一个循序渐进、久久为功的过程,只要坚持走下去,相信每位写作人都能守得云开见月明。

第 12 章
用 ChatGPT 提高写作效率

我在公文写作教学时,一直把公文写作比作一门"功夫",从招式到心法,寻求质的突破,以求有质量的提升。但"天下武功,唯快不破",在写好的同时,写得越来越快,大大提高产出效率才是王道。提高写作效率可以从四个方面入手:一是自身写作能力的提升,二是高质量素材库的积累,三是时间管理能力的提高,四是环境资源和工具的使用。

ChatGPT 的问世极大地颠覆了世人的认知。对笔杆子们来说,仿佛面临着巨大的危机。但当我把这一人工智能工具运用到写作的各个流程中时发现,对于真正的中高阶输出者而言,ChatGPT 不但不会取代公文写作人的工作,反而会为公文写作人的写作插上一对效率之翼,在我运用还不算精通的情况下,已经能提升 60% 以上的写作效率。这对于我来说,简直是一柄玄铁重剑,重剑无锋,大巧不工,全在运用。

本章涉及的主要内容如下:
- 利用 ChatGPT 类人工智能工具和写作的关系。
- 利用 ChatGPT,在写作的全流程中提升写作效率。
- 打造专属于自己的写作材料场景库,让 ChatGPT 成为自己的私人高级助理。

第 5 篇　公文写作大师之路
（手中无剑，心中亦无剑）

> 注意：对于新生事物，不要全盘照搬或全盘否定，要根据实际场景需求具体分析，灵活处理。

12.1　认知：笔杆子和 ChatGPT

2023 年 3 月 15 日，OpenAI 发布的 GPT4 展现出了让世界惊叹的能力，它能够轻而易举地完成人类的工作，写不同风格的文章，代替人类编写程序，高分通过法律、外语、高考等考试……ChatGPT 会替代人的工作吗？我们会因此失业吗？初次听说 GPT 的人，脸上或多或少会流露出些"恐惧"的神情。

12.1.1　我们会被替代吗

2023 年 3 月 15 日是个让人既兴奋又焦虑的日子，这一天成为以 GPT4 为代表的强人工智能的临界点，科幻电影中钢铁侠的人工智能贾维斯仿佛已经近在咫尺，这次科技爆炸的意义绝对不亚于工业革命。

1. 以 GPT4 为代表的强人工智能到底能不能替代人

能，并且这一切正在加速。4 月 12 日，知名公关及广告服务商蓝色光标的管理层决定无期限全面停止创意设计、方案撰写、文案撰写、短期雇员四类外包支出。从事脑力劳动的人，尤其是从事写作的笔杆子们，从来都没想到，自己竟会比从事体力劳动的人面临着更大的潜在失业压力。

其实，绝大部分的恐惧均是基于不了解。如果不知世上有汽车，那我们快速到达目的地的所有选项中，最好的就是找一匹更快的马。所以，面对人工智能的快速发展，我们真正需要思考的问题是人工智能可以做什么，能否为我所用，什么是人工智能无法替代的和如何强化这种优势。

极客公园的一篇文章《当创业者开始用 ChatGPT 裁员》(作者黎诗韵)中有一句话的意思很直接:我们需要反省的是,我们是否在披着"创造性工作"外衣,做着"机械性工作"?

例如,很多公文写作的基础内容本质上确实做的是"机械性"的工作,数据输入、整理归档、流程化的申请和签批等更是如此。真正难以被替代的是那些高思考性、高创造性的工作。

危机的每一个褶皱里,都可能藏着机会。我们需要重新定义学习、重构自己的知识体系,面对强人工智能,需要的核心素质一是基于问题解决问题的能力,二是跨学科的思维能力。

2. 基于问题解决问题的能力

使用 GPT 的过程,就是基于提问或者指令让 GDP 提供解决方案的过程。在传统教育模式下,我们只需要按照父母和老师的要求去做,而很少提出问题,致使提问的能力非常稀缺。

所以,在使用 ChatGPT 之前,你确定自己真的可以问出一个你认为好的问题吗?这个问题和你需要的答案有关系吗?你绞尽脑汁想到了一个问题,当得知你还需要有逻辑地再连续提出二十个甚至更多的问题才有可能拿到一个相对准确结果的时候,你是否有点力不从心?

我关注的一个博主说,马斯克能造火箭,并不是因为他学会了所有关于火箭的知识,而是他有基于问题解决问题的能力,知识部分他可以通过无数专业领域的科学家实现,但基于问题解决问题的能力并不是每个人都有。这种能力是我们包括我们的孩子最缺的,在强人工智能的加持下,我们的孩子还需要花 12 年甚至更久的时间在校园里被动地灌输知识吗?答案是否定的。

3. 跨学科的思维能力

我常跟我的学员说,学写作就像你拿到一本武林秘籍,你把招式

第 5 篇　公文写作大师之路
（手中无剑，心中亦无剑）

全学会了，也未必能打出威力，只有掌握心法才能独步武林，这心法就是一套触类旁通的写作思维体系，所有关于写作的知识性内容，都可以内化在你的思维体系中，成为营养，为你所用。

进入强人工智能时代，在强人工智能的使用上，所有人都重新站在了一个起跑线上，无论是 OpenAI 的创始人，还是我们这些各行各业的基础使用者。不同的是大家的知识背景和发展方向定位不同，例如一名销售员、一位客服主管、一位插画师和一个笔杆子，需求和使用的目的完全不同，谁先跨出自己的思维边界，谁便能拥有更多的主动性。

跨学科学习的核心并不是要学习很多学科，而是要提升解决问题时的思考维度。在金庸的武侠世界里，能新创武功的，都是掌握多门派功夫的顶尖宗师。超越门户之见，天下武学均可为己所用，才可能超越当下的自己。

4. 两个核心素质综合起来就是解决问题的思维能力

对当下的人们来说，与其焦虑会不会被替代，不如去研究如何成为第一波用好 ChatGPT、提升自己工作效率的人。

从关注 ChatGPT 到真正上手使用，我用了一个多月时间。我尝试利用 ChatGPT 提升整个写作工作流程的效率。实际上，AI 并不只在写作上给了我惊喜，在工作、学习、生活的方方面面，几乎都有了 GPT 的辅助。你现在正在阅读的这章内容，除了写作的内容是我本人完成的，逻辑建议、素材整理、校对纠错等诸多环节，都有 AI 的影子。

12.1.2　必要的知识点

公文写作者刚刚接触 ChatGPT 会面临两个问题，一是觉得它的回答太空，根本没什么参考价值；二是不知道用在什么地方，缺乏场景。因此新鲜劲一过，ChatGPT 便被扔到一边，不再理会。这就好比杨过拿到了玄铁重剑，但是觉得它太重，拿不动，便弃之不用；或者终于能够挥舞起来，但根本不知道用在哪里，索性每天扛着要个帅打个卡便放回了剑冢。

几乎所有无法用 AI 创造出生产力的笔杆子们都死在了这两关上。所以要把 ChatGPT 用于提升写作效率，这需要解决两个核心痛点，即把"怎么用"和"用在哪"搞清楚。本小节内容的重点就是把这两条逻辑线融入写作的场景，帮助笔杆子们彻底掌握 GPT 的应用。

1. 怎么用

对于怎么用的问题，核心是掌握使用方法，学习挥动这柄玄铁重剑。使用 GPT 这类 AI 的核心心法可以用一句话概括：高质量的提问和引导。GPT 生成的答案质量完全取决于你提问的质量和引导它的方式。问得好且引导得好，它就会生成令人惊喜的答案，反之则套话连篇、假大空、无价值。

"提问"是指用"自然语言"与 GPT 沟通；"引导"则是找到正确调教和训练 GPT 的方法。搞懂了这两点，你也就掌握了挥动玄铁重剑的能力。

（1）提问——学会高质量的提示语。

GPT 生成内容的质量，与提示语（Prompts）的质量高度相关（提示语有时也习惯叫"指令"）。提示语质量不好，GPT 给你的就是那种没毛病但也没有用的正确的废话。所以，获得 GPT 高质量回答的第一步，就是要先学会与 GPT 沟通的语言，即学会写高质量的提示语。

（2）引导——进行高精度的训练。

GPT 的强大是因为其思维链技术（Chain of Thought）支持多轮对话，能够结合上下文语境理解对话的内容，实现类似于真人沟通的对话效果。基于这个机制，我们可以通过不断投喂数据和发出指令的方式对其进行训练。通过不断的引导和调教，或者高精度的训练，来帮助我们获得更具体、更深度、更有价值的回答。

2. 用在哪

用在哪解决落地问题，需要关联具体使用场景来定。

GPT 要转化为实际的生产力，重点是要找到自己的个性化应用场景。所以，不能抛开场景谈 GPT 的使用。

很多人知道了 GPT 的使用方法，但使用频次却仍然很低，甚至弃置不用。究其核心原因，就是没有在 GPT 和你所需要的应用场景之间建立关联。对公文写作者来说，掌握了 GPT 这柄玄铁重剑的用法之后，要将其转化为生产力，还得与具体的写作场景建立关联，只有这样，我们才能凭这柄玄铁重剑击败强敌。

12.1.3 调教 AI 的两个武器

知道了 GPT "怎么用"及"用在哪"，可以进入调教环节了，此时需要重点关注三个内容，一是写一个高质量的提示语，二是进行高精度的训练，三是关联具体应用场景，让 GPT 真正成为写作人的得力助手。

1. 高质量的提示语（Prompts）

这部分需要明确两点内容：一是实现不同的目标，需要不同的提示语；二是提示语的质量，决定输出文本的质量。提示语有其特定的格式，即提示语公式。提示语公式通常由三个主要元素构成：角色（选填）、任务（必填）、说明（选填），即"提示语=角色+任务+说明"。

（1）设定角色。

设定角色指模拟角色，赋予 GPT 特定的场景和身份，某些简单需求可不设定。

设定角色可以帮助 GPT 指定场景，清晰问题范围，以及补充问题所需的背景信息。这会让得到的回答和搜索引擎式有所区别,假如你设定的角色是某领域的专家,那 GPT 返回的答案可能会更符合某一领域的专业和深度。

这是我们向 GPT 提问的第一步,设定角色后,再给其任务和指令。具体的提示词包括但不限于:

作为［角色］

你现在是［角色］

请你扮演［角色］

假如你是［角色］

请你以［角色］的角度／身份／语气……

(2)明确任务。

明确任务是向 GPT 发出指令的核心提示语,对任务内容进行清晰而简洁的陈述,一般包含问题描述和任务目标两部分。

(3)补充说明。

补充说明指确定生成文本时的注意事项、形式等。

举例:用提示语公式来"为本书增加一章内容"。

"(设定角色)假如你是一位教公文写作的畅销书作者,(明确任务)你需要在书稿中增加一章,内容是如何用 ChatGPT 提高写作效率,请你列出这章的提纲和要点。(补充说明)请注意,整个内容设计需要生动、实用、可操作,有逻辑,有创意,至少要包括认识、运用和不当用法的规避这几部分内容。"

当然,这是一套标准的 SOP 公式模板,对于一些简单的问题和需求,直接说清楚任务即可。

但基于目前的技术,GPT 对于稍微复杂的问题,例如撰写一篇超过 2048 个字符的文章,一次问答肯定无法满足需求。所以,如果我们想要 GPT 提供更具深度、更有价值的回答,真正成为我们的写作助手,就需要通过多次问答,以对其进行高精度的训练和调教。

2. 高精度的训练

提升 ChatGPT 生产力的关键是高精度的训练，其实质是多个提示语（指令）的叠加使用，这也是 GPT 成为我们写作助手的关键。这里列举两个常用指令和若干进阶指令。

（1）继续指令。

基于算力成本等原因，厂商把 ChatGPT 的单个回答限制在 2048 个字符之内，GPT 回复的语言会尽量地概括，以保持在这个阈值之内，超过这个值时会被强制截断。于是，GPT 所给我们的一次性内容，便会经常让我们感觉到内容不全或者深度不足。

"继续指令"的本质作用是突破 ChatGPT 的输出限制，让回答充分发挥作用。这是调教 GPT 最高频的指令。

用法一：使 GPT 的回答完整。

当 GPT 超过规定字符数量中途停止时，输入"继续"，使其继续回答完毕。

用法二：使 GPT 的回答更深入。

让 GPT 就上一个回答不够深入、不够具体的地方继续详细展开。以前文"为本书增加一章内容"来举例。ChatGPT 已经为我生成了一个章节大纲，其中，第二节内容为"运用－写作全流程"，里面包括"确定文种、明确核心、搭建框架、收集素材、炼词造句、打磨完善"这六个部分（详见本书第 7 章），我需要其为我生成每个小节的内容。

我的继续指令可以这样写："把'确定文种'这一部分内容具体生成出来。"

用法三：无限套娃式追问。

继续以"为本书增加一章内容"来举例。可以进一步使用继续指令，对 GPT 进行追问。我的继续指令可以这样写："在'确定文种'这一部分内容中举两个例子，请注意，例子要用小孩子能听懂的语言来说明。"

理论上可以无限问下去，直至获得完整、满意的答案。在持续追问的过程中，我们仍可以使用提示语公式，除了"明确任务"之外，加上"补充说明"。

例如：（明确任务）请针对"打磨完善"这部分内容，具体说明如何运用 ChatGPT 提升写作效率。（补充说明）请注意，请用小孩子都能听懂的例子进行解释，并提供不小于 3 个例子，例子请从 ×× 领域里选。

这里的"补充说明"，你可以提各种要求，例如"请你用幽默及口语化的方式进行回答""请扩写""请概括"等。

同样以"为本书增加一章内容"来举例，如果我觉得大纲没问题，我只需要按照 GPT 最开始提供的那个大纲框架持续对这个大纲里面的内容进行追问，不停地套娃，再把每一个追问得到的结果填充到最开始的大纲框架中，接下来把 GPT 生成的语言换成我喜欢的语言风格，再理顺逻辑、润色调整，便可以得到一篇基本完全属 GPT 所生成的书稿内容了（当然，由于 GPT 生成的内容并不能让我满意，所以我还是重新写过）。

继续指令的两个注意事项：

一是在追问时，对象要清晰具体。

如果追问过长或者套娃层级太多，我们的继续指令很可能会让 GPT 产生误解，出现答非所问的情况。所以在层级较多时，提示语中描述的对象务必清晰、具体。

例如，把"请具体生成第二节的内容"换成"请具体生成提纲中第二节'明确核心'这一部分的内容"，这样 GPT 基本就不会弄混了。

二是注意上下文语境的关联。

GPT 具有强大联系上下文和多轮对话的能力。如果对话的回合过长，并且穿插多个话题场景，GPT 的回答很可能受到前面内容的影响，出现所答非所问的情况。所以，如果我们想在一个对话框内问多个不同的话题，可以在相对独立的新话题开启的时候对 GPT 进行重置，再开始新的话题，以避免 GPT 受到干扰。

重置 ChatGPT 的提示词可以参考："请你忽略前面所有的对话内容，并用简体中文来回答我接下来的所有问题。"

（2）奖惩指令。

"继续指令"可以完成大部分的 GPT 调教工作，但由于原始开发语言是英文，以及中文存在多义性等原因，使得语言传递的信息存在局限，GPT 对提示词的理解不可避免地存在一定的偏差，这时就用到了调教 GPT 的第二个指令"奖惩指令"或者叫"强化学习提示语"。

这是我们训练 ChatGPT 成为我们写作助手的重要提示语之一。这个指令主要用于决策制定、游戏玩法、自然语言生成、模板类等任务。原理像教育孩子一样。做得好的地方鼓励，固化成果，差的地方惩罚，明确底线。通过不断反复和纠正，慢慢会形成一套我们所期望的行为标准。

GPT 基于神经网络技术，具备思维链的能力，按这个思路，可以使 GPT 慢慢形成符合我们要求的行为标准，成为我们工作中某个场景下的长期助手。

"奖惩指令"的实操思路很简单，以我训练的"标题小助手"来举例。

对我来说，构思一个自媒体标题比写一篇文章要头疼得多。在有 ChatGPT 之前，我写标题的流程是：先把之前收集的好的标题范例逐个浏览对照，再结合热点的词库逐个修改，列出十几个标题，再逐个整合、修改，直至满意为止。

在有 ChatGPT 之后，我直接训练了一个"标题小助手"。标题小助手可以根据我训练中提供的标题范例、标题类型、热点词语等直接生成一个标题列表，直接供我参考。一般稍加修改就可以使用。

调教 GPT 的思路很简单：

第一，把爆款标题的类型、范例、技巧输入 GPT，然后让它学习和分析我拟标题的套路。

第二，让 GPT 生成标题内容，符合我要求的标题，我会用肯定词，例如：很好，请保持这种形式。对不符合我要求的标题，我会用否定词，例如：不对，你错了，请重新要求……

如此重复，不断积累，最后出来的标题需改动的地方已经很少。所以，我们可以梳理一下自己的写作场景，那些偏模式化的任务，都可以通过"奖惩指令"对 GPT 进行训练。

12.1.4　训练 ChatGPT 的武器库

除了 12.1.3 小节中的两种高频指令外，就写作领域而言，还有很多的提示语公式可用，这里简要列出一些比较实用的作为工具，供读者参考。

【样本提示语】

释义：

当我们想要某种特定模板、结构或风格的文案时，可以通过给 GPT 提供样本的方式，使其准确生成我们需要的特定样式的文案。

公式：

基于［N］个示例生成文本。

例 1：

任务：为某部电影写评论。

提示语公式：基于其他电影的三个示例（三部其他电影的示例）为电影《××××》生成一个不少于 500 字的影评。

例 2：

任务：为某品牌写一个 Slogan。

第 5 篇　公文写作大师之路
（手中无剑，心中亦无剑）

提示语公式：基于我提供的一组 Slogan 示例，为 ×× 品牌写 Slogan。请注意，我提供的示例将单独发在下一个提问中，你生成的 Slogan 每条字数不超过 8 个，生成的总条数至少 3 个。

【引发思考提示语】

释义：

在撰写论文、课题、诗歌或创意文案等内容时，我们可以鼓励 ChatGPT 生成反思和思考性的文本，这时可以使用引发思考提示语，例如"让我们思考一下""让我们讨论""让我们谈谈"等。

在我们要求 GPT 就特定主题或想法与我们展开对话或研讨时，这个提示语就是对话或文本生成的起点，随后我们可以在对话中添加开放式问题、陈述或希望 GPT 扩展的文本提示语。GPT 会根据其训练数据和算法生成与提示语相关的响应，并以连贯的对话方式进行呈现。

引发思考提示语可以让 ChatGPT 给出不同角度的答案，从而生成更具动态性和信息内涵的段落，让文章更具思辨性，体现较高的写作水平。

公式：

让我们思考一下［某个主题或问题］。

例 1：

任务：写一篇关于职业生涯的反思性论文。

提示语公式：让我们思考一下：职业生涯。

例 2：

任务：写一个以时间为主题的手表广告文案：

提示语公式：让我们谈谈：时间的意义。

【种子词提示语】

释义：

种子词提示语指通过提供特定的单词或短语来控制 ChatGPT 输

出，使其生成与种子词相关的文本以及扩展内容。在实际使用中，与"设定角色"和"补充说明"结合，可以使生成的文本符合特定角色的风格或语气，内容更具体、更有针对性。

公式：

请根据以下种子词生成文本：[核心词]。

例1：诗歌创作。

任务：写一首现代诗歌。

补充说明：诗应与"时间"相关，诗的行数不超过12行。

设定角色：诗人。

提示语公式：作为诗人，请根据以下种子词生成与此相关的12行诗：时间。

例2：文本扩写。

任务：完成一句话。

补充说明：这句话应与种子词"量子"相关，并以课题研究的形式书写。

角色：研究员。

提示语公式：作为研究员，请完成一个句子：[插入句子]。这个句子要与种子词"量子"相关，且形式是课题研究。

例3：新闻摘要。

任务：摘要一篇新闻报道。

补充说明：摘要应与种子词"法律"相关，要求语气中立且公正。

角色：记者。

提示语公式：作为记者，请以中立且公正的语气摘要以下新闻文章，与种子词"法律"相关：[插入新闻文章]。

【新内容提示语】

释义：

如果我们想让ChatGPT利用现有的知识和内容生成全新的、原

第5篇 公文写作大师之路
（手中无剑，心中亦无剑）

创的文本内容，或者就特定问题生成全新的答案，可以使用新内容提示语。

公式：

请生成关于［特定主题］的新的和原创的信息。

例1：生成新内容。

任务：生成有关特定主题的新内容。

补充说明：生成的信息应准确且与主题相关。

提示语公式：生成有关［特定主题］的新的准确信息。

例2：回答问题。

任务：回答特定问题。

补充说明：答案应准确且与问题相关。

提示语公式：回答以下问题，答案应准确且与问题相关：［插入问题］。

例3：材料整合。

任务：将新内容与现有材料整合。

补充说明：整合应准确且与主题相关。

提示语公式：将以下内容与有关［特定主题］的现有材料整合：［插入新内容］。

例4：数据分析。

任务：从给定的调研问卷中生成有关员工合理化建议的内容。

提示语公式：请从这些调研问卷中生成有关员工合理化建议的新的和原创的内容。

【整合提示语】

释义：

用现有内容（包括 ChatGPT 本身的和我们提前输入的）来整合新内容，或者把不同的内容片段融合在一起，用来生成针对特定主题的更全面的内容。

公式：

就新信息和现有知识的关系进行适当表述，指定生成文本的任务或目标。提示语应包括所需生成的文本类型以及相关特定的要求或限制。

例 1：知识整合。

任务：将新信息与现有知识整合。

补充说明：整合应准确且与主题相关。

提示语公式：将以下信息与关于［具体主题］的现有知识整合:［插入新信息］。

例 2：连接信息片段。

任务：连接不同的信息片段。

补充说明：连接应相关且逻辑清晰。

提示语公式：以相关且逻辑清晰的方式连接以下信息片段:［插入信息 1］［插入信息 2］。

例 3：更新现有知识。

任务：使用新信息更新现有知识。

补充说明：更新的信息应准确且相关。

提示语公式：使用以下信息更新［具体主题］的现有知识:［插入新信息］。

【风格提示语】

释义：

风格提示语可以训练 ChatGPT 生成特定风格的文本内容。

公式：

在补充说明输入和关于所需输出的附加信息来实现。

例 1：故事创作。

任务：生成一个故事。

补充说明：故事应基于一组给定的角色和特定的主题。

第5篇 公文写作大师之路
（手中无剑，心中亦无剑）

提示语公式：基于以下角色生成故事：[插入角色]和主题：[插入主题]。

例2：句子生成。

任务：生成一句话。

补充说明：这句话应以特定作者的风格或特定流派的风格为基础。

提示语公式：以[特定作者或特定流派]的风格完成以下句子：[插入句子]。

例3：语言建模。

任务：以特定风格生成文本。

补充说明：文本应以特定时期或流派的风格为基础。

提示语公式：以[特定时期或流派]的风格生成文本：[插入上下文]。

【规则控制提示语】

释义：

此提示语可以通过提供一组特定的模板、特定词汇或一组约束条件对ChatGPT的内容输出进行高度控制。

公式：

见举例。

例1：故事创作。

任务：生成一个故事。

补充说明：该故事应基于特定的模板。

提示语公式：根据以下模板生成故事：[插入模板]。

例2：文本补全。

任务：完成一句话。

补充说明：完成应使用特定的词汇。

提示语公式：使用以下词汇完成以下句子：[插入词汇]：[插入句子]。

例 3：语言建模。

任务：以特定风格生成文本。

说明：文本应遵循一组特定的语法规则。

提示语公式：生成遵循以下语法规则的文本：［插入规则］：［插入上下文］。

【问答提示语】

释义：

用于让 ChatGPT 生成回答特定问题或给定任务的文本。可用于执行问答和信息检索等任务。

公式：

将问题或任务，以及相关条件提供给 GPT。

例 1：回答事实问题。

任务：回答一个事实性问题。

补充说明：答案应准确且相关。

提示语公式：回答以下事实问题：［插入问题］。

例 2：赋予定义。

任务：提供一个词的定义。

补充说明：定义应准确。

提示语公式：定义以下词汇：［插入单词］。

例 3：检索信息。

任务：从特定来源检索信息。

补充说明：检索到的信息应相关。

提示语公式：从以下来源检索有关［特定主题］的信息：［插入来源］。

【概述提示语】

释义：

用于要求 ChatGPT 在保留给定文本主要思想和信息的同时生成

较精简版本。主要用于文本概述和信息压缩等任务。

公式：

将较长的文本作为输入提供给 GPT，并要求其生成该文本的摘要。提示语的补充说明还应包括有关所需输出的信息，例如所需文本长度和其他特定要求或限制。

例1：文章概述。

任务：概述新闻文章。

补充说明：摘要应是文章主要观点的简要概述。

提示语公式：用一句简短的话概括以下新闻文章：[插入文章]。

例2：会议记录。

任务：概括会议记录。

补充说明：摘要应突出会议的主要决策和行动。

提示语公式：通过列出主要决策和行动来总结以下会议记录：[插入记录]。

例3：书籍摘要。

任务：总结一本书。

说明：摘要应是书的主要观点的简要概述。

提示语公式：用一段简短的段落总结以下书籍：[插入书名]。

【对话提示语】

释义：

让 ChatGPT 生成模拟两个或更多实体之间对话的文本。为模型提供一个上下文和一组角色或实体，以及它们的角色和背景，并要求模型在它们之间生成对话。主要用于对话生成、故事写作和聊天机器人开发等任务。

公式：

需提供上下文和一组角色或实体，以及它们的角色和背景。在补充说明中需表述清楚有关所需输出的信息，例如对话或交谈的类型以及任何特定的要求或限制。

例1：对话生成。

任务：生成两个角色之间的对话。

补充说明：对话应自然且与给定上下文相关。

提示语公式：在以下情境中生成以下角色之间的对话：[插入角色]。

例2：故事写作。

任务：在故事中生成对话。

补充说明：对话应与故事的角色和事件一致。

提示语公式：在以下故事中生成以下角色之间的对话：[插入故事]。

例3：聊天机器人开发。

任务：为客服聊天机器人生成对话。

补充说明：对话应专业且提供准确的信息。

提示语公式：在客户询问[插入主题]时，为客服聊天机器人生成专业和准确的对话。

【聚类提示语】

释义：

让ChatGPT根据某些特征或特点将相似的数据点分组在一起。多用于数据分析、机器学习和自然语言处理等任务。

公式：

向GPT提供一组数据点，并要求GPT根据某些特征或特点分组成簇。提示语还应包括有关所需输出的信息，例如要生成的簇数和任何特定的要求或约束。

例1：客户评论的聚类。

任务：将相似的客户评论分组在一起。

补充说明：应根据情感将评论分组。

提示语公式：将以下客户评论根据情感分组成簇：[插入评论]。

例2：新闻文章的聚类。

任务：将相似的新闻文章分组在一起。

补充说明：应根据主题将文章分组。

提示语公式：将以下新闻文章根据主题分组成簇：[插入文章]。

例3：科学论文的聚类。

任务：将相似的科学论文分组在一起。

补充说明：应根据研究领域将论文分组。

提示语公式：将以下科学论文根据研究领域分组成簇：[插入论文]。

【情感分析提示语】

释义：

情感分析提示语可以让ChatGPT确定文本的情绪色彩或态度，例如它是积极的、消极的还是中立的。可用于自然语言处理、客户服务和市场研究等任务。

公式：

向GPT提供一段文本并要求根据其情感分类。公式中还应包括关于所需输出的信息，例如要检测的情感类型，是积极的、消极的还是中立的，还有特定要求或约束条件。

例1：客户评论的情感分析。

任务：确定客户评论的情感。

补充说明：模型应该将评论分类为积极的、消极的或中立的。

提示语公式：对以下客户评论进行情感分析[插入评论]，并将它们分类为积极的、消极的或中立的。

例2：推文的情感分析。

任务：确定推文的情感。

补充说明：模型应该将推文分类为积极的、消极的或中立的。

提示语公式：对以下推文进行情感分析［插入推文］，并将它们分类为积极的、消极的或中立的。

例3：产品评论的情感分析。

任务：确定产品评论的情感。

补充说明：模型应该将评论分类为积极的、消极的或中立的。

提示语公式：对以下产品评论进行情感分析［插入评论］，并将它们分类为积极的、消极的或中立的。

【信息识别提示语】

释义：

用于识别和分类文本中的关键信息，例如人名、组织机构、地点和日期等。

公式：

向GPT提供一段文字内容,并要求它识别和分类其中的关键信息。说明应包括有关所需输出的信息，例如要识别的关键信息类型（人名、组织机构、地点、日期等）以及任何特定要求或约束条件。

例：新闻报道中的信息识别。

任务：在新闻文章中识别和分类关键信息。

补充说明：应识别和分类出人名、组织机构、地点和日期。

提示语公式：在以下新闻［插入文章］中识别和分类人名、组织机构、地点和日期。

【分类提示语】

释义：

这个提示语可以要求ChatGPT将文本分成不同的类别。可用于自然语言处理、文本分析和情感分析等任务。

公式：

提供一段文本，并要求它根据预定义的类别或标签进行分类。说明中还应包括有关所需输出的信息，例如类别或标签的数量以及任何特定的要求或约束。

例：对文章中使用的表达方式进行分类。

任务：将文章中所使用的全部表达方式进行分类。

补充说明：分类应包括但不限于记叙、说明、议论等。

提示语公式：对文章［插入文章］所使用的全部表达方式进行分类，分类应包括但不限于记叙、说明、议论等，并请根据不同表达方式的占比由多到少进行排序。

12.2 运用：插上效率之翼

12.1节初步解决了玄铁重剑"怎么用"的问题，这一节着重解决的是"用在哪"的问题。"用在哪"的问题是让ChatGPT实实在在创造价值的关键。GPT在具体写作场景中的应用思路概括起来很简单，就是"输入"和"输出"。"输入"主要是日常的学习、思考、写作材料积累，"输出"则可以囊括各种工作和写作场景。

在具体运用上，把"输入"和"输出"中那些可能被GPT替代或辅助的部分梳理出来，结合前面所讲的调教GPT的方法，就可以打造成标准化的工具或流程，让GPT成为稳定且有力的助手，我们则可以把时间用在更有价值、更具创造力的工作上。

12.2.1 关联应用场景——输入

"输入"多用于学习、素材积累、培训组织等场景，这里以知识解读、与大师对话、素材提炼、专家模拟为例进行说明。

1. 知识解读

利用GPT对知识进行加工、解释、提供启发。

提示语示例：请解释什么是"第一性原理"，以及它的意义、作用和对于个人思维的启发。要求：请用小孩子能听懂的方式进行解释，语言风格活泼，并且附上不少于 5 个的场景案例。

2. 与大师对话

利用 GPT 实现与大师对话式学习，或者问题探讨，在这个场景下，GPT 可以化身为老子、孔子、孟子、庄子、毛泽东、拿破仑、苏格拉底、马斯克、扎克伯格、巴菲特等任何你想要的人物，"穿越"时间和空间，与你面对面对话。

实现的方式也极其简单，提示语示例："你现在是孟子，我来问，你来答。"接下来就可以开始你们的对话了。

3. 素材提炼

利用 GPT 实现辅助阅读，可以提高理解效率，或者用于提炼素材要点，整理素材入库，堪称神器，是我高频使用的功能之一。

提示语示例：请帮我提炼以下这段文字的要点，要求用小孩子能听懂的方式来解释，并附上至少两个容易理解的例子。[需要处理的文字内容]

4. 专家模拟

在我的私教课里，常常要根据学员的需求匹配个性化的课程结构和学习建议。有了 GPT 之后，我会预先把我课程的全部结构输入 GPT，然后加以训练。随着学员的增多，现在只要我把学员的需求输入进去，GPT 便能按照我的要求自动输出课程表和学习建议，略加修改即可使用。

同样，如果想系统研究某个领域，或者想搭建某个领域的知识体系，都可以用这个专家模拟方法，用同样的套路可以去研究哲学、社会学、做运营管理、健身教练等。

提示语示例：假如你是一位有十年经验的成功的自媒体运营经理，我想学习如何成为一名成功的自媒体运营，请告诉我该如何学习？请注意这三点：一是我对自媒体运营的了解为零，请你用小孩子能听懂的语言介绍一下；二是请帮我梳理出自媒体运营的知识体系脉络，并做出具体解释；三是请给我推荐一些零基础学习如何成为一名成功的自媒体运营的教程或者书籍，并给我一个学习建议。

12.2.2 关联应用场景——输出

"输出"以工作或写作场景为主，下面以工作助理、数据分析、分议邀请、拟写标题为例进行说明。

1. 工作助理

我们调教 GPT 的目的，就是让它成为我们学习、工作、生活等各方面的助理。场景案例不胜枚举，HR 可以用它写招聘信息、自媒体人可以用它写脚本、文案人可以用它输出文案、策划人可以用它写活动方案、程序员可以用它写代码、教师可以用它设计教案……

例如，我让 AI 帮我写的这个产品经理的产品需求文档，看完你是不是觉得，以后这部分工作已经岌岌可危了……

例如，我让 GPT 帮我写的这个《文创产业发展思考报告暨文化旅游节策划方案》，完成度可以达到 60% 以上。

提示语示例：假如你是对文创产业发展有着深刻理解的资深策划专家，我的需求是写一个融合文创产业发展思考的文化旅游节策划方案，方案需要包括以下章节标题：主题、引言、世界主要发达国家文创产业概况、我国文创产业现状及发展机遇、内容定位、基础建设、文旅协同、市场逻辑、科技赋能、机制保障、宣传渠道、结束语。请注意：请用专业的风格回复我。

2. 数据分析

数据的整理和分析大多是机械性的工作，同样可以让 GPT 帮我们完成。

提示语示例：假设你是数据搜集和分析专家，帮我搜集近十年中国生育数据。请注意：请你重点搜集育龄人数、生育比例这两个数据，并把结果以表格的形式呈现给我。同时，请你根据这十年的数据进行分析并提出你的洞见。

3. 会议邀请

如果恰巧我们在单位负责会务工作，还可以用 GPT 来写会议邀请。

提示语示例：你是我单位行政人员，请按照正式会议的结构帮我写一个会议邀请。请注意：①会议主题为"新春花市"的立项会议，会议目的是讨论该项目的策划方案，并且搜集建议和意见。②会议的时间是明天下午三点开始，预计两个小时结束。③会议的地点是公司一号会议室。④参会人员是科长及以上管理干部。⑤你需要详细介绍会议的讨论方向，便于参会人员做出相应准备。

同时，对于会议邀请的格式及特定用语等信息，我们可以通过训练方式，提前内置在 GPT 中，方便以后反复调用。

4. 拟写标题

回归到写作上来，如果调教得当，GPT 在一些创意性或者激发创意性的工作上同样能给人惊喜。例如，拟写自媒体标题、新闻标题，在你脑力枯竭的时候，可能会给你意想不到的启发。

单条提示语示例：假如你是文案专家，我想写一篇关于利用 ChatGPT 提升写作效率的教程文章，请你帮我写 20 个标题。请注意：标题要突出方法的简单性、实操性以及系统性，抓人眼球。风格需围绕"教学""教程""指南"这类风格来写。每个标题的前两个字，要有"干货"字样。

第 5 篇　公文写作大师之路
（手中无剑，心中亦无剑）

更进一步，拿 12.1.3 中讲"奖惩指令"时调教的"标题小助手"为例。我们可以把写标题这件事固化成一个场景。把我们要的风格、热点词汇等都提前固化在 GPT 中，让其成为一个真正强大的标题辅助工具。

调教提示语示例：

（1）你是一名资深创意文案，我将训练你写出更加有感染力的爆款标题。我给你列出了五种爆款标题的类型，并且在每个类型后面附了一个例子，你可以据此理解它是如何工作的：

① 清单型：拿捏 20 种让领导点赞的总结标题。

② 故事型：因为一篇年终总结，我成了公司最年轻的中层管理。

③ 观点型：中国很快会迎来失业浪潮。

④ 问题型：为什么你的演讲不抓人？因为不懂这三点。

⑤ 框架型：四象限时间管理法，做效率小达人。

（2）你需要尽量运用一些调动读者情绪的技巧，可以参照但不限于下列三种类型：

① 反差型：每天加班到九点的老鸟，竟然没拼过才来三个月的萌新！

② 猎奇型：20 名助手每天为你免费工作，是什么感受？

③ 悬念型：随手发的一条消息，让我成了单位里的红人。

（3）为了更吸引读者关注，可以在［词库］中挑选合适的流行词语或热点词语加入标题里（你可以自行决定是否加入这些词语）。

［词库］：不吹不黑；家人们谁懂；沉浸式；一看就会；吹爆；手把手教你；不走弯路；真香；宝藏；答应我；直接抄作业；小众冷门；逆天好用；保姆级；压箱底；我宣布；解密……

（4）以后我每次都会给你 Who（受众）、What（主题）和 Why（目的），你将为上面列出的 8 个类型（清单、故事、观点、问题、框架、反差、猎奇、悬念）各写 2 个标题。你明白吗？

Who：职场中的文员。

What：写一篇精彩的年终总结。

Why：帮助他们找到简单易行且效果突出的方法和技巧。

12.3 进阶：建立专属写作场景库

本章中提供的所有例子，目的是启发思路，当我们真正掌握 GPT 的使用，便可以尝试很多独到的用法，使其成为我们真正的生产力。这一节我们开始探索如何使用 ChatGPT 建立专属的写作场景。

12.3.1 在流程上提升写作效率

每次给企业讲课，我都会与学员分享对我职业生涯最有帮助的三句话，其中一句就是"把制度建立在流程上，把流程建立在系统上"，加以活用，可改为"把写作效率建立在流程上，把流程建立在场景上"。梳理写作流程，哪些事情可以交给 ChatGPT 作为场景固化下来呢？

首先，机械性的、重复性的工作完全可以交给 ChatGPT 去打理。例如职场白领们所做的日报、周报、月报、数据输入、文件的整理、分类和归档、审批的申请和处理等；电商公司的线上带货文案，其风格和模板已经形成特定的样式，其实质也成了相对机械性的工作，ChatGPT 完全可以胜任。

以日报为例，把自己的日报写作结构用提示语输入 ChatGPT，并稍加训练，之后每天，只需要把当天做的事情输入进去，GPT 就会按照输入内容中的语气、风格等生成日报，直接发给自己的团队或老板。

其次，流程化的工作可以让 ChatGPT 辅助打理，以提升效率，例如收发文件、数据分析、会议邀请、各类总结汇总等。就写作而言，在接到文本写作任务之后，大体会经历"确定文种、明确核心、搭建框架、收集素材、炼词造句、打磨完善"等环节，其中的哪些事情可以交给 ChatGPT 去做？这里我简单加以拆解，以供参考。

1. 确定文种——套壳和学习

公文的写作、制发和处理有固有的规定，以及特定的体例、格式，例如较为常用的决定、意见、通知、批复、通告、通报、函、报告、请示等。在确定文种环节，我们可以通过 ChatGPT 完成两个操作，一是套壳，二是学习。

套壳指的是我们可以就某些文种的固定格式、文件头尾等训练一个场景小助手——例如"请示小助手"。提前把本单位请示的惯用格式、称谓、署名、日期等以及一定量的范文投喂给 GPT，并通过奖惩指令等方式训练其达到所需标准。此后每次只需输入核心要素即可：Who（请示对象）、What（请示内容）和 Why（请示目的）、From（谁来请示），这就完成了一个套壳的动作，你需要做的只是，换换字体、字号，然后发送。

学习是对于我们从未写过的公文类型而言，可以向 ChatGPT 描述写作需求和目标，例如："我需要写一份关于公司年度工作总结的报告。"GPT 会根据描述，推荐适合的公文文种，例如："您可以撰写一份工作报告。"ChatGPT 还会提供文种的基本格式和要求，帮助我们了解该文种的特点，例如："工作报告通常包括背景、总结、成果、问题和建议等部分。"

不仅如此，我们还可以请求 ChatGPT 为我们提供一个该文种的范例。例如："请提供一个工作报告的范例。"我们可以根据范例学习文种的写作技巧和方法。同时，也可以请 ChatGPT 提供不同文种之间的对比分析，方便我们更清晰地了解各文种的特点和区别。

2. 明确核心、搭建框架

在这一环节,我们可以利用 ChatGPT 提炼和优化公文主题,辅助我们精准聚焦写作目的。公文"要我写"而不是"我要写"的特点决定了其内容必须体现领导机关的工作意图,不允许掺杂作者个人的意见,这时,GPT 就成为一个不掺杂任何个人感情和偏见的主题生成工具,我们可以向 GPT 提供关键词或问题,生成主题句及核心观点,以确定主题及主线,同时直接要求 GPT 根据这一主题生成写作框架大纲。

调教提示语示例:

(1)假如你是公文写作专家,我现在要写一篇讲话稿,我要求你按照之前训练的公文写作风格,根据以下种子词生成与此相关的主题至少 5 条,并列出核心观点:[种子词]。

……

(2)我采用的主题是[挑选并优化后的一个主题],核心观点是[具体观点]。我将训练你写出主题清晰且更加有感染力的文章大纲。我给你列出了四种体现文章主题的方法,并在每个方法后面附了一个例子,你可以据此理解它是如何工作的:

① 题目明旨,在文件的题目中概述主题:[例子]。

② 开宗明旨,文章开篇便把主题简明扼要地指示出来:[例子]。

③ 片言居要,将主题放在内容的重要转折处,如因果分析的关键句、篇中或篇末、承上启下的过渡句等[例子]。

④ 一线贯穿,有些文件中材料很多,没有一个明显的全文主旨,而是以小主旨句或小标题的形式分散于各部分,这些小主旨句的汇总升华便是全文的主题:[例子]。

(3)你需要根据文种特点和主题需要,来决定本篇文章采用哪种框架结构,并挑选其中最符合需要的一种,并列出具体结构提纲。可以参照但不限于以下类型:

第 5 篇　公文写作大师之路
（手中无剑，心中亦无剑）

①总分式：在简报、调查报告、总结、计划、通报、报告中多用先概述后分述的形式；在命令、决定、通知、通告中则是先交代观点，而后具体陈述主张和办法。

②并列式：将材料按其性质归类，分别从不同角度对问题加以说明，各个段落间呈并列关系，在文中以分条列项的方式表现。公文中条例、规定、办法、细则、计划等多为这种方式。

③递进式：按照内容的逐层推进、层层加深而分段，段落间为递进关系。公文中命令、决定、决议、请示、报告、调查报告等多采用这种方式。

④因果式：以分析事物形成和发展的原因、结果为逻辑进行分段，其中有的先说因、后说果，有的则先交代结果、后分析原因。

⑤连贯式：按照事物发展的自然顺序进行分段，有的以时间先后为序排列，有的以事件发展进程排列，有的以空间前后转换排列。公文中采用这种方式的多以时间先后分段，在简报、报告、会议纪要中常用这种方式。

……

（4）以后我每次都会给你公文文种、发文对象、写作目的等信息，你可以结合前面对话中的主题和框架等信息，直接输出一篇完整的公文。你明白吗？

……

3．素材——收集、提炼、分类

一篇饱满、立体、有血有肉的文章，首先靠的就是高质量的素材，素材也称材料。"巧妇难为无米之炊"，"最好的食材往往采用最朴素的烹饪方式"，材料就像粮食一样，是作者写作能力的延伸，在写作能力一定的情况下，掌握材料的质量几乎决定了作品的质量。

在整个写作过程中，写作材料的收集、提炼、分类——可以概括为"找、用、存",往往占用写作过程的大部分时间。在这一环节,如果对 ChatGPT 使用得当,将节省写作者大量的时间和精力。我举几个在这一环节可以用的提示语作为例子,以抛砖引玉。

(1)找粮。

用"问答提示语"的信息检索功能从特定来源检索写作材料。

任务:从特定来源检索信息。

补充说明:检索到的信息应和写作主题相关。

提示语公式:从以下来源检索有关[特定主题]的信息:[插入来源]。

(2)用粮。

① 整合提示语。

一是可以用"整合提示语"对找到的材料进行融合,生成符合特定主题的更全面的内容。

任务:将新内容与已有内容整合。

补充说明:整合应准确且与主题相关。

提示语公式:将以下内容与关于[文章主题]的现有内容整合:[插入新内容]。

二是可以用"整合提示语"把收集到的不同材料按一定逻辑连接在一起。

任务:连接不同的材料片段。

补充说明:连接应相关且逻辑清晰。

提示语公式:以相关且逻辑清晰的方式连接以下材料片段:[插入材料1][插入材料2]。

三是可以用"整合提示语",用新的材料来更新手中已有的旧材料。

任务:使用新材料更新现有的旧材料。

补充说明:更新后的内容应准确且相关性强。

提示语公式：使用以下材料更新［具体主题］的现有材料内容：［插入新信息］。

② 聚类提示语。

可以用"聚类提示语"对相似的文章进行分组。

任务：将相似的文章分组在一起。

补充说明：应根据主题将文章分组。

提示语公式：将以下文章根据主题分组：［插入文章］。

③ 情感分析提示语。

可以用"情感分析提示语"把材料按"积极、消极、中立"进行分类。

任务：确定文章材料的情感分类。

补充说明：将收集到的所有文章材料分类为积极的、消极的或中立的。

提示语公式：对以下文字材料进行情感分析［插入文字材料］，并将它们分类为积极的、消极的或中立的。

（3）存粮。

① 概述提示语。

用"概述提示语"可以让 ChatGPT 生成大篇幅素材的摘要，便于我们查找和使用。

一是可以用这个提示语对新闻类素材生成一句话概述。

任务：概述新闻文章。

补充说明：摘要应是文章主要观点的简要概述。

提示语公式：用一句简短的话概括以下新闻文章：［插入文章］。

二是可以用于对特定书籍进行摘要。

任务：总结一本书。

补充说明：摘要应是书的主要观点的简要概述。

提示语公式：用一段不超过 300 字的段落总结以下书籍：［插入书名］。

② 信息识别提示语。

可以用"信息识别提示语"来识别和分类文本中的关键信息，例如人名、组织机构、地点和日期等，以便在写作中能快速准确地对相应的素材进行调用。以新闻报道中的信息识别来举例。

任务：在新闻文章中识别和分类关键信息。

补充说明：应识别和分类出人名、组织机构、地点和日期。

提示语公式：在以下新闻［插入文章］中识别和分类人名、组织机构、地点和日期。

③ 分类提示语。

可以用"分类提示语"要求ChatGPT将文本分成不同的类别。可用于自然语言处理、文本分析和情感分析等任务，例如，我们让GPT把文章中使用的表达方式进行分类。

任务：将文章中所使用的全部表达方式进行分类。

补充说明：分类应包括但不限于记叙、说明、议论等。

提示语公式：对文章［插入文章］所使用的全部表达方式进行分类，分类应包括但不限于记叙、说明、议论等，并请根据不同表达方式的占比由多到少进行排序。

4. 炼词造句——新知、金句、表现手法

公文写作追求的不是"美"的语言，而是"恰当"的语言，把握好语言表达的"度"是公文写作的重中之重，所以，公文写作者时刻需要根据文种、对象、场合等需要，结合层级、部门、工作等特点，因地制宜、灵活表达，精准选择最适合的语言，ChatGPT在这一环节起的作用充满想象力。

一是可以针对特定主题，根据现有素材生成新内容供写作者参考，启发其思路。这时可以用到"新内容提示语"，让ChatGPT利用现有的素材和内容生成全新的、原创的文本内容，或者就特定问题生成全新的答案，具体提示语公式可参照"12.1.4 训练 ChatGPT 的武器库"相关内容，这里不再赘述。

二是可以通过调教，让 ChatGPT 按照你的训练规则和写作习惯等为你提供一些标题、金句供参考使用，如果调教得当，可能会给到你很多惊喜。具体调教方法可以参照"12.2.2 关联应用场景——输出"相关内容。

三是在修辞手法、表现手法方面让 ChatGPT 帮你就文章的表现力做出更多的尝试和更多的实操方法，大家可以根据我前面讲过的提示语例子进行变化和尝试。

5. 打磨完善——人工加智能

公文写作不可能一开始就追求完美，"先写成，再写好"的理念可以让我们放下心理负担，接受文章的不完美，并知道怎样使我们写的公文逐步接近完美。这便需要我们进入公文撰写的最后一道工序——"打磨完善"。

这一环节，我们要做的主要有三部分，"对照目的，订正观点""取舍材料，打磨文字""调整格式，审核校对"。在公文写作中，我们必须有高度的责任感和严谨的工作态度，避免文章的细节出现问题，以确保公文的整体高质量。人工智能在现阶段，对相对机械性的工作能发挥出更好的作用，这里拿"审核校对"来举例，我们通过对 ChatGPT 的调教，让其在审核校对环节发挥作用。

调教提示语示例：

（1）你是一名公文写作专家，我将训练你完成公文审核校对的全部工作。首先，我要求你的后续全部审核校对工作，均按照"2012 年《党政机关公文格式》GB/T 9704—2012"的标准完成。

……

（2）我给你列出了七个检查任务，并且在每个任务后面附了一个

简要说明,你可以据此理解它是如何工作的:

第一,检查标题。检查文章的标题是否准确、是否缺项、用词是否前后颠倒;再检查有没有将请示、报告混淆,通报、通告混淆等情况。

第二,检查标点符号。公文对标点符号也有统一的规定,在撰写和检查的过程中要特别注意,如在"第一""首先"等表示序号的词语后应用逗号,序号加括号的后边不加标点,特别还要检查发文字号中的年份是否用六角括号〔〕括起来的,这个小细节常被忽略,导致在实际使用中错误百出,一定注意要使用国家标准规定的六角括号才正确。

第三,检查序号。文中有序号的,一定要全文上下通看一遍,确保前后序号的使用没有问题,不出现前后不一致、断号、重号等问题。

第四,检查时间。不论在正文中还是落款处,出现时间就要认真检查,特别是每年的年初,这个时段的文稿在年份上最容易出错。

第五,检查错别字。公文中若出现错别字,将会影响其严谨性和权威性,因此,不仅在撰写过程中要一丝不苟,完稿之后还必须逐字逐句检查,此外,还要对文中出现的数字进行核对,避免与实际不符。

第六,检查专有名词。文中的人名、地名、专业名词、计量单位、技术术语、符号等也需要最终确认。

第七,检查排版。检查公文的纸张尺寸、字体字号、字距行距等排版格式是否符合规范要求,同一级小标题的字体、段落间行距是否一致。

……

(3)接下来请检查下面这篇文章中出现的问题,并给我生成两个文档,一个是修改建议,一个是修改后的全文。[给定的文章]。

……

以上的调教公式只是建议,在具体实施时,可能需要混合使用

"继续""奖惩"等提示语。需要强调的是，对应某个公文文种的写作，只要有足够的时间，我们完全可以把前面的流程连接起来，用前面讲的提示语工具训练一个全自动的公文写作机器，从核心主题到写作框架、从行文格式到写作风格，完成度可以达到 60%～80%。

12.3.2 打造私人写作场景库

梳理出可以和 ChatGPT 结合的写作场景后，就可以结合特定场景进行 GPT 的调教了。原理是找到那些能标准化、可重复套用的场景，使其标准化、工具化，以供我们随时调动，快速生产内容，成为名副其实的场景库，例如日报助手、周报助手、出题助手、口播稿助手、邮件助手等。

1. 每个对话窗口就是一个应用场景

在了解了 ChatGPT 的工作原理，并熟悉了提示语的使用后，实现这一点并不难。在 ChatGPT 中，每一个对话窗口就是一个独立的互动场景。

所谓的写作场景库，或者满足我们各种写作需求的小助手，就是我们在一个对话窗口中的训练结果。只要打开我们辛苦训练出来的对话框，就可以反复调用对应的场景，使其为我们长期服务。

例如，以我训练的"自媒体小助手"为例。每次有了新的创意内容，我只需要告诉 ChatGPT 创意的核心内容，GPT 便会自动根据自媒体的格式要求，自动生成文本的格式、断行符、风格、签名等内容，同时自动把图片中文字内容的排版模块划分好，我不需要每次都重复写相关的提示语，它便会根据之前的训练自动读取。

其他应用场景的训练原理都一样，例如对应公文不同文种的"排版小助手""作业批改小助手"等。只要是反复互动的场景，训练成形后，便可以反复调用，给出你当下的最佳方案，而不用反复地写出补充说明和补充大量的背景信息,由此大大提升了我们的写作效率、工作效率,节省了大量的时间和精力。

2. 借助外部应用,为场景库"编程"

在 ChatGPT 中每开启一个新对话,GPT 都会自动创建一个对话框,即我们前文所说的场景。我们可以把有训练价值的场景固化下来,给一个专属的命名,例如"【阿拉胖】金句助手",使其成为我们的一个高频、可复用的生产力工具。

训练多个场景之后,我们会发现,在官方页面中,我们无法对场景进行分类,也无法调整顺序,我曾同时面对三十多个场景对话列表陷入崩溃的边缘,好在万能的网络给了我解决方案,原理无比简单。

ChatGPT 中的每一个对话框(场景)在地址栏中都对应着一个独立的网址,这意味着我们在任何一个外部的办公软件或笔记管理软件中都可以制作一个列表,对我们的场景库进行集中管理,做出的效果如图 12.1 所示。

图 12.1 场景库示例

这样，我们便可以随时按我们需要的逻辑调整顺序、分类，还可以按自己的喜好进行美化。之后在调用某个具体场景的时候，不必再打开 GPT 网站，只需要点击目录页便自动跳转，水到渠成。随着你训练的场景越来越多，再加上这些方法的加持，写作效率一定能获得质的飞升。

12.4　避雷：有限的信任

以 ChatGPT 为代表的人工智能目前还没有发展到逆天的程度，在很多场景中还不能够与真人相媲美。对于我们写作者而言，它所生成的答案和内容也并非百分百正确，例如写论文时的文献，GPT 常常像一个不知所措的小孩子一样，一本正经地胡编乱造。因此，在和人工智能相处的过程中，我们至少要遵守三个准则：

第一，保持独立思考。对于一些重要场景的内容，尤其是在公文写作中，手工的润色和修改很有必要，以保证其质量。对 GPT 给出的信息，有必要进行溯源核对。无论现在还是未来，我们只能把 GPT 放在辅助的位置上，时刻保持独立思考的能力。

第二，重视保密和隐私。在使用以 ChatGPT 为代表的人工智能工具时，务必严格遵守保密规定，不使用涉及敏感信息的内容。重视保护个人隐私和公司机密信息。

第三，不盲目接受生成内容。时刻保持怀疑的态度，检查生成内容的准确性，防止任何误导，同时遵循公正原则，谨慎对待可能存在的偏见和歧视。

最后，说个小插曲，我在摸索 ChatGPT 训练方法的过程中，遇到过几次意外事件，一度使我几近崩溃。为了以防万一，我把所有对话数据一条条地复制到记事本中,损兵折将总比全军覆没的好。各位读者有什么更好的办法,可以找我探讨。

我在写本节内容的时候,我知道我的知识已经过时了,但我的思维方式正在进化。时代之变,进步之机。